한국어 교사가 꼭 알아야 할

한국어 발음 교육의 이론과 실제

한글파크

머리말

지난 3년 남짓의 시간을 갈무리하며 책의 머리말을 드디어 쓰게 되었다. 얼마나 기다린 순간인지 모른다. 추운 겨울에 시작하여 여러 번 계절이 바뀌었지만 좀처럼 책은 마무리되지 않았다. 그동안 발음 교육 분야의 새 책들이 여러 권 출판되었고 우리는 그 책들과 차별되는 책을 쓰기 위해 더 노력했다.

발음 교육 분야는 많은 사람들이 접근하기 가장 어려워하는 분야 중 하나다. 기초가 되는 음성학, 음운론 분야의 진입 장벽이 너무 높다고 생각하는 사람이 많은 탓이다. 하지만 발음 교육은 언어 교육을 담당하는 사람이라면 매 순간 부딪히는 문제이기에 매우 중요하다. 언어를 배우는 일은 발음으로 시작해서 발음으로 끝나는 것이라고 말해도 과언이 아니기 때문이다. 그래서 언어를 가르치는 사람들은 학습자들로부터 발음의 문제에 대해 학습자의 수준에 무관하게 많은 질문을 받게 된다.

우리 팀이 처음 도전 의식을 가지고 뭉치게 된 것은 언어 교사들의 무수한 요구와 현실적 문제의식 때문이었다. 돌이켜 보면 이 모든 것은 '때문'이기도 하고 '덕분'이기도 하다. 지난 3년 동안 우리가 쏟은 많은 시간과 노력의 측면을 보면 때문이고, 그 시간과 노력을 통해 우리 팀이 그간 쌓은 우정과 연구 성과, 그리고 두말할 나위도 없이 이 책의 출판을 보면 덕분이다.

사실, 책을 쓴다는 것은 참 어려운 일이다. 저자들의 머릿속에 흩어져 숨어 있던 이야기를 세상과 나누는 일이기 때문이다. 혼자의 생각을 정리하고 나누는 것도 어려운데 하물며 네 사람의 저자가 함께 생각을 공유하고 합의하고 집필하는 일은 말할 나위가 없다. 우리 팀 네 명의 저자는 서로의 생각을 맞춰가며 지난 3년의 시간을 믿음으로 뚜벅뚜벅 걸어 왔다.

그 긴 시간을 걸어 올 수 있었던 것은 이 책을 내자고 모였을 때 우리가 함께 세웠던 원칙 덕분이다. 그 원칙은 아주 간단했다. 쉽게 접근할 수 있는 발음 교육 관련 책을 내자. 이론적인 측면뿐 아니라 실제로 현장의 교사들이 활용할 수 있는 책을 내자. 연구가 부족한 부분은 논문을 써서라도 보충하면서 써 가자. 꼭 책의 출판으로 이어질 수 있도록 마침표를 찍자.

어떻게 보면 아주 간단한 원칙이다. 하지만 이 원칙 덕분에 많은 시간과 노력이 들어갔던 것도 사실이고, 또 함부로 마침표를 찍지 않고 신중할 수 있었던 것도 사실이다. 이 자리를 빌려 그 원칙에 동의해 주고 우리가 만든 원칙을 끝까지 묵묵히 지키려 노력한 연구팀의 선생님들께 존경과 감사를 표한다.

사실 필자가 제1 저자이기는 하지만 필자의 주된 임무는 집필진의 구성과 정기적인 소집, 그리고 가끔의 독촉과 모임 후 찾아갈 맛집을 다양하게 알아보는 것이었다. 집필할 내용을 고민하고 구상하고 아이디어를 주로 낸 것은 현장 경험이 풍부하고 이론이 투철한 나머지 세 명의 저자들이었다. 이렇게 환상적인 팀을 만들 수 있어 자랑스럽다.

머리말을 쓰는 시점은 저자에게 있어 고단함이 그야말로 절정에 이르는 때다. 원고를 겨우 마무리하고 난 후에 해방감을 느끼는 것도 잠시, 교정지가 쏟아져 들어온다. 1교, 2교, 3교 오탈자와의 지루하고 외로운 교전이 벌어진다. 그렇게 지쳐갈 무렵, 머리말을 쓰는 시간을 맞게 된다. 하지만 그 시간이 오면 보람과 감사와 행복 속에서 그때까지의 고단함은 자취를 감춰 버린다.

오늘도 이 글을 쓰며 그간의 고단함이 모두 날아가 버렸다. 고단함보다는 지난 3년 남짓의 시간 동안 함께 많은 이야기를 나누고 맛있는 것을 나누고 틈틈이 문화를 나누었던 즐거운 추억이 떠오른다. 그리고 그 많은 시간을 함께 지킬 수 있었음에 감사하다.

끝으로 만삭의 몸에도 열정을 잃지 않고 책과 아기를 동시에 만나게 될 장혜진 박사에게 조금 이르지만 축하의 말을 전한다. 책과 아기 모두 순산을 앞두고 있어 우리 팀 모두 기쁘다. 그리고 이 책의 출판을 결심해 주신 한글파크의 사장님, 그리고 저자들의 까다로운 요구 사항을 수용하여 멋지게 편집된 교정지를 바로바로 보내 주신 장은혜 부장님께 감사의 말씀을 전한다.

많은 분들의 노력과 격려와 응원이 있어 세상에 나오게 된 만큼, 부디 이 책이 한국어 발음 교육에 관심이 있는 모든 사람들에게 실질적인 도움이 될 수 있기를 희망한다.

2015년 7월 17일 아침, 우렁찬 매미 소리를 들으며
필자를 대표하여 신지영 씀

이론편

실제편

부록

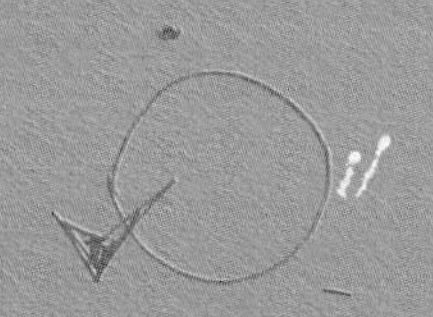

1부

이론편

제1장_ 발음 교육의 필요성
제2장_ 한국어 말소리의 특징
제3장_ 발음 교육 내용의 제시 순서
제4장_ 발음 교육 방법과 발음 평가

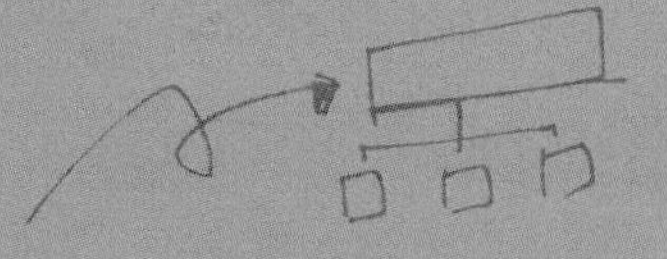

제1장
발음 교육의 필요성

■ 발음 교육은 왜 필요할까?

보내기 | 미리보기 | 저장하기

받는 사람 ohye14@yaho.com

보낸 사람 photo123@param.com

선생님, 안녕하세요?

왕리입니다. 고민이 있어서 메일을 드렸습니다.
저는 한국 사람과 말할 때 "뭐라고요?", "다시 말씀해 주세요."라는 말을 들을 때마다 스트레스를 받습니다. 저는 고급에서 배운 어휘와 정확한 문법을 사용하는데도 발음이 부정확해서 한국어 능력을 제대로 평가받지 못하는 것 같습니다. 나쁜 한국어 발음 때문에 저의 학습 능력까지 의심받을 때는 정말 속상합니다. 어떻게 하면 좋을까요?

왕리 올림

위 중국인 학습자의 이야기는 외국인 학습자들에게 발음이 왜 중요한지를 보여 주는 사례이다. 문법과 어휘 면에서 고급 수준의 한국어를 구사하는 학습자라 하더라도 발음이 부정확하면 의사소통이 잘 되지 않고, 학습자의 학습 능력도 의심받게 된다. 반면 발음이 좋으면 문법이나 어휘가 다소 부족해도 유창하다는 느낌을 준다. 이는 발음이 외국인 학습자의 언어 능력을 가장 먼저, 즉각적으로 드러내 주는 영역이기 때문이다.

한국어 교육의 궁극적 목적은 의사소통에 있다. 그런데 의사소통이 가능하려면 상대방이 말한 내용을 듣고 이해할 수 있어야 하고, 자신이 표현하고자 하는 바를 표현할 수 있어야 한다. 이러한 이해와 표현의 기초가 되는 것이 음성언어이고 이러한 음성언어를 정확히 이해하고 전달하는 데는 무엇보다 발음이 중요하다.

부정확한 발음은 의사소통에 장애가 되기도 하지만, 학습자의 한국어 향상에도 부정적인 영향을 미친다. 발음 때문에 자신감을 잃은 학습자는 한국어를 사용해야 하는 상황을 꺼리게 되는 반면, 발음이 좋은 학습자는 한국어 의사소통 상황에 자신감을 가져 더 적극적으로 임하게 된다. 의사소통 상황에 적극적으로 임한 학습자의 한국어 능력이 더 향상될 것임은 자명하다. 이처럼 좋은 발음은 의사소통을 원활하게 하고, 학습자에게 자신감을 주어 한국어 능력의 향상에도 기여한다는 점에서 매우 중요하다.

■ 발음 교육에서는 말하기만 가르치면 될까?

일반적으로 발음 교육이라고 하면 말하기만을 떠올리는 경우가 많다. 하지만 구어로 하는 의사소통 상황에서 말하기는 듣기와 밀접한 관련이 있다. Byrne(1976)에서는 구어적 의사소통은 화자와 청자 간에 양방향으로 진행되는 과정으로서 '표현적 기능(productive skill)'과 '이해적 기능(receptive skill)'을 포함하게 된다고 하였다. 즉 화자는 전달하고자 하는 내용을 적절한 언어로 부호화하고(encode) 청자는 그것을 해독하는(decode) 과정이 포함되는 것이다.

실제로 화자와 청자로 이루어지는 대화 상황에서는 말하기뿐만 아니라 듣기도 중요하다. 대화 지속 여부는 대화 당사자 간의 적절한 상호작용에 있는데, 이는 곧 말하기와 듣기가 잘 이루어져야 함을 의미한다. 말하고 듣는 과정이 반복되기 때문이다. 그런데 흔히 듣기, 즉 청각적 인지 능력은 저절로 생긴다고 생각하는 경우가 많다. 그러나 실제로는 그렇지 않다. 다음의 사례를 보자.

이 사례는 발음 교육을 할 때 교사가 자주 직면하게 되는 상황이다. 교사가 '공, 콩'과 같이 평음(예사소리)과 격음(거센소리)을 구별해서 발음해 주어도 학습자들은 이를 구별하여 듣지 못한다. 외국인 학습자는 자신의 모어 여과 장치를 통해 외국어의 소리를 듣는다. 즉 외국어의 말소리가 들어오면 일단 모국어의 소리 체계 내에서 그 소리를 찾고 이해한다. 따라서 문제가 되는 소리를 스스로 구별할 수도 없고, 따라할 수도 없다. 교사가 발음을 들려 주고 학습자에게 이를 따라하게 하는 과정을 여러 번 반복해도, 학습자는 자기가 인식한 소리로 발음해 계속해서 발음 오류를 보이게 될 것이다. 따라서 발음 교육에서는 학습자에게 정확한 발음에 앞서 소리의 차이를 파악하고 구별하여 들을 수 있는 능력을 길러 주어야 한다.

■ 발음 교육을 위해 교사는 무엇을 알아야 할까?

교육의 영역이 문법이든 어휘든 발음이든 간에, 교육에 직면한 교사는 '무엇을 가르치지?', '어떻게 가르치는 것이 더 효과적일까?'와 같은 고민을 하게 된다. 이는 교사가 가르쳐야 할 내용 요소나 방법에 대한 지식을 알고 있어야 함을 의미한다. 한국어 발음 교육을 위해서 교사는 한국어 음운론에 대한 기본 지식과 이것을 학습자에게 효과적으로 가르칠 방안, 그리고 언어권별 발음 오류 유형 등에 대해 알아야 할 것이다.

가 한국어 음운론에 대한 지식

발음 교육에서 어떤 내용을 가르칠 것인지는 결국 교사가 알아야 할 내용 지식을 결정한다. 가르칠 내용을 교사는 충분히 숙지하고 있어야 하기 때문이다. 한국어 발음 교육의 대상은 자음, 모음 등의 음운뿐만 아니라, 음절, 음운 규칙, 억양까지 포함된다. 그 이유는 이들이 발음의 구성 요소이기도 하지만, 외국인 학습자의 발음 오류가 음운, 음절, 음운 규칙, 억양에 이르기까지 전 영역에서 나타나기 때문이다.

• 중국인 학습자의 발음 오류 예 •

왕리: 영미 씨, 오랜만이에요.

영미: 네, 반가워요.

왕리: 이번 방학에 베이징에 가요?[베이징에 가요.]

영미: 방학에 중국에 돌아가는군요. 잘 다녀오세요.

왕리: 아니 그 말이 아니고 영미 씨 중국에 가냐고 물어본 거예요. 며칠 전에 준호 씨를 만났어요. 준호 씨는 영미 씨가 방학에 베이징에 갈 거라고 했어요.

영미: 아! 네, 맞아요. 여행 가려고 해요.

왕리: 영미 씨 신랑[신랑]도 같이 가요?

영미: 네, 신랑[실랑]도 같이 갈 거예요.

왕리: 베이징에 오면 저한테 전화하세요. 베이징 구경시켜 줄게요.

영미: 고마워요. 그럼, 왕리 씨 중국 전화번호 좀 주세요.

왕리: 제 집 전화번호는 공일공 팔팔팔일 오오육육[오오유유]이에요.

영미: 공. 일. 공. 팔. 팔. 팔. 일. 오. 오. 그 다음이 뭐라고요?

왕리: 유유.

영미: 유유? 아, 육육이요?

왕리: 네, 맞아요. 그런데 영미 씨 지금 시간 있어요? 우리 커피[코피] 한 잔 할까요?

영미: 코피요? 하하, 코피가 아니고 커피예요. 어쨌든 좋아요. 우리 커피 마시러 가요.

왕리: 아, 커피! 제 한국어 발음이 안 좋지요? 발음 연습 많이 해야 해요.

영미: 너무 걱정하지 말아요. 지금처럼 열심히 공부하면 곧 좋아질 거예요.

위 내용은 중국인 학습자 왕리의 발음 오류 사례이다. 의문문인 '베이징에 가요?'를 평서문의 억양으로 발음하여 한국인 화자가 중국에 가는 사람이 왕리라고 오해하게 하였다. 또한 'ㅓ'를 'ㅗ'로 발음하고[커피 → 코피], 받침 'ㄱ'을 발음하지 못하는 오류를 보인다[육육 → 유유]. '신랑'이라는 단어의 경우 한국어의 유음화 규칙을 적용하지 않고 'ㄴ-ㄹ'의 연쇄를 그대로 발음하였다. 즉 한국인 화자는 유음화 규칙을 적용하여 [실랑]으로 발음하는 데 비해 중국인 화자는

규칙을 적용하지 않고 한글 자모 표기대로 [신랑]으로 발음하는 오류를 보인 것이다.[1]

이 사례에서 모음 'ㅓ'를 'ㅗ'로 발음하는 오류는 음운 차원의 오류이고 받침 'ㄱ'을 발음하지 못하는 오류는 음절 차원의 오류이다. 그리고 신랑을 [신랑]으로 발음하는 것은 음운 규칙 차원의 오류이며 의문문을 평서문 억양으로 발음하는 것은 억양 차원의 오류이다. 이처럼 대부분의 외국인 학습자들은 발음의 전 영역에서 오류를 보인다. 따라서 발음 교육은 음운, 음절, 음운 규칙, 억양의 모든 영역에서 이뤄져야 한다.

이는 곧 교사도 한국어의 음운, 음절, 음운 규칙, 억양 등 한국어 음운론에 대한 전반적인 지식을 갖추고 있어야 함을 의미한다. 이에 대한 내용 지식이 없다면 오류의 원인을 파악하거나 교수 방안을 찾을 때 어려움에 직면하기 때문이다. 예를 들어 '신랑'을 중국인 학습자가 [신랑]으로 발음할 때, 교사가 한국어의 유음화 규칙을 모른다면 이와 같은 오류를 체계적으로 교정해 주기 어렵다.

학습자가 발음 오류를 보였을 때, 만약 교사가 한국어 음운론에 대한 체계적인 지식이 없다면 교사는 자신의 발음을 들려 주고 이를 모방하여 따라하라고만 할 것이다. 하지만 앞에서도 보았듯이 학습하는 외국어와 자신의 모국어의 말소리가 다를 경우, 외국인 학습자는 발음을 정확히 인지하는 것부터 불가능하다. 인지 자체가 불가능하기 때문에 발음을 정확히 모방하는 것 역시 불가능하다. 따라서 문법 교육이나 어휘 교육과 마찬가지로 발음도 명시적인 설명과 연습을 통해 교육되어야 한다. 이를 위해 교사는 한국어 음운론에 대한 체계적 지식을 가지고 있어야 한다.

→ 교사가 알아야 할 내용 지식과 관련된 내용은 이 책의 2장에서 다룬다.

---

1) 한국어에서는 'ㄴ-ㄹ'의 음운 연쇄를 허락하지 않는다. 따라서 'ㄴ-ㄹ'이 연쇄할 경우 [ㄴㄴ] 혹은 [ㄹㄹ]로 발음해야 한다. 때문에 한국인 화자들은 '난로'는 [날로]로, 판단력은 [판단녁]으로 발음한다. 이 음운 규칙에 대해서는 2.3.2를 보면 자세히 알 수 있다.

나 가르칠 내용의 제시 순서

교사는 발음 교육의 내용 요소를 가르칠 때 그것을 어떤 순서로 가르칠 것인지에 대해서도 고민해야 한다. 예를 들어 자음을 가르칠 때 'ㄱ'부터 가르치는 것이 효과적인지, 'ㅂ'부터 가르치는 것이 효과적인지 결정해야 한다. 발음 교육에 관심이 없는 교사는 보통 어문규범의 자모순을 떠올리고 'ㄱ, ㄴ, ㄷ, ㄹ, ㅁ, ㅂ, ㅅ, ㅇ, ㅈ……'의 순서대로 가르치려 할 것이다. 하지만 이것은 자음의 대립 관계를 형성하는 조음 위치, 조음 방법 등이 고려되지 않은 문자적 차원의 배열이므로 효과적인 교수-학습을 기대하기 어렵다. 만약 이 순서에 따라 'ㄱ'을 먼저 설명하고 이어 'ㄴ'을 설명하려고 한다면, 'ㄱ'과 'ㄴ'이 조음 위치나 조음 방법 면에서 공통 자질이 없기 때문에 학습자가 이를 이해하기가 매우 어려울 것이다.

제시 순서에 대한 문제는 자음 내의 순서, 혹은 모음 내의 순서만 있는 것이 아니다. 자음과 모음 중 무엇을 먼저 가르치는 것이 좋은지 결정하는 문제도 포함된다. 더 나아가서는 교육 내용의 항목별 제시 순서에 대한 문제도 있다. 음운을 먼저 가르칠지, 아니면 억양을 먼저 가르칠지 결정해야 하는 것이다. 이처럼 교수-학습 시 제시 순서에 대한 문제는 각 영역 내, 즉 음운 내에서 어떤 음운을 먼저 가르칠지, 음운 규칙 내에서 어떤 규칙을 먼저 가르칠지를 결정하는 미시적 문제부터 억양, 음운, 음절, 음운 규칙 중 어떤 것을 먼저 가르칠지 정하는 거시적 문제까지 범위가 넓다. 내용 요소를 어떤 순서로 가르치느냐에 따라 교육의 효과가 달라질 수 있으므로 내용 요소의 제시 순서 또한 교사가 고민하고 탐색해 봐야 할 주제이다.

→ 이에 대한 자세한 논의는 이 책의 3장에서 다룬다.

다 가르치는 방법

언어를 가르치기 위해서는 내용에 대한 지식뿐만 아니라 이를 설명하고 연습시키는 효과적인 방법을 아는 것도 필요하다. 발음 교육을 위해 교사는 교수 방안을 개발하고 수행할 수 있어야 한다. 발음 교육 방법은 다음과 같이 크게 세 가지 유형으로 수행되어 왔다.

첫 번째 유형은 '듣고 따라하기'의 방법이다. 행동주의 이론에 기반한 이 교수법은 교사의 발음을 듣고 따라하도록 하는 단순한 방식이다. 교사는 언어 표본을 제시하여 학습자가 이를 듣고 모방하도록 하고, 자동적으로 말할 수 있을 때까지 반복적으로 연습시킨다. 이 교수법은 학습자에게 모범적인 외국어 발음을 노출시키면 학습자가 스스로 발음법을 깨우칠 것이라고 가정한다. 하지만 문제는 학습자들이 새로운 말소리를 인식하고 식별하기 어렵기 때문에 소리에 대한 체계적인 설명이 필요하다는 사실이다.

두 번째 유형은 '소리를 분석적으로 설명해 주고 연습시키는 방법'이다. 예를 들어 자음 'ㅂ'을 교육한다면 교사는 이 소리가 어디에서, 어떻게 만들어지는지 설명해 주는 것이다. 효율적인 설명을 위해 그림, 비디오 등의 시각 자료를 이용하거나 목표어와 학습자 모국어의 소리를 비교하여 제시해 주기도 한다. 말소리에 대한 구체적 설명이 제시되기 때문에 학습자의 이해 면에서 첫 번째 유형보다 유용하다. 하지만 여전히 진정한 의사소통이 간과되고 있다는 점은 한계로 지적될 수 있다.

세 번째 유형은 '의사소통 중심의 발음 교수법'이다. 원활한 의사소통을 위해 발음 교육이 필요하다는 입장이긴 하지만, 발음 교육의 목표를 모어 화자와 같은 수준의 발음이 아니라 이해 가능한 발음에 두고 정확성보다는 유창성을 강조한다. 두 번째 유형처럼 목표 발음에 대한 설명을 하되, 설명은 아주 간단히 이루어진다. 설명보다는 목표하는 발음이 들어간 대화 상황을 만들어 학습자들에게 의사소통 상황에서 목표 발음을 사용할 수 있는 기회를 많이 제공한다. 이러한 방안의 하나로 Celce-Murcia(1987)에서는 다음과 같은 단계를 제시하였다.

① 어떤 소리와 소리 유형이 좀 더 개선될 필요가 있는지 찾는다.
② 찾아낸 소리와 소리 유형이 자연스럽게 사용되는 실제 상황을 찾아낸다.
③ 찾아낸 소리를 가지고 실제로 언어를 사용하는 의사소통 중심의 교실 과제(task)를 고안한다.
④ 가르치고자 하는 소리 유형을 연습할 수 있는 상황을 제공하고, 교수 대상 소리를 반복하여 사용할 수 있는 과제를 3~4개 이상 개발한다.

교육 방안에는 어떤 단계로 가르칠 것인지, 또 설명이나 연습 시 어떤 방법 혹은 어떤 도구를 활용할 것인지 등이 모두 포함된다.

→ 교사가 알아야 할 발음 교육 방안에 대한 내용은 이 책의 4장에서 다룬다.

라 언어권별 발음 오류 유형

학습자가 목표어를 습득하는 데 모국어가 영향을 미친다고 주장한 대조분석 가설에서는, 모국어와 목표어에서 비슷한 항목은 학습하기 쉽고, 차이가 큰 항목은 학습하기 어렵다고 주장한다. 이 이론에서는 목표어와 모국어의 비교는 외국어 습득 연구의 기본이 되므로, 대조분석을 통해 학습자의 어려움을 예측하고, 이를 바탕으로 교수하는 것이 효과적이라고 하였다. 대조분석 이론에 대한 회의적인 시각이 있긴 하지만,[2] 이 이론은 발음 교육에서 매우 높은 효용성을 가진 것으로 간주되어 왔다. 한국어 발음 교육에 대한 연구의 상당수가 한국어와 다른 언어를 대조분석하여 학습자의 오류를 예측·분석한 연구라는 점이 이를 방증한다.[3]

실제 언어권별로 학습자의 오류가 일정하게 나타난다는 점은 이 이론을 지지하는 대표적 근거이다. 예를 들어 대부분의 중국인 학습자들은 한국어의 'ㅓ' 발음에서 오류를 보인다. 또한 초성에서 나타나는 한국어 폐쇄음의 평음, 격음, 경음을 잘 구별하여 발음하지 못하고, 한국어와 중국어의 음절 구조의 차이로 인해 한국어의 'ㄱ, ㄷ, ㅂ' 받침을 잘 발음하지 못한다. 음운 규칙의 경우 'ㄴ-ㄹ'의 연쇄를 허용하는 중국어의 특성 때문에 한국어의 'ㄴ-ㄹ' 연쇄에서 유음화 규칙을 적용하지 않고 발음한다.

이처럼 학습자들이 모국어의 간섭으로 오류를 범하는 현상을 보이기 때문에, 학습자들의 언어권별로 나타내는 전형적인 오류와 그 원인, 처치 방안 등에 대해 알아둔다면 발음 교육에 도움이 될 것이다. 물론 교사가 학습자 모국어와 한국어 음운 체계에 대한 깊은 이해를 바탕으로, 두 언어를 대조분석할 수 있다면 더욱 좋다.

→ 이에 대한 자세한 논의는 5장과 6장에서 다룬다. 특히 이 책에서는 한국어를 배우는 대표적 외국인 학습자인 중국어권, 일본어권, 영어권 학습자의 발음 오류 유형과 그 처치 방안에 대해 알아볼 것이다.

---

2) 목표어와 모국어의 차이가 항상 오류를 발생시키는 것은 아니라는 점, 대조분석을 통해 오류가 발생할 것이라고 예측되었던 언어 항목이 실제로는 오류가 발생하지 않았다는 점 등에서 문제 제기가 이루어졌다.

3) 이에 대해서는 김상수·송향근(2006)을 참고하라.

마 강의안 작성법

좋은 집이 좋은 설계도에서 시작되듯이 좋은 수업도 좋은 강의안에서 비롯된다. 따라서 교사들은 수업을 위해 먼저 강의안을 작성해야 한다. 학습자가 학습 목표에 도달할 수 있도록 교사는 어떤 내용을, 어떤 순서로 제시하고, 또 어떻게 설명하고 연습시킬지에 대해 고민해야 한다. 그리고 그 고민의 결과가 강의안에 녹아들어야 한다. 이때 앞에서 배운 음운론적 지식, 교육 내용의 제시 순서, 교육 방안, 학습자의 언어권별 발음 오류 유형 등을 활용하여 강의안을 작성한다.

→ 7장에서는 영역별로 강의안 하나씩을 본보기로 제시한다. 교사들은 이 강의안 모형을 실제 수업에 이용할 수도 있고, 수정 보완을 통해 좀 더 나은 강의안으로 발전시킬 수도 있다. 또한 다른 주제의 강의안 작성에도 참고할 수 있을 것이다.

이상과 같이 한국어 발음 교육을 위해 교사가 알아야 할 가장 기본적인 내용을 이 책에 담았다. 이 외에도 음석 분석 프로그램인 Praat 활용법에 대한 내용을 〈부록〉으로 담았다. Praat는 외국인 학습자의 발음을 연구하거나 발음 교육 현장에서 활용하기에 유용한 음성 분석 도구이다. 부록에서는 Praat의 기본적인 사용법을 설명하고, 이를 활용한 음성 분석의 실제를 제시하였다.

〈참고문헌〉

김상수 · 송향근(2006), "한국어 발음 교육 연구 동향 분석" 『한국어학』 33, 한국어학회.

Byrne, D.(1976), *Teaching Oral English*, London: Longman.

Celce-Murcia, M.(1987), *Teaching Pronunciation as Communication.* In Morley, J.(ed.), *Current Perspectives on Pronunciation*, Washington, D.C.: TESOL.

제2장
한국어 말소리의 특징

고급 과정에 재학 중인 한 일본인 학습자가 질문을 하였다.

"선생님, 왜 '관리인' 은 [괄리인]으로 발음하고, '의견란' 은 [의견난]으로 발음해요? 둘 다 'ㄴ-ㄹ' 인데 하나는 'ㄹ-ㄹ' 로, 하나는 'ㄴ-ㄴ' 으로 발음하는 이유가 뭔가요?"

"요코 씨, 관찰력이 참 좋네요. 이것은……"

한국어의 발음을 제대로 가르치기 위해서 교사는 한국어를 구성하는 말소리에 대한 구체적이고 정확한 지식을 가지고 있어야 한다. 앞의 김 교사가 처한 상황은 교사가 왜 음운에 대한 지식을 알아야 하는지를 보여 준다. 사례에서 일본인 학습자는 한국어의 'ㄴ-ㄹ'의 연쇄에서 일어나는 2가지 음운 현상인 비음화와 유음화에 대해 질문하였다. 그런데 교사가 언제 [ㄴㄴ]로 발음되고 언제 [ㄹㄹ]로 발음되는지 알지 못한다면 학습자에게 올바른 대답을 해 주기 어려울 것이다. 따라서 한국어 발음 교육을 위해서는 한국어를 구성하는 말소리에 어떤 것들이 있는지, 그 소리가 구체적으로 어떻게 만들어지는지, 또 한국어 말소리가 어떠한 체계와 구조를 갖는지에 대한 지식을 알아야 한다. 이것은 발음 교육의 기초적인 내용이 될 것이다. 이 장에서는 한국어 발음 교육에 꼭 필요한 한국어 말소리에 대한 구체적이고 상세한 내용을 다룰 것이다.

2.1 한국어를 구성하는 말소리

말소리란 '인간의 발음 기관을 통해서 만들어지는 언어학적 의미를 가진 소리'를 말한다. 여기서 '언어학적 의미를 가진다'는 것은 그 소리가 혼자서, 혹은 다른 소리와 함께 단어를 만드는 데 사용된다는 것을 의미한다. 예를 들어 한국어에서는 '자기를 낳아 준 남자'의 의미를 표현하기 위해 '아버지'라는 단어를 사용하는데, 이 단어를 만드는 데 사용되는 'ㅏ, ㅂ, ㅓ, ㅈ, ㅣ'와 같은 소리가 바로 말소리이다.

말소리는 대체로 폐에서 올라온 공기가 성대(聲帶, vocal folds)[4]를 통과하면서 조절되고, 성도(聲道, vocal folds)[5]를 통과하는 과정에서 변형되면서 만들어진다. 〈그림 1〉은 말소리 생성에 관여하는 발음 기관과 그 명칭을 보인 것이다.

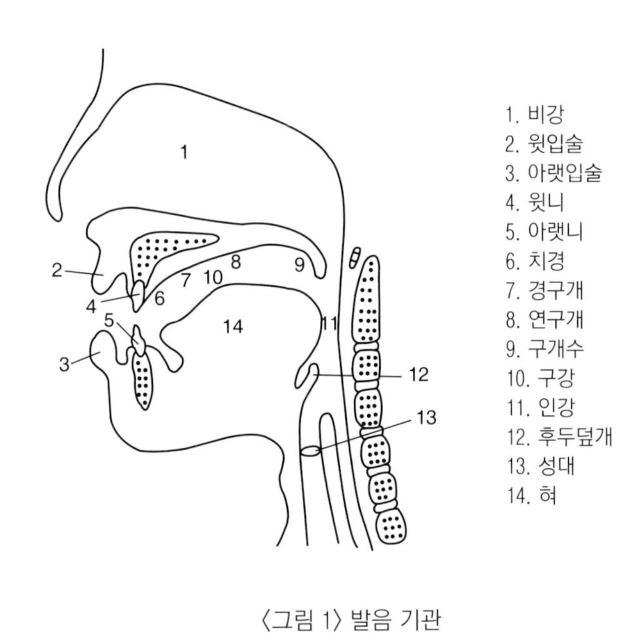

〈그림 1〉 발음 기관

말소리는 크게 자음과 모음으로 분류된다. 자음은 조음 과정에서 기류가 구강 통로의 중앙부에서 방해를 받으면서 나는 소리이고, 모음은 구강 통로의 중앙부에서 아무런 방해를 받지 않고 나는 소리이다.

---

4) 성대는 후두에 위치하는 발성 기관으로, 성대 인대와 근육, 점막 등으로 구성된다.

5) 성도는 성대를 통과한 기류가 입이나 코를 통해 밖으로 나오는 과정에서 통과하는 통로이다.

2.1.1 한국어의 자음 체계

■ 한국어의 자음은 어떻게 구별될까?

한국어의 자음은 19개로 구성된다. 이들은 조음 위치, 조음 방법, 발성 유형의 세 가지 변수에 따라서 서로 다른 소리로 다양하게 분화된다.

자음을 분화시키는 세 가지 변수

- 조음 위치(place of articulation): 조음이 어디서 일어나는가?
- 조음 방법(manner of articulation): 조음이 어떻게 일어나는가?
- 발성 유형(phonation type): 이때의 성대 상태는 어떠한가?

〈표 1〉은 위 세 가지 요인에 의해 분화된 한국어의 자음을 체계적으로 보인 것이다. 이처럼 한국어의 자음은 5가지의 조음 위치와 5가지의 조음 방법, 그리고 3가지의 발성 유형을 통해 분류된다.

〈표 1〉 한국어 자음 체계

조음방법		발성유형 \ 조음위치	양순음	치경음	치경경구개음	연구개음	성문음
장애음	폐쇄음(파열음)	평음	ㅂ p	ㄷ t		ㄱ k	
		경음	ㅃ p^{*}	ㄸ t^{*}		ㄲ k^{*}	
		격음	ㅍ p^{h}	ㅌ t^{h}		ㅋ k^{h}	
	마찰음	평음		ㅅ s			ㅎ h
		경음		ㅆ s^{*}			
	파찰음	평음			ㅈ tɕ		
		경음			ㅉ tɕ^{*}		
		격음			ㅊ tɕ^{h}		
공명음	비음		ㅁ m	ㄴ n		ㅇ ŋ	
	설측음(유음)			ㄹ l			

가 조음 위치: 조음이 어디서 일어나는가?

한국어의 자음은 조음 위치에 따라서 양순음, 치경음, 치경경구개음, 연구개음, 성문음으로 나뉜다. 자음의 조음 위치는 조음에 관여하는 아래 조음 기관과 위 조음 기관이 무엇인지에 따라서 분류된다. 예를 들어 조음에 관여하는 아래 조음 기관이 아랫입술이고 위 조음 기관이 윗입술이라면, 두 입술이 조음에 관여한다는 뜻에서 양순음이라고 칭한다. 〈그림 2〉는 자음의 조음에 관여하는 위 조음 기관과 아래 조음 기관을 보인 것이다.

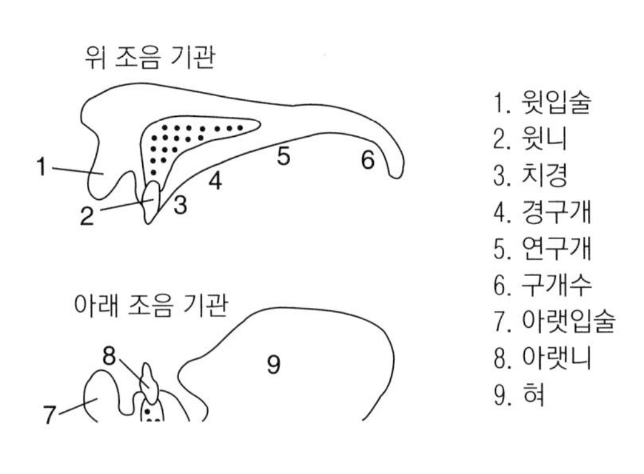

〈그림 2〉 위 조음 기관과 아래 조음 기관

치경음과 치경경구개음, 연구개음은 아래 조음 기관이 모두 혀이기 때문에 이를 생략하고 위 조음 기관의 이름만으로 조음 위치의 이름을 부른다. 〈그림 2〉에서 치경음은 3번, 치경경구개음은 3번과 4번 사이, 연구개음은 5번 위치에서 조음된다. 성문음의 경우, 성대가 조음 기관의 역할을 한다.

나 조음 방법: 조음이 어떻게 일어나는가?

한편, 조음 방법에 따라서 한국어의 자음은 폐쇄음, 마찰음, 파찰음, 비음, 설측음으로 나뉜다. 폐쇄음은 폐에서 나온 기류를 완전히 막았다가 터트리면서 만들어진다. 마찰음은 폐에서 나온 기류가 구강의 좁아진 부분을 통과하면서 마찰을 일으켜 만들어진다. 〈그림 3〉의 ㄱ)에서 폐쇄음과 마찰음을 비교해 보자. 폐쇄음은 구강 통로를 완전히 막아 기류를 폐쇄시켰다가 방출하지만 마찰음은 구강 통로가 완전히 막히지 않아 좁은 틈 사이로 난기류가 발생하는 것을 알 수 있다. 파찰음은 폐에서 나온 기류를 완전히 막는다는 점에서는 폐쇄음과 같지만, 공기를 한꺼번에 내보내지 않고 천천히 내보내면서 마찰시킨다는 점에서 다르다. 〈그림 3〉 ㄴ)에서 폐쇄음과 파찰음을 비교해 보자. '폐쇄-폐쇄 지속-개방'의 과정은 동일하지만 개방이 즉각적으로 일어나는 폐쇄음과 달리 파찰음은 개방이 지연적으로 일어난다.

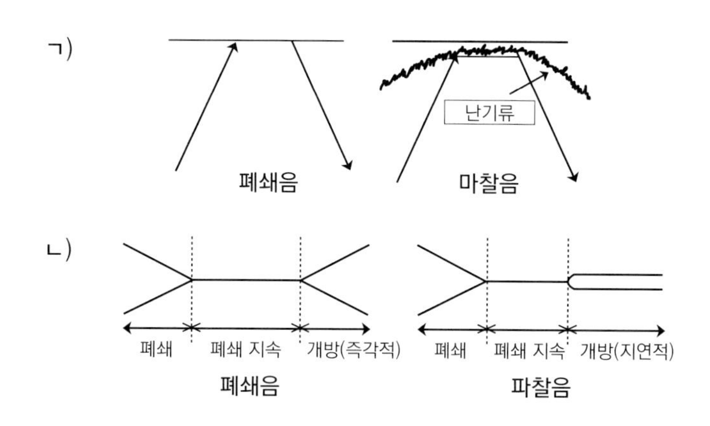

〈그림 3〉 폐쇄음, 마찰음, 파찰음의 조음 방법 차이

비음은 구강 통로를 막고 비강 통로를 열어 코로 공기를 내보내면서 만들어지는 소리이다. 그리고 설측음은 혓날을 들어 치경에 대고, 혀의 측면에 기류가 나갈 수 있는 넓은 통로를 만든 상태로 조음된다. 한국어의 유음에는 설측음 /l/만이 존재한다. 여기서 유음이란 알파벳 'r'이나 'l'로 표기되는 소리를 통칭하는 것으로, 다양한 조음 방법의 소리를 묶어 칭하기 위해 만들어진 범주 이름이다. 하지만 한국어에는 유음에 속하는 소리가 설측음 하나뿐이다. 그래서 한국어에서 유음은 설측음을 의미하게 된다. 대신 한국어 유음에는 음성적 환경에 따라서 탄설음과 설측음의 두 가지 변이음이 있다. 유음이 어중 초성일 때는 탄설음으로, 종성과 /l/ 다음에서는 설측음으로 실현된다.

자음은 또 장애음과 공명음으로도 분류된다. 폐쇄음, 마찰음, 파찰음은 장애음에 속하고, 유음과 비음은 공명음에 속한다. 장애음이란 성도에서의 장애 때문에 자연스러운 상태에서는 성대의 진동이 동반되는 유성음이 되기가 어려운 소리의 묶음을 말한다. 공명음이란 반대로 성도에서 만들어지는 통로의 크기가 커서 성대가 원활하게 진동할 수 있는 성도의 모양을 가지고 만들어지는 소리를 말한다.

다 발성 유형: 조음 시 성대 상태는 어떠한가?

조음 위치와 조음 방법 외에도 자음은 발성 유형에 따라서 분화된다. 동일한 조음 위치와 조음 방법으로 만들어지는 자음이라도 발성 유형이 달라지면 서로 다른 소리가 된다. 많은 언어에서 자음의 발성 유형은 성대의 진동 여부, 즉 유성성 여부에 따라서 분류된다. 하지만 한국어의 경우는 장애음은 모두 무성음이고, 공명음은 모두 유성음이라는 특징이 있기 때문에 자음이 유성성에 의한 대립을 보이지 않는다.

한국어 장애음은 기식성과 긴장성에 따라서 평음, 경음, 격음으로 분류된다. 장애음 중 폐쇄음과 파찰음은 평음, 경음, 격음의 대립을, 마찰음은 평음과 경음의 대립을 보인다. 한국어에서 기식성은 해당 자음을 산출할 때 성대가 멀리 떨어져 있어서 성문 마찰이 동반되는 성질을 말하며, 일반적으로 기식성이 크면 기류의 양이 많음을 의미한다. 그리고 긴장성이란 해당 자음이 산출될 때 성대의 긴장이 동반되는 성질을 말한다. 한국어의 평음은 기식성과 긴장성이 모두 없이 조음되는 소리, 경음은 기식성은 없고 긴장성만 가지고 조음되는 소리, 또 격음은 기식성과 긴장성을 모두 가지고 조음되는 소리이다.

2.1.2 한국어의 모음 체계

■ 한국어의 모음은 어떻게 구별되는가?

모음은 우선 단모음과 이중모음으로 나눌 수 있다. 단모음이란 조음 시 처음부터 끝까지 조음 동작이 변하지 않는 소리를, 이중모음이란 중간에서 조음 동작이 변하는 소리를 말한다. 이중모음은 보통 활음[6]과 단모음의 연쇄로 해석하는 것이 일반적이므로 한국어의 모음 체계라고

---

6) 활음이란 기본적으로 모음과 같은 원리로 생성되지만 음성학적으로는 동작의 변화 속도가 매우 빨라서 단모음과는 달리 조음 시 안정 구간을 갖지 못하는 특성이 있다. 그리고 음운론적으로는 모음과는 달리 한 음절을 구성하지 못한다는 특성이 있다. 활음은 반모음 혹은 접근음이라고도 불린다.

할 때는 대체로 단모음 체계를 의미한다.

모음도 앞서 살펴본 자음과 마찬가지로 세 가지 변수에 따라서 서로 다른 소리로 분화된다.

모음을 분화시키는 세 가지 변수

- 혀의 고저: 혀의 높이가 어떠한가?
- 혀의 전후: 혀와 입천장 사이의 협착이 일어나는 곳이 어디인가?
- 입술의 돌출(원순성): 입술의 돌출이 일어나는가?

한국어에서 단모음이 몇 개인지에 대해서는 여러 가지 견해가 있다. 먼저 〈표 2〉와 같이 표준발음법에서는 한국어의 단모음을 10개로 본다. 단, /ㅚ/와 /ㅟ/를 이중모음으로 발음할 수 있다고 보고 8모음 체계도 인정하고 있다. 하지만 표준어 화자들의 실제 발화를 관찰해 보면 /ㅔ/와 /ㅐ/를 거의 구분하지 않는다는 것을 알 수 있다. 따라서 현실 발음을 분석해 보면 〈표 3〉에 보인 바와 같이 7모음 체계가 일반적이다.

〈표 2〉 표준발음법이 규정하고 있는 한국어 단모음 체계(10모음 혹은 8모음 체계)

	전설모음		후설모음	
	평순	원순	평순	원순
고모음	ㅣ i	(ㅟ y)	ㅡ ɯ	ㅜ u
중모음	ㅔ e	(ㅚ ø)	ㅓ ʌ	ㅗ o
저모음	ㅐ æ		ㅏ ɑ	

〈표 3〉 실제 대다수 표준어 화자의 단모음 체계(7모음 체계)

	전설모음	후설모음	
	평순	평순	원순
고모음	ㅣ i	ㅡ ɯ	ㅜ u
중모음	ㅔ/ㅐ ɛ	ㅓ ʌ	ㅗ o
저모음		ㅏ ɑ	

가 혀의 고저: 혀의 높이가 어떠한가?

모음은 혀의 높이에 따라서 고(high), 중(mid), 저(low)의 세 단계로 나눌 수 있다. 혀의 높이는 입을 벌린 정도와 비례하기 때문에 고모음은 폐모음으로, 저모음은 개모음으로 불리기도 한다. 7모음 체계를 기준으로 고모음에 /ㅣ, ㅡ, ㅜ/, 중모음에 /ㅔ(ㅐ), ㅓ, ㅗ/, 저모음에 /ㅏ/가 있다.

나 혀의 전후: 혀와 입천장 사이의 협착이 일어나는 곳이 어디인가?

모음은 성도에서 가장 좁아지는 협착의 위치가 혀를 기준으로 어디인지에 따라서 전설(front), 후설(back)로 나눌 수 있다. 7모음 체계를 기준으로 전설모음은 /ㅣ, ㅔ(ㅐ)/의 2개가 있고 후설모음은 /ㅡ, ㅓ, ㅏ, ㅜ, ㅗ/의 5개가 있다. 전설모음에 비해 후설모음의 수가 많은 것이 특징이다.

다 입술의 돌출(원순성): 입술의 돌출이 일어났는가?

모음은 입술의 돌출 여부에 따라서 입술의 돌출이 동반되는 원순모음과 입술의 돌출이 동반되지 않는 평순모음으로 나뉘기도 한다. 7모음 체계를 기준으로 원순모음은 /ㅜ, ㅗ/의 2개가 있고, 평순모음은 /ㅣ, ㅔ(ㅐ), ㅡ, ㅓ, ㅏ/의 5개가 있다.

한편 〈표 4〉는 현실 발음에 기초한 7모음 체계를 기준으로 한국어의 이중모음 체계를 보인 것이다. 한국어 활음의 목록은 /j, w, ɰ/의 3개로 구성되는데, 모두 단모음에 선행한다는 특징이 있다. 또한 /j/는 /i, ɯ/와, /w/는 /u, o, ɯ/와 결합하지 못하며, /ɰ/는 /i/ 이외의 어떤 모음과도 결합하지 못한다는 점이 한국어 이중모음 목록에서 관찰되는 특징적인 점이다.

〈표 4〉 현실 발음에 기초한 한국어 이중모음 (10개)

	ㅣ i	ㅔ/ㅐ ɛ	ㅏ a	ㅡ ɯ	ㅜ u	ㅓ ʌ	ㅗ o
j계	*	ㅖ/ㅒ jɛ	ㅑ ja	*	ㅠ ju	ㅕ jʌ	ㅛ jo
w계	ㅟ wi	ㅞ/ㅙ/ㅚ wɛ	ㅘ wa	*	*	ㅝ wʌ	*
ɰ계	ㅢ ɰi	*	*	*	*	*	*

물론 표준발음법에서 규정하고 있는 이중모음 체계는 〈표 4〉에 보인 것과는 약간 차이가 있다. 표준발음법에서 규정하고 있는 한국어 이중모음 체계는 〈표 5〉에 보인 바와 같다. 먼저 /e/와 /æ/의 변별을 인정하기 때문에 /je, jæ, we, wæ/가 모두 각각 이중모음 목록에 들어가 있다. 또, /y, ø/가 단모음 체계에 편입된다면 /wi/라는 이중모음은 인정되지 않을 것이며, /ㅚ/도 이중모음에서 언급할 필요가 없을 것이다. 그리고 표준발음법에는 기술되어 있지 않지만, 표준발음법에 기초한 학교 문법에서는 /ㅢ/를 활음 /j/가 단모음 /ɯ/ 뒤에 연결된 이중모음으로 보고 있다는 점도 〈표 4〉와는 차이가 있다. 즉, /ㅢ/를 활음이 단모음 뒤에 연결되는 하향 이중모음[7]으로 분류하고 있다. 그 결과 학교 문법에서는 활음 /ɰ/를 음운으로 인정하지 않고 있다. 하지만 이중모음 /ㅢ/에 대한 음성학적, 음운론적인 관찰 결과, 이 이중모음은 활음 /ɰ/와 단모음 /i/의 결합으로 보는 것이 합리적이다.[8]

〈표 5〉 표준발음법에서 규정하고 있는 한국어 이중모음 체계 (11개)

	ㅣ i	ㅔ e	ㅐ æ	ㅏ a	ㅡ ɯ	ㅜ u	ㅓ ʌ	ㅗ o
j계	*	ㅖ je	ㅒ jæ	ㅑ ja	ㅢ ɯj	ㅠ ju	ㅕ jʌ	ㅛ jo
w계	*	ㅞ we	ㅙ wæ	ㅘ wa	*	*	ㅝ wʌ	*

7) 이중모음은 활음과 단모음의 결합 순서에 따라서 상향 이중모음과 하향 이중모음으로 분류된다. 상향 이중모음이란 활음이 단모음에 선행하는 경우를, 하향 이중모음이란 반대로 활음이 단모음에 후행하는 경우를 말한다.

8) 이중모음 /ㅢ/에 대한 상세한 논의는 신지영(1999)를 참조할 수 있다.

2.2 한국어의 운율 단위

낱낱의 말소리(음운)는 따로따로 존재하는 것이 아니라 서로 모여서 상위의 단위를 구성한다. 말소리의 이러한 단위를 운율 단위(prosodic unit)라고 한다. 〈그림 4〉는 한국어의 운율 단위와 그 구조를 보인 것이다.

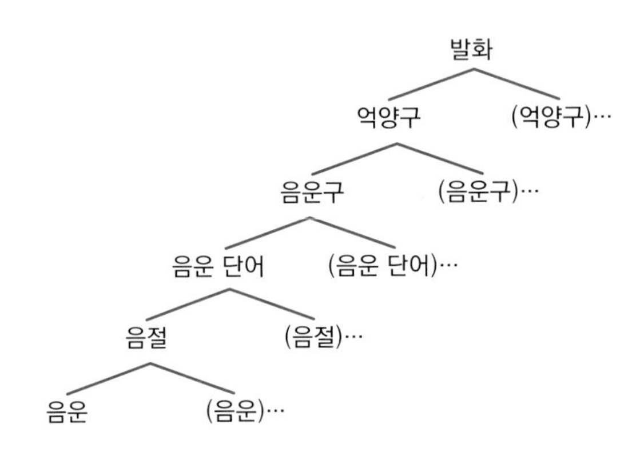

〈그림 4〉 한국어의 운율 단위

2.2.1 음절

■ 한국어의 음절은 어떻게 구성될까?

음절은 음운이 모여서 만드는 첫 번째 운율 단위이다. 음절은 음운처럼 화자의 머릿속에 존재하는 추상적인 단위로서, 음운이 모여서 만드는 여러 층위의 운율 단위 중에서 가장 작은 단위이다. 이처럼 음절은 하나 이상의 음운이 모여서 형성되는데, 모든 음절이 같은 개수의 음운으로 구성되는 것은 아니다. 예를 들어 '아빠'라는 단어를 생각해 보자. '아빠'는 두 음절로 구성되어 있는데, 각 음절은 그 음절을 구성하고 있는 소리의 수에서 차이를 보인다. 첫 음절은 하나의 음운 /ㅏ/로만 구성되어 있고, 두 번째 음절은 두 개의 음운 /ㅃ/와 /ㅏ/로 구성되어 있다. 이렇게 음절을 구성하는 음운의 수와 종류에 따라 음절 유형이 달라진다.

한국어에서 가능한 음절 유형은 (1)에 보인 바와 같이 크게 8가지로 나누어 볼 수 있으며, 그 구조를 요약하면 〈그림 5〉에 보인 바와 같다.

(1) 한국어의 음절 유형

유형	설명	약자	예
1유형	모음 하나로 이루어진 음절	V	이 /i/
2유형	활음과 모음으로 이루어진 음절	GV	요 /jo/
3유형	자음과 모음으로 이루어진 음절	CV	코 /kʰo/
4유형	자음, 활음, 모음으로 이루어진 음절	CGV	겨 /kjʌ/
5유형	모음과 자음으로 이루어진 음절	VC	옥 /ok/
6유형	활음과 모음, 자음으로 이루어진 음절	GVC	욕 /jok/
7유형	자음, 모음, 자음으로 이루어진 음절	CVC	녹 /nok/
8유형	자음, 활음, 모음, 자음으로 이루어진 음절	CGVC	벽 /pjʌk/

(여기서 V는 모음을, C는 자음을, G는 활음을 의미한다)

한국어에서 음절 구성의 최소 조건은 모음이 존재해야 한다는 것이다. 모음을 필수 요소로 그 앞으로는 활음과 자음이 각각 하나씩 올 수 있으며, 그 뒤로 자음이 하나 올 수 있는 것이 한국어의 음절 구조이다. 그 결과 음절 구조가 가장 복잡한 것은 (1)에 보인 제8유형, 즉 CGVC 유형이고, 한국어에서 음절핵과 음절핵 사이에 올 수 있는 자음의 최대 개수는 2개가 된다.

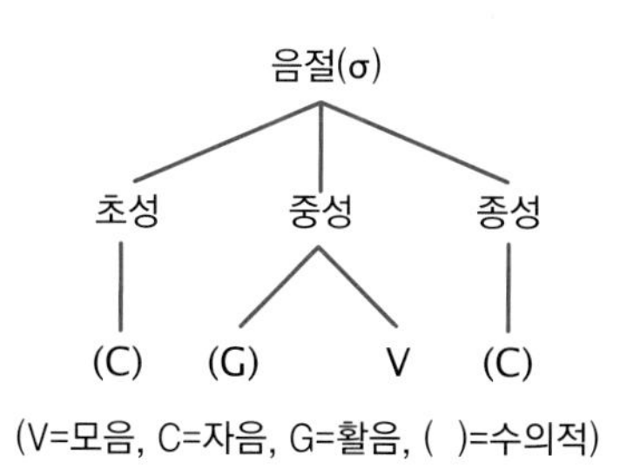

〈그림 5〉 한국어의 음절 구조

다음으로 한국어에서 어떤 방법으로 분절음의 연쇄가 음절의 연쇄로 구성되는지 알아보자. 이를 위하여 우선 철자법으로부터 자유로워져야 한다. 물론 한글은 음절 단위로 모아쓰는 방식을 택하고 있기 때문에 음절이라는 단위를 인식하는 데 큰 어려움이 없다. 또 음절의 수는 글자의 수와 일치한다. 하지만 문제는 철자법으로 모아쓰는 단위와 소리가 묶여 만들어진 음절 단위가 늘 일치하는 것이 아니라는 데 있다. 또한 한글 표기법의 특성 때문에 초성이 없이 모음이나 활음으로 시작하는 경우에도 자음 글자 중의 하나인 'ㅇ'을 사용한다는 점도 염두에 두어야 한다. 글자 'ㅇ'은 초성 자리에 오면 아무런 음가가 없지만 종성 자리에 오면 /ŋ/의 음가를 갖게 된다.

'달아'와 같은 예를 생각해 보자. 이 말은 [다라]와 같이 첫째 음절의 /ㄹ/가 둘째 음절의 초성으로 실현된다. 왜 이런 일이 일어나는 것일까? 이는 음절 구조를 만들어 가는 원리 중 가장 중요한 초성 우선 원리(onset-first principle) 때문이다. 음절핵을 기준으로 초성에 그 언어가 허용하는 한 최대의 주변음(syllable margin)[9]을 확보한 후, 다음 단계에서는 앞 음절부터 뒤에 연결되지 않고 남아 있는 주변음을 취한다. 예를 들어 '달아'와 '달다'의 음절 구조를 이 원리에 따라서 만들어 보면, 〈그림 6〉과 같다.

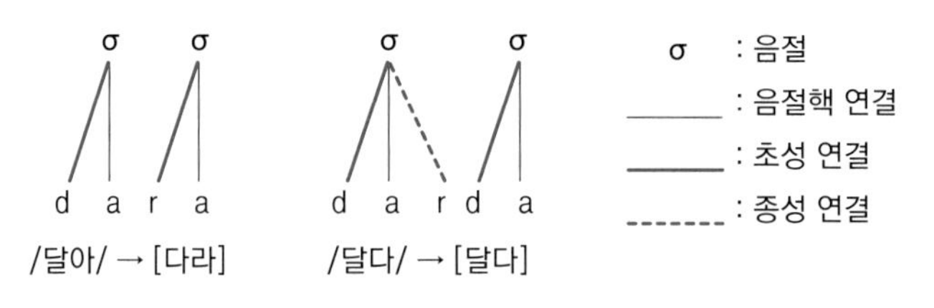

〈그림 6〉 음절화 과정

국어 음절 구조에서 또 한 가지 특기할 것은 종성에 올 수 있는 자음이 7개 종류(/ㄱ, ㄴ, ㄷ, ㄹ, ㅁ, ㅂ, ㅇ/)로 한정된다는 것이다. 이 이외의 자음이 오면 7개 종류의 자음 중 하나로 변한다. 종성에 위치하는 자음은 반드시 중앙부 폐쇄를 유지해야만 한다. 따라서 중앙부 폐쇄를 동반하지 못하는 소리(즉 마찰음)나 중앙부 폐쇄를 유지할 수 없는 소리(즉 파찰음)는 모두 중앙부 폐쇄를 유지할 수 있는 폐쇄음으로 변해야 한다. 그리고 발성 유형의 차이 또한 개방의 국면에서만 서로 음성적 차이를 보일 수 있기 때문에 구별되지 못하고 모두 평음으로 변한다. 그 결과 음성적 차이를 보이던 세 가지 발성 유형의 다양한 장애음들은 모두 불파 폐쇄음(unreleased stop)으로 바뀐다.[10] 그리고 초성과 종성 모두에 자음이 하나만 올 수 있고 초성에 /ŋ/이 허용

9) 음절을 이루는 수의적인 요소, 즉 음절핵이 아닌 모든 요소를 의미한다.

10) 뒤에서 살펴보겠지만, 한국어의 음운 현상 중 하나인 평 폐쇄음화는 이러한 이유 때문에 일어나게 된다.

되지 않는 것 또한 한국어 음절 구조의 특징이다.

2.2.2 음운 단어

음운 단어는 음운론적 의미에서의 단어를 의미한다. 음운론적으로 내부에 쉼이 없는 단위를 의미하는데, 대체로 어절과 일치하지만 몇 가지 예외가 있다. (2ㄱ)은 두 개의 단어가 발화에서 언제나 한 단어처럼 내적 휴지 없이 실현되는 예이고, (2ㄴ)은 두 개의 단어가 음운론적으로 한 단어로밖에 볼 수 없게 실현된 축약의 예이다. (2ㄷ)은 반대로 한 단어임에도 불구하고 중간에 쉼이 들어갈 수 있는 경우를 보인 것으로, 이 경우에는 한 단어가 두 개의 음운 단어로 나뉘게 된다.

(2) 음운 단어의 예시

ㄱ.	(갈 수)w 없었다.	(그럴 리)w 없어.	
ㄴ.	그 사람 (어딨니)w?	자, (여깄다)w.	
ㄷ.	(범)w(민족적)w	(역)w(차별주의)w	(w = 음운 단어 경계)

2.2.3 음운구

음운구는 음운 단어들이 모여서 만드는 단위이다. 음운구란 음운론적인 의미에서의 구를 의미하는데, 하나의 끊어 말하기 단위를 말한다. 음운구와 음운구 사이에는 물리적인 휴지가 개입되지 않는 것이 일반적이고, 음운구 단위는 하나의 음높이 패턴으로 묶여 실현된다. 한국어는 4음절이 하나의 음운구를 형성하는 경우가 기본이 되는데, 음운구 첫 음절의 첫 소리가 무엇인지에 따라서 첫 음절의 음높이가 결정된다. 첫 음절의 첫 소리가 경음, 격음, 마찰음인 경우는 고고저고(HHLH)의 음높이 패턴을 가지고 그 나머지, 즉 평음, 공명자음, 모음인 경우는 저고저고(LHLH)의 음높이 패턴을 갖는다. 〈그림 7〉은 음운구 첫 음절의 첫 소리에 따라 달리 실현되는 음운구의 전형적인 음높이 유형을 도식화한 것이다.

a. 평음, 공명 자음, 모음으로 시작

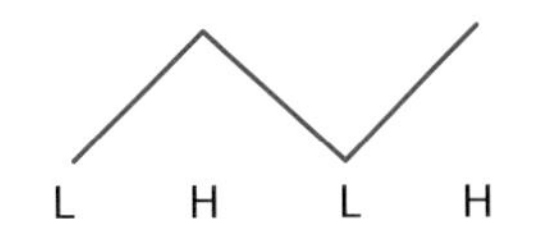

b. 경음, 격음, 마찰음으로 시작

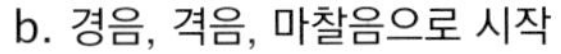

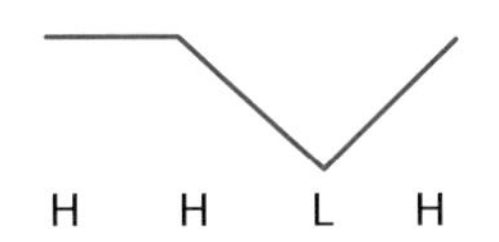

〈그림 7〉 음운구의 음높이 유형

음운구의 음절수가 4음절 미만인 경우에는 두 번째 혹은 세 번째 성조, 즉 고(H) 혹은 저(L) 중 하나 혹은 둘 모두가 실현되지 않고 첫 번째와 마지막 성조만 실현된다. 한편 음운구의 음절수가 5음절 이상인 경우에는 네 개의 성조가 모두 실현되는데, 첫 번째 성조는 첫 번째 음절에, 두 번째 성조는 두 번째 음절에, 세 번째 성조는 끝에서 두 번째 음절에, 그리고 마지막 성조는 마지막 음절에 실현된다. 나머지 음절의 경우는 두 번째 성조에서 세 번째 성조로 계속 음높이가 낮아지는 양상을 보인다.

2.2.4 억양구

억양구는 음운구가 모여 만드는 상위의 운율 단위로서 한국어에서 억양이 얹히는 단위이다. 억양구의 뒤에는 물리적 휴지가 동반되는 것이 일반적이고 억양구의 마지막 음절은 타 음절에 비해 길어지는 특징이 있다. 또 억양구의 마지막 음절에 어떠한 음높이 유형이 실현되는지에 따라서 다양한 문법적, 화용적 의미가 발생한다. 억양구는 발화 말 억양구와 발화 내 억양구로 나뉘는데 발화 말 억양구는 억양구의 마지막 음절이 어떠한 음높이 유형인지에 따라서 문장 종결법이 결정된다. 대체로 평서문은 저조로, 의문문은 고조로, 명령문은 짧은 저조로, 청유문은 저고조로, 감탄문은 고저조로 실현되는 것이 일반적이다.

2.3 한국어의 음운 현상

'국'이라는 단어와 '물'이라는 단어가 만나서 '국물'을 만드는 경우를 생각해 보자. 분명히 /국/과 /물/이 만났는데 소리는 [국물]로 나지 않고 [궁물]로 난다. /국/이 /물/과 만나니까 [국]이 아니라 [궁]으로 소리가 변한 것이다. 그런데 이러한 변화는 '국물'에서만 관찰되는 것이 아니라 '학문[항문]', '약물[양물]', '막막하다[망마카다]'에서도 관찰된다. 이러한 변화가 생기는 원인은 한국어에서는 [ㄱ]라는 소리와 [ㅁ]라는 소리가 서로 연이어 나지 못한다는 데 있다. 한국어에서는 두 소리, [ㄱ]와 [ㅁ]가 연쇄되면 [ㄱ]는 꼭 [ㅇ]으로 변해야 한다는 원칙이 있다.

하지만 이러한 변화는 언어마다 달리 나타난다. 예를 들어 영어의 경우는 [ㄱ]라는 소리와 [ㅁ]라는 소리가 연이어 나게 되어도 아무런 변화가 일어나지 않는다. 예를 들어 'bookmark'나 'stock market'라는 단어의 발음은 [bʊkma:rk], [stɑkma:rket]이지 [bʊŋma:rk], [stɑŋma:rket]이 아니다. 그런데 한국인들은 '북마크' 혹은 '스톡마켓'을 [북마크], [스톡마켇]이 아닌 [붕마크], [스통마켇]으로 발음한다. 이렇게 서로 다른 언어는 그 언어에 존재하는 소리의 목록만 다른 것이 아니라 소리의 연쇄에서 일어나는 음운 현상에도 차이가 있다.

한국어의 음운 현상은 크게 말소리의 구조적 제약, 즉 음운론적 조건에 의해 일어나는 것과 형태론적인 정보와 관련이 있는 것, 즉 형태론적 조건에 의해 일어나는 것으로 크게 나눌 수 있다. 전자에 속하는 음운 현상은 예외 없이 일어나기 때문에 해당 음운 현상이 적용되는 단어의 경우, 한국어 화자들 사이에 서로 다른 발음형이 존재하지 않는다. 예를 들어 '칼날'처럼 한국어에서 'ㄹ-ㄴ'이 연쇄하면 모두 [ㄹㄹ]로 발음되는 경우가 이에 해당한다. 하지만 후자에 속하는 음운 현상이 적용되는 단어의 경우는, 여러 가지 이유 때문에 다양한 예외가 존재하기도 하고 단어에 대한 화자의 해석 차이 때문에 화자 사이에 서로 다른 발음형이 나타나기도 한다. 예를 들어 '밭이랑'에서 'ㅌ'과 'ㅣ'의 연쇄는 'ㅣ'의 형태론적 조건에 따라 구개음화가 적용되어 [바치랑]으로 발음되기도 하고 구개음화가 적용되지 않아 [반니랑]으로 발음되기도 한다.

2.3.1 말소리의 구조적 제약에 의해 일어나는 음운 현상

1 평 폐쇄음화

평 폐쇄음화와 관련된 한국어 말소리 원칙

한국어 종성에 놓이는 모든 자음은 중앙부 폐쇄를 유지하는 불파음(unreleased)으로 실현되어야 한다. 그 결과 한국어의 음절 종성에는 /ㄱ, ㄴ, ㄷ, ㄹ, ㅁ, ㅂ, ㅇ/의 7개 소리만이 올 수 있다.

자음이 음절 구조상 종성에 놓이게 되면 반드시 그 자음은 중앙부 폐쇄를 동반한 채로 실현되어야 한다. /밥/, /감/, /물/을 발음해 보자. 이 소리는 두 입술이 닫힌 상태로, 혹은 혀끝이 치경 부위에 닿은 상태를 유지한 채로 소리가 난다. 이때 두 입술이 붙었다가 떨어지거나, 혓날이 치경 부위에 닿았다가 떨어지면 한국어답지 않다. 이렇게 한국어에서는 음절 구조의 종성에 자음이 놓이게 되면 그 소리가 반드시 중앙부 폐쇄를 유지한 상태, 즉 구강의 중앙부를 막은 상태로 나야 한다.

마찰음이나 파찰음은 중앙부 폐쇄를 동반할 수 없는 소리이며, 폐쇄음의 발성 유형은 개방의 국면이 존재할 때만, 즉 중앙부 폐쇄를 해지할 때만 구별되는 소리의 특징이다. 따라서 마찰음이나 파찰음은 같은 조음 위치의 폐쇄음으로 변하고, 경 폐쇄음과 격 폐쇄음은 모두 평 폐쇄음으로 변한다. 따라서 한국어의 모든 장애음[11]은 종성 위치에서 같은 조음 위치의 평 폐쇄음인 [ㄱ, ㄷ, ㅂ] 중의 하나로 바뀌게 된다. 즉, 평 폐쇄음이 아닌 소리가 평 폐쇄음으로 바뀌는 음운 현상이다. (3)은 평 폐쇄음화 현상이 관찰되는 예를 자음의 조음 방법에 따라서 정리한 것이다.

(3) 평 폐쇄음화의 예

ㄱ.	앞[압]	앞도[압또]	밭[받]	밭과[받꽈]
	부엌[부억]	부엌도[부억또]	밖[박]	밖도[박또]
ㄴ.	낫[낟]	낫과[낟꽈]	났고[낟꼬]	
ㄷ.	낮[낟]	낮과[낟꽈]	낯[낟]	낯과[낟꽈]

2 자음군 단순화

자음군 단순화와 관련된 한국어 말소리 원칙

한국어는 초성과 종성에 자음군(子音群)이 올 수 없다. 즉, 한국어의 초성과 종성에는 1개의 자음만 올 수 있다. 종성으로 실현될 수 있는 자음이 2개 이상 존재하는 경우에는 둘 중 하나가 탈락된다.

11) 장애음이란 폐쇄음(파열음), 마찰음, 파찰음을 통칭한 것으로, 공명음과 대비되는 말소리의 범주명이다.

한국어의 형태소 끝에서 관찰되는 자음군은 /ㄳ, ㄵ, ㄶ, ㄺ, ㄻ, ㄼ, ㄽ, ㄾ, ㄿ, ㅀ, ㅄ/ 등 총 11가지가 있다. (4)에 보인 것과 같이 한국어는 명사나 용언 어간의 끝소리가 자음 둘로 이루어진 경우, 종성으로 음절화되면 두 자음 중 하나가 탈락한다. 한국어 종성에서 두 개 이상의 자음, 즉 자음군이 허용되지 않기 때문이다.

(4) 자음군 단순화의 예

ㄳ: 넋[넉], 넋도[넉또]

ㄵ: 앉다[안따]

ㄶ: 많네[만네], 많소[만쏘]

ㄺ: 맑다[막따], 맑네[망네] / 맑게[말께], 맑고[말꼬]

ㄻ: 삶다[삼따], 삶네[삼네]

ㄼ: 밟다[밥따], 밟네[밤네] / 넓다[널따], 넓네[널레]

ㄽ: 외곬[외골]

ㄾ: 핥고[할꼬], 핥네[할레]

ㄿ: 읊고[읍꼬], 읊네[음네]

ㅀ: 뚫네[뚤레]

ㅄ: 값[갑], 값도[갑또]

두 자음 중에서 살아남는 자음은 대체로 1) 공명음과, 2) 비설정음이다.[12] 자음군 가운데 /ㄳ, ㄵ, ㄶ, ㄻ, ㄽ, ㄾ, ㅀ, ㅄ/는 언제나 각각 /ㅅ, ㅈ, ㅎ, ㄹ, ㅅ, ㅌ, ㅎ, ㅅ/가 탈락하여 각각 [ㄱ, ㄴ, ㄴ, ㅁ, ㄹ, ㄹ, ㄹ, ㅂ]로 실현된다. 이 경우 두 자음 중에서 한 쪽이 다른 쪽에 비해서 선호되는 조건을 더 많이 갖추고 있는 자음이 선택된다. 예를 들어 /ㄳ/의 경우 /ㄱ/는 비공명 비설정음인 반면에, /ㅅ/는 비공명 설정음이다. /ㄱ/는 선호되는 조건 중 하나를 갖추고 있지만, /ㅅ/는 선호되는 조건을 하나도 갖추고 있지 않다. 따라서 /ㅅ/와 /ㄱ/가 종성 자리를 다투는 경우 /ㅅ/가 탈락되는 것이다.

반면에 /ㄺ, ㄼ, ㄿ/는 두 자음이 각각 한 가지 조건만을 만족시키는 경우이다. 그래서 둘 중

---

12) 비설정음이란 혓날이 말을 하지 않을 때와 거의 같은 위치로 혹은 그보다 아래로 내려가면서 조음되는 소리를 말한다. 치경음과 치경경구개음은 설정음에 속하고, 양순음과 연구개음, 그리고 성문음은 비설정음에 속한다.

하나만 실현되어야 하는 경우에 처하면 단어에 따라, 상황에 따라 약간의 차이를 보이면서 선택된다. 또 방언에 따라서 서로 다른 선택 양상을 보이기도 한다. (5)에 보였듯이 상황에 따라 두 가지 자음 중 어느 하나가 다양하게 선택되는 양상을 볼 수 있다.

(5) /ㄺ, ㄼ, ㄿ/의 자음군 단순화 예

ㄱ. 읽다[익따] 읽게[일께]
ㄴ. 넓적하다[넙쩌카다] 짧다[짤따]
ㄷ. 읊다[읍따] 읊고[읍꼬]

3 경음화(I): 장애음 뒤 경음화

장애음 뒤 경음화와 관련된 한국어 말소리 원칙

한국어는 표면 음성에서 [장애음 + 평 장애음]의 연쇄를 허용하지 않는다. 평 장애음이 장애음 뒤에 놓이면 경음으로 변하여 발음된다.

평 장애음 /ㄱ, ㄷ, ㅂ, ㅅ, ㅈ/가 각각 경음인 /ㄲ, ㄸ, ㅃ, ㅆ, ㅉ/로 바뀌는 현상을 장애음 뒤 경음화라고 부른다. 평 장애음 /ㄱ, ㄷ, ㅂ, ㅅ, ㅈ/는 모든 장애음 뒤에서 경음으로 바뀐다. 이 현상은 (6)에 보인 바와 같이 고유어(6ㄱ), 한자어(6ㄴ) 구분 없이 일어나는, 해당 말소리 연쇄를 허용하지 않아서 일어나는 현상이다.

(6) 장애음 뒤 경음화의 예

ㄱ. 밥도둑[밥또둑] 돋보기[돋뽀기] 국사발[국싸발] 옷고름[옫꼬름]
있고[읻꼬] 잊고[읻꼬] 꽃병[꼳뼝] 부엌도[부억또]
밭길[받낄] 엎집[엽찝] 낮빛[낟삗]

ㄴ. 법도(法道)[법또] 작별(作別)[작뼐] 잡곡(雜穀)[잡꼭] 학생(學生)[학쌩]
학자(學者)[학짜]

4 장애음의 비음화: 장애음과 공명음의 연쇄 제약

장애음의 비음화와 관련된 한국어 말소리 원칙

한국어는 장애음과 공명음의 연쇄를 허용하지 않는다. 장애음이 공명음 앞에 놓이면 장애음은 공명음인 비음으로 변하여 발음된다.

한국어는 하나의 억양구 내에서 장애음과 공명음의 연쇄를 허용하지 않는다. 그런데 만약에 형태소 혹은 단어의 결합으로 억양구 내에 이러한 연쇄가 놓이게 되면 (7)에 보인 것과 같이 선행하는 장애음이 후행하는 공명음의 영향으로 공명음인 비음으로 변한다.

(7) 장애음의 비음화의 예

ㄱ. 뽑는[뽐는], 듣는[든는], 먹는[멍는], 밥물[밤물], 국물[궁물]

ㄴ. 앞마당[암마당], 곁눈[견눈], 부엌문[부엉문]

ㄷ. 낚는[낭는]

ㄹ. 꽃말[꼰말], 갔니[간니]

ㅁ. 낮말[난말], 꽃나무[꼰나무]

5 유음화(I): /ㄹ/와 /ㄴ/의 연쇄 제약

유음화와 관련된 한국어 말소리 원칙

한국어는 /ㄹ/와/ㄴ/의 연쇄를 허용하지 않는다. /ㄹ/ 뒤의 /ㄴ/는 /ㄹ/로 변하여 발음된다.

한국어는 하나의 억양구 내에 /ㄹ/와 /ㄴ/의 연쇄를 허용하지 않는다. 형태소나 단어의 연쇄에서 /ㄹ/와 /ㄴ/가 연쇄하게 되면 (8)에 보인 것과 같이 /ㄹ/ 뒤에 위치한 /ㄴ/가 /ㄹ/로 바뀐다.

(8) 유음화의 예

겨울날[겨울랄]	과일나무[과일라무]	달님[달림]
저울눈[저울룬]	줄넘기[줄럼끼]	칼날[칼랄]
하늘나라[하늘라라]	감질나다[감질라다]	잘났다[잘라따]
출납(出納)[출랍]	실내(室內)[실래]	

유음화는 /ㄴ/와 /ㄹ/의 연쇄에도 적용된다. 그런데 /ㄹ/-/ㄴ/의 연쇄에서 예외 없이 유음화가 일어나는 것과 달리, /ㄴ/-/ㄹ/의 연쇄는 조건에 따라 유음화 혹은 비음화가 일어난다. 이에 대해서는 2.3.2에서 자세히 다룬다.

6 격음화

격음화와 관련된 한국어 말소리 원칙

한국어는 [장애음 + /ㅎ/], 그리고 [/ㅎ/ + 평 장애음]의 소리 연쇄를 허용하지 않는다. 장애음과 /ㅎ/가 이어서 나거나 /ㅎ/와 평 장애음이 이어나게 되면 두 소리는 축약되어 격음으로 발음된다.

(9)에 보인 것과 같이 장애음과 /ㅎ/가 이어서 나거나 /ㅎ/와 평 장애음이 이어서 나게 되면, 평 장애음 /ㄱ, ㄷ, ㅂ, ㅈ/가 /ㅎ/와 축약되어 격음 [ㅋ, ㅌ, ㅍ, ㅊ]로 실현된다.

(9) 격음화의 예

ㄱ. 각하(閣下)[가카], 맏형[마텽], 법학(法學)[버팍], 앉히다[안치다]
ㄴ. 놓고[노코], 놓다[노타], 놓지[노치]
ㄷ. 싫고[실코], 많다[만타], 많지[만치]

7 /j/ 탈락

/j/ 탈락과 관련된 한국어 말소리 원칙

한국어는 /ㅈ, ㅉ, ㅊ/와 /j/의 연쇄를 허용하지 않는다. /ㅈ, ㅉ, ㅊ/ 뒤의 활음 /j/는 탈락한다.

치경경구개음 뒤에는 활음 /j/가 이어서 나지 못한다. 기저의 이러한 연쇄는 표면에서 활음 /j/를 탈락시킴으로써 표면 음성형에 나타나지 않는다. (10ㄱ)의 경우는 치경경구개음이 아닌 경우 활용에서 축약이 일어나고 일어난 경우 활음 /j/가 발음되고 있다. 반면에 (10ㄴ)은 활용에서 축약이 일어나면서 치경경구개음과 활음 /j/의 연쇄가 만들어지는 경우, 활음 /j/가 탈락하는 것을 알 수 있다.

(10) /j/ 탈락의 예

ㄱ. /먹이+어/ → [머기어]/[머겨]
/가리+어/ → [가리어]/[가려]
/질기+어/ → [질기어]/[질겨]
/먹이+었+고/ → [머기얻꼬]/[머겯꼬]
/가리+어서/ → [가리어서]/[가려서], /질기+어도 /→ [질기어도]/[질겨도]

ㄴ. /가지+어/ → [가지어]/[가저]
/살찌+어/ → [살찌어]/[살쩌]
/설치+어/ → [설치어]/[설처]
/가지+었+고 /→ [가지얻꼬]]/[가젇꼬]
/살찌+어서/ → [살찌어서]/[살쩌서]
/설치+어+도/ → [설치어도]/[설처도]

8 동일 조음 위치 장애음 탈락

동일 조음 위치 장애음 탈락과 관련된 한국어 말소리 원칙

한국어는 조음 위치가 같은 장애음의 연쇄를 허용하지 않는다. 조음 위치가 같은 장애음이 연쇄하면 선행하는 장애음이 탈락한다.

한국어는 조음 위치가 동일한 장애음이 이어서 발음되지 않는다. 이때 후행하는 장애음이 평음인 경우에는 먼저 경음으로 변한다. (11)은 동일 조음 위치 장애음 탈락의 예를 보인 것이다.

(11) 동일 조음 위치 장애음 탈락의 예

ㄱ. 양순음 + 양순음

/입+법/ → /입뻡/ → [이뻡]

/급+파/ → [그파]

ㄴ. 치경음 + 치경음

/젖+소/ → /젇쏘/ → [저쏘]

/또렷+또렷/ → /또렫또렫/ → [또려또렫]

/깃+털/ → /긷털/ → [기털]

/얻+다/ → /얻따/ → [어따]

/맏+딸/ → [마딸]

ㄷ. 연구개음 + 연구개음

/먹+고/ → /먹꼬/ → [머꼬]

/가죽+끈/ → [가주끈]

/식+칼/ → [시칼]

9 유음의 비음화(I): 비치경 자음과 유음의 연쇄 제약

유음의 비음화(I)과 관련된 한국어 말소리 원칙 :

한국어는 비음과 유음의 연쇄인 [ㅁ-ㄹ], [ㄴ-ㄹ], [ㅇ-ㄹ]를 허용하지 않는데, 이 가운데 비치경 자음 뒤에 /ㄹ/가 연쇄되면 /ㄹ/는 예외 없이 /ㄴ/로 변한다.

한국어는 비치경 자음 뒤에 /ㄹ/가 연쇄될 수 없다. 결국 한국어에서 /ㄹ/에 선행하여 연쇄가 가능한 자음은 /ㄹ/뿐이다. 일단 유음 앞에 장애음이 오면 장애음은 앞서 살펴보았던 장애음의 비음화에 의해 모두 공명음인 비음으로 바뀌게 된다. 하지만 한국어는 비음과 유음이 이어서 나는 것을 허용하지 않기 때문에 1) 후행하는 유음이 비음으로 변하거나, 2) 선행하는 비음이 유음으로 변하게 된다.

선행하는 비음이 비치경음 /ㅁ/와 /ㅇ/이고 이 소리가 유음인 /ㄹ/와 이어지게 되면 예외 없이 후행하는 유음이 비음으로 변하게 된다. (12)에 보인 것처럼 비치경 비음에 후행하는 유음은 동일한 조음 위치의 비음인 /ㄴ/로 변하게 된다. 이 음운 현상이 바로 유음의 비음화(I)이다.

(12) 유음의 비음화(I)의 예

ㄱ. /ㅁ/-/ㄹ/
/금+리/ → [금니]
/급+락/ → /금락/ → [금낙]

ㄴ. /ㅇ/-/ㄹ/
/공+란/ → [공난]
/막+라/ → /망라/ → [망나]

선행하는 비음이 치경음인 /ㄴ/이고 이 소리가 유음인 /ㄹ/와 이어지게 되면 형태론적인 조건에 따라서 선행하는 비음이 유음으로 변하거나(유음화II) 후행하는 유음이 비음으로 변한다(유음의 비음화II). 이는 형태론적 지식이 필요한 음운 현상이므로 다음 절에서 다룬다.

2.3.2 형태론적 조건에 의해 일어나는 음운 현상

2.3.1에서 살펴본 음운 현상과는 달리, 2.3.2에서 살펴볼 음운 현상을 이해하기 위해서는 문법적인 지식(특히, 형태론적 지식)이 필요하다. 예를 들어, '신고'와 '잠자리'는 서로 다른 두 가지 종류의 발음이 존재한다. '얼른 신발을 신고 도둑을 신고하러 갔다'에서 앞의 것은 [신꼬]로, 뒤의 것은 [신고]로 발음된다. '잠자리'도 마찬가지다. '잠자리 그림이 그려진 이불로 잠자리를 마련하였다'에서 각각 [잠자리]와 [잠짜리]로 발음된다. 이들 단어가 달리 발음되는 이유는 형태론적 조건이 다르기 때문이다. '신고[신꼬]'와 같이 'ㄱ'이 경음으로 발음되는 경우는 '어간 말 비음 뒤'라는 조건이 충족될 때이다.[13] '잠자리'의 경우도 마찬가지다. '잠자리[잠짜리]'는 고유어 명사 중 두 개의 어근이 결합되어 만들어진 합성어일 때 일어난다.[14]

교사를 위한 도움말

이렇게 단어에 대한 형태론적 정보가 단어의 발음을 결정하는 만큼, 이 절에서는 형태론과 관련된 몇 가지 용어가 등장한다. 이 절을 이해하기 위해서는 아래 몇 가지 형태론적인 용어에 익숙해질 필요가 있다.

1) 원어 정보별 분류: 고유어, 한자어, 외래어, 혼종어

한국어 단어는 그 단어의 기원에 따라서 고유어, 한자어, 외래어, 혼종어로 나눌 수 있다. 단어에 대한 원어 정보가 단어의 발음을 결정하는 데 사용되거나 특정 음운 현상이 특정 원어 정보를 가진 단어에만 적용되기도 한다. 예를 들어 2음절 한자어는 첫 음절의 끝이 /ㄹ/로 끝나고 둘째 음절의 시작이 치경음이거나 치경경구개음인 평음, 즉 /ㄷ, ㅅ, ㅈ/인 경우에는 이 평음들이 예외 없이 경음으로 실현된다. '갈등(葛藤) [갈뜽]', '발생(發生) [발쌩]', '발전(發展) [발쩐]' 등이 그 예이다. 이 규칙의 적용에는 한자어라는 정보가 중요하게 작용한다.

---

13) '신-(동사 어간)+-고(연결어미)'에서 동사 어간의 마지막 음운이 비음이어야 한다. 이에 대해서는 2.3.2의 5를 보라.

14) 이에 대한 자세한 설명은 2.3.2의 8을 보라.

2) 단어의 종류: 단일어와 복합어, 파생어와 합성어

단어는 일정한 뜻을 담고 있으며 자립성이 있는 가장 작은 문법적인 단위를 말한다. 단어 중에는 하나의 형태소(의미를 가진 가장 작은 조각)로 된 것도 있지만, 복수의 형태소로 구성된 것도 있다. 하나의 형태소로 구성된 단어를 단일어, 두 개 이상의 형태소로 구성된 단어를 복합어라고 한다.[15] 복합어는 어근(실질적인 의미를 가진 것)과 어근의 결합인가, 아니면 어근과 접사의 결합인가에 따라서 합성어와 파생어로 나뉜다. 합성어는 어근이 둘 이상으로 구성된 단어로, '산나물(산$_{\text{어근}}$+나물$_{\text{어근}}$), 국물(국$_{\text{어근}}$+물$_{\text{어근}}$), 밤낮(밤$_{\text{어근}}$+낮$_{\text{어근}}$), 오르내리다(오르$_{\text{어근}}$+내리$_{\text{어근}}$+다)' 등을 그 예로 들 수 있다. 반면에 파생어는 어근의 앞이나 뒤에 파생접사가 붙어서 만들어진 단어로, '개나리(개$_{\text{접사}}$+나리$_{\text{어근}}$), 헛소리(헛$_{\text{접사}}$+소리$_{\text{어근}}$), 손질(손$_{\text{어근}}$+질$_{\text{접사}}$), 치밀다(치$_{\text{접사}}$+밀$_{\text{어근}}$+다), 먹이다(먹$_{\text{어근}}$+이$_{\text{접사}}$+다)' 등을 그 예로 들 수 있다.

3) 형태소의 종류: 어휘(실질) 형태소와 문법(형식) 형태소, 자립 형태소와 의존 형태소

단어를 구성하고 있는 형태소는 의미와 기능을 기준으로 어휘(실질) 형태소와 문법(형식) 형태소로, 또 자립성 여부에 따라 자립 형태소와 의존 형태소로 나뉜다. 어휘 형태소는 어휘적 의미가 있는 형태소를 말하며, 문법 형태소는 문법적 의미가 있는 형태소를 말한다. 문법 형태소에는 조사와 어미, 그리고 파생 접사류가 속하는데 모두 의존 형태소이다.

4) 어간과 어미

한국어의 용언, 즉 동사와 형용사는 활용을 한다는 특징이 있다. 동사와 형용사는 활용을 통해 형태를 바꾸면서 다양한 문법적인 기능을 수행하게 되는데, 이때 변하는 부분과 변하지 않는 부분이 관찰된다. 활용 시 변하지 않는 부분을 어간이라고 하고, 변하는 부분을 어미라고 한다. 이때 어간은 어휘적 의미의 중심 부분이 되고, 어미는 문법적 의미를 나타낸다.

'먹다'를 예로 들어 보자. '먹다'는 '먹으니, 먹고, 먹어서, 먹으니까, 먹게' 등으로 활용하는데, 변하지 않는 부분인 '먹-'이 어간이고, '-으니', '-고', '-어서', '-으니까', '-게'가 어미이다. 이번에는 '먹이다'를 살펴보자. '먹이다'는 '먹이니, 먹이고, 먹이어서(먹여서), 먹이니까, 먹이게' 등으로 활용된다. 이 활용에서 변하지 않는 부분은 '먹이-'이므로 '먹이다'의 어간은 '먹이-'가 된다.

---

15) 용언의 경우는 어간을 대상으로 단어의 구성을 논한다.

1 한자어 어두 유음의 비음화

한자어 어두 유음의 비음화와 관련된 형태론적 지식과 음운 현상

한자어의 단어 시작에서는 원래 /ㄹ/였던 것이 [ㄴ]로 발음된다.

한국어의 단어 중에는 외래어를 제외하고 'ㄹ'로 시작하는 단어가 없다. 어두에 오는 유음이 비음으로 변하기 때문이다. (13)의 예를 보자.

(13) 한자어 어두 유음의 비음화의 예

내년 來年[내년]	도래 到來[도래]
낙원 樂園[낙원]	쾌락 快樂[쾌락]
노고 勞苦[노고]	과로 過勞[과로]

'내년(來年)'과 '도래(到來)', '낙원(樂園)'과 '쾌락(快樂)', '노고(勞苦)'와 '과로(過勞)'는 동일한 한자가 각각 제1음절과 제2음절에 쓰이고 있다. 즉, 모두 동일한 형태소가 다른 위치에 나타나는 단어쌍이다. 이 형태소의 음운 표시, 즉 기저형은 모두 동일하지만 한글로 표기할 때는 '내년'와 '도래'처럼 단어의 첫음절에서는 '내'로, 단어의 첫음절이 아닌 경우에는 '래'로 쓴다. 이처럼 단어의 시작이 /ㄹ/인 한자어는 한자어 어두 유음의 비음화 현상으로 인하여 /ㄹ/는 /ㄴ/로 변하게 된다. 그 결과 표면형(발음형)에서 /ㄹ/가 [ㄴ]로 발음된다. 이 경우 한글 표기는 다른 음운 현상과 달리, 음운 현상이 적용된 이후의 발음형이 표기에 반영되는 것을 원칙으로 삼았다.

2 한자어 어두 /ㄴ/ 탈락

한자어 어두 /ㄴ/ 탈락과 관련된 형태론적 지식과 음운 현상

한자어의 단어 시작에서는 원래 /ㄴ/였던 것이 모음 /i/나 활음 /j/ 앞에서 탈락한다.

한국어의 단어 중에서 한자어 /ㄴ/는 단어의 시작에서 /i/나 /j/와 연쇄되지 않는다.[16] 다음 (14)에 보인 단어의 예를 살펴보자.

(14) 한자어 어두 /ㄴ/ 탈락의 예

여자 女子[여자] / 자녀 子女[자녀]
연식 年式[연식] / 소년 少年[소년]
익명 匿名[잉명] / 은닉 隱匿[은닉]

(14)에 보인 것과 같이, 한자 형태소 '女, 年, 匿'은 어두에서는 [여], [연], [익]으로 발음되지만 모음과 모음 사이에서는 [녀], [년], [닉]으로 발음된다. 앞에서 살펴보았던 한자어 어두 유음의 비음화에서와 같은 이유로 이 형태소의 기저형은 모음과 모음 사이에서 관찰되는 /녀, 년, 닉/으로 잡아야 한다. 이러한 예를 통해 한자어 어두 /ㄴ/ 탈락 현상이 있다는 것을 알 수 있다.

교사를 위한 도움말

학교 문법에서는 2.3.2의 ①과 ②를 묶어 '두음법칙'이라 한다. 두음법칙은 다음과 같이 정리할 수 있다.

〈규칙 1〉 한자어의 첫음절에서는 원래 /ㄹ/였던 것이 [ㄴ]로 발음된다.
〈규칙 2〉 한자어의 첫음절에서는 원래 /ㄴ/였던 것이 모음 /i/나 활음 /j/ 앞에서 탈락한다.

다음과 같이 'ㄹ'이 탈락한 것처럼 보이는 예가 있는데, 이들은 〈규칙 1〉과 〈규칙 2〉를 모두 적용받은 결과이다.

이상 理想[이상] / 도리 道理[도리]
양심 良心[양심] / 선량 善良[선량]

16) 고유어와 외래어는 /ㄴ/가 단어의 시작에서 /i/나 /j/와 연쇄된다. 고유어로는 '냠냠', '녀석', '님'을 들 수 있다. 외래어 중에는 '니켈', '뉴질랜드', '뉴스' 등의 단어가 있다.

위 예는 각각 '리상 → 니상 → 이상'과 '량심 → 냥심 → 양심'의 과정을 거친 것이다. 〈규칙 1〉에 의해 'ㄹ → ㄴ'으로 변했지만, '니상'과 '냥심'은 모음 /i/나 활음 /j/ 앞이라는 조건 때문에 표면형으로 나올 수 없다. 따라서 다시 〈규칙 2〉가 적용되어 /ㄴ/가 탈락한 것이다.

3 유음화(II)와 유음의 비음화(II): /ㄴ/와 /ㄹ/가 이어질 때

유음화(II)와 유음의 비음화(II)와 관련된 형태론적 지식과 음운 현상

/ㄴ/가 /ㄹ/와 이어지는 경우에는 형태론적인 조건에 따라서 [ㄹㄹ] 혹은 [ㄴㄴ]로 발음된다. /ㄴ/와 /ㄹ/가 이어질 때 자립 형식 경계가 놓이지 않으면 [ㄹㄹ]로, 자립 형식 경계가 놓이면 [ㄴㄴ]로 발음된다.

(15)에 보인 예들은 /ㄴㄹ/가 [ㄹㄹ]로 실현된 유음화(II)의 예이고, (16)에 보인 예들은 /ㄴㄹ/가 [ㄴㄴ]로 실현된 유음의 비음화(II)의 예이다.

(15) 유음화(II)의 예

난로[날로]	분리[불리]	인류[일류]	연락[열락]
편리[펼리]	신라[실라]	한라산[할라산]	근로자[글로자]
연륙교[열륙꾜]	전라도[절라도]	무권리[무궐리]	생난리[생날리]

(16) 유음의 비음화(II)의 예

판단력[판단녁]	의견란[의견난]	입원료[이붠뇨]	생산량[생산냥]
만년락[만년낙]	횡단로[횡단노]	동원령[동원녕]	임진란[임진난]

위의 예에서 볼 수 있듯이 /ㄴ/로 끝나는 형태소와 /ㄹ/로 시작하는 형태소가 이어진 경우, 선행 혹은 후행하는 형태소나 형태소의 연쇄가 자립성을 갖는지에 따라서 자립성이 없으면 [ㄹㄹ], 자립성이 있으면 [ㄴㄴ]로 발음되는 경향을 보인다. (15)과 (16)에서 관찰할 수 있듯이, '난+로'로 구성된 '난로'는 '난'과 '로'가 모두 자립성이 없어서 [날로]와 같이 [ㄹㄹ]로 발음되는 반

면에 '판단+력'으로 구성된 '판단력'은 '판단'의 자립성으로 인해 [판단녁]과 같이 [ㄴㄴ]로 발음된다. 하지만 자립성의 판단은 화자마다 다를 수 있기 때문에 서로 다른 발음형을 만날 수도 있다. 그 대표적인 예가 바로 '선릉'이다. 이 단어는 표준발음법에 의하면 [설릉]으로 발음하여야 하지만 '릉'이 자립성이 있는 1음절 한자어라고 생각하는 화자는 [선능]으로 발음하기도 한다.

교사를 위한 도움말

2.3.1의 5에서 설명한 /ㄹ/-/ㄴ/ 연쇄의 유음화(Ⅰ)과 2.3.2의 3에서 /ㄴ/-/ㄹ/의 연쇄 중 유음화(Ⅱ)가 일어나는 단어에 대해 다음과 같이 '유음화 현상'으로 묶을 수도 있다.

(1) /ㄹ/-/ㄴ/가 연쇄하면 [ㄹㄹ]로 발음된다. 〈예〉 칼날[칼랄]
(2) /ㄴ/-/ㄹ/가 이어질 때 그 사이에 자립 형식 경계가 놓이지 않으면 [ㄹㄹ]로 발음된다. 〈예〉 난로[날로]

단, /ㄴ/와 /ㄹ/가 이어질 때 그 사이에 자립 형태소 경계가 놓이면 [ㄴㄴ]로 발음된다. → 유음의 비음화(Ⅱ)

4 경음화(Ⅱ): 첫 음절이 /ㄹ/로 끝난 2음절 한자어의 경음화

첫 음절이 /ㄹ/로 끝난 2음절 한자어의 경음화와 관련된 형태론적 지식과 음운 현상

2음절 한자어에서 첫 음절의 끝이 /ㄹ/로 끝나고 두 번째 음절의 시작이 치경음 혹은 치경경구개음인 경우에는 평음이 경음으로 발음된다.

(17ㄱ)에서 보듯이 /ㄹ/에 후행하는 평 장애음이 치경음과 치경경구개음, 즉 설정음[17]인 경우에는 경음화가 일어나지만, (17ㄴ)에서 보듯이 양순음과 연구개음 등 비설정음인 경

17) 설정음이란 조음 시 혓날이 위로 들리면서 발음되는 소리를 말한다. 한국어에서 치경음과 치경경구개음은 설정음이고, 양순음과 연구개음, 성문음이 비설정음이다.

우에는 경음화가 일어나지 않는다. 이러한 현상은 2음절 한자어에서 거의 예외 없이 일어난다. 하지만 (17ㄷ)에 보인 '철물점(鐵物店)(철물+점)'처럼 2음절 한자어가 아닌 경우에는 /ㄹ/와 설정음이 이어졌음에도 불구하고 경음화가 일어나지 않아서 [철물점]과 같이 발음된다. 또 '발달단계'의 경우는 '발달'의 /ㄹ/+/ㄷ/ 연결은 [ㄹㄸ]로 경음화 현상을 보이지만, '달단'의 /ㄹ/+/ㄷ/ 연결은 [ㄹㄷ]로 경음화 현상을 보이지 않는다. 그 이유는 '발달단계'는 '발달+단계'의 구조를 갖기 때문에 '발달'의 /ㄹ/+/ㄷ/는 2음절 한자어 내부의 연쇄이지만, '달단'의 /ㄹ/+/ㄷ/는 2음절 한자어 내부에서의 연쇄가 아니라는 데 차이가 있다.

(17) 첫 음절이 /ㄹ/로 끝난 2음절 한자어의 경음화의 예

ㄱ. 갈등(葛藤)[갈뜽] 갈증(渴症)[갈쯩] 결정(決定)[결쩡]
철도(鐵道)[철또] 일정(一定)[일쩡] 활동(活動)[활똥]
멸종(滅種)[멸쫑] 물자(物資)[물짜] 조물주(造物主)[조물쭈]
물질(物質)[물찔] 결실(結實)[결씰] 결성(結成)[결썽]
발성(發聲)[발썽] 별실(別室)[별씰]

ㄴ. 결과(結果)[결과] 물건(物件)[물건] 발견(發見)[발견]
발광(發光)[발광] 설계(設計)[설게] 열기(熱氣)[열기]
결별(訣別)[결별] 발발(勃發)[발발] 설비(設備)[설비]
열반(涅槃)[열반] 일별(一別)[일별]

ㄷ. 철물점(鐵物店)[철물점] 발달단계(發達段階)[발딸단게]

5 경음화(Ⅲ): 비음 종결 어간과 어미 사이의 경음화

비음 종결 어간과 어미 사이의 경음화와 관련된 형태론적 지식과 음운 현상

어간의 끝이 비음이고 어미의 시작이 평 장애음인 경우, 평 장애음이 경음으로 발음된다.

어간의 끝이 /ㄴ, ㅁ/이고, 어미의 시작이 평 장애음 /ㄱ, ㄷ, ㅅ, ㅈ/일 때 경음화가 일어난다.[18] 이 현상은 고유어에만 해당된다. 이 현상은 반드시 어간과 어미 사이에만 나타난다는 점에서 흥미롭다. (18ㄷ, ㄹ)에 보인 예에서 어간의 끝과 어미의 시작이라는 형태론적인 정보가 경음화에 중요하다는 사실을 알 수 있다. 어간과 어미의 경계는 (18ㄷ)에서 '[안기어간] + [어미다, 고, 자]'이고, (18ㄹ)에서 '[알어간] +[어미ㄴ다]'이므로 비음이 어간의 끝이 아니고 어미의 시작이 평 장애음이 아니기 때문에 경음화가 일어나지 않는다는 사실을 보여 준다. 이 예를 통하여 /ㄴ, ㅁ/가 어간의 끝인지 아니면 어미의 일부인지가 이 현상이 일어나는 데 매우 중요한 정보로 작용함을 알 수 있다.

(18) 비음 종결 어간과 어미 사이의 경음화의 예

ㄱ. 안다[안따]	안고[안꼬]	안자[안짜]	안소[안쏘]
ㄴ. 감다[감따]	감고[감꼬]	감자[감짜]	감소[감쏘]
ㄷ. 안기다[안기다]	안기고[안기고]	안기자[안기자]	안기소[안기소]
ㄹ. 안다[안다]	알고[알고]	알자[알자]	아소[아소]

6 경음화(Ⅳ): 관형형 어미 {-을} 뒤 경음화

관형형 어미 {-을} 뒤 경음화와 관련된 형태론적 지식과 음운 현상

관형형 어미 {-을} 뒤에 평 장애음으로 시작하는 단어가 오는 경우, 두 단어가 하나의 음운구로 발화되면 평 장애음이 경음으로 바뀌어 발음된다.

관형형 어미 {-을} 뒤에 평 장애음으로 시작되는 단어가 오면 평 장애음이 경음으로 실현되는데, 이를 '관형형 어미 {-을} 뒤 경음화 현상'이라고 한다. 이러한 음운 현상은 표기에까지 영향을 미쳐서, 띄어쓰기를 잘못하게 하거나 정서법에 맞지 않는 표기를 하게 하는 원인이 되기도 한다. 특히 빈도가 높은 '것'의 구어형 '거'를 '꺼'로 발음하면서 앞말과 붙여서 '그럴꺼야' 혹은 '그럴껄'과 같이 표기하는 예를 흔히 찾아볼 수 있다.

---

18) 한국어에서 어간의 끝이 /ㅇ/인 경우와 어미의 시작이 /ㅂ/인 경우는 없다. 따라서 어간 말음의 비음 목록에 /ㅇ/이 빠져 있고, 어미 시작의 장애음의 목록에 /ㅂ/가 빠져 있다.

(19) 관형형 어미 {-을} 뒤 경음화의 예

내가 갈 곳이 없다. [갈꼬시]	어떻게 그럴 수 있어요? [그럴쑤]
그 사람이 그럴 줄 몰랐어요. [그럴쭐]	아마 그럴 거야. [그럴꺼야]
몸 둘 바를 모르겠다. [둘빠를]	갈 데가 없다. [갈떼가]

교사를 위한 도움말

2.3.1의 ③과 2.3.2의 ④, ⑤, ⑥을 경음화 현상으로 묶을 수 있다. 실제로 음운론 책에 따라서 이 네 가지 음운 현상을 경음화 현상의 하위 항목으로 다루기도 한다. 모두 평음이 경음으로 교체되는 공통점을 가지기 때문이다. 하지만 음운 현상이 일어나는 환경과 원인이 다르기 때문에 이 책에서는 경음화를 네 가지로 분류하여 제시하였다.

⑦ 구개음화

구개음화와 관련된 형태론적 지식과 음운 현상

어휘 형태소의 끝 자음 /ㄷ, ㅌ/가 /ㅣ/로 시작하는 문법 형태소(조사, 어미, 접사) 앞에서 [ㅈ, ㅊ]로 발음된다.

어휘 형태소의 끝 자음 /ㄷ, ㅌ/는 /ㅣ/로 시작하는 문법 형태소(조사, 어미, 접사) 앞에서 구개음화되어 /ㅈ, ㅊ/로 바뀐다. (20ㄹ)에 보인, '밭'과 연결되는 형태소 {이랑}은 의존 형태소가 아니라 자립 형태소이다. 따라서 (20ㄱ)에 보인 의존 형태소 {-이랑}과는 달리 구개음화가 일어나지 않는다. (20ㄴ)과 (20ㄷ)은 어휘 형태소와 문법 형태소의 결합에서 구개음화가 일어나는 예를 보인 것으로, (20ㄴ)은 서술격 조사와 연결되는 예를, (20ㄷ)은 파생 접사와 연결되는 예를 보이고 있다.

(20) 구개음화의 예

ㄱ. 밭이[바치] 넓다. 밭에[바테] 뿌리다.
끝이[끄치] 되었다. 끝으로[끄트로] 한 말씀.
솥이[소치] 깊다. 솥을[소틀] 닦다.
진수네 밭이랑[바치랑] 영수네 밭이랑[바치랑] 다 팔았다.
ㄴ. 이게 진수네 밭이다[바치다].
ㄷ. 우리는 집안의 맏이다[마지다].
해돋이[해도지]를 보러 가자.
ㄹ. 논이랑[논니랑]과 밭이랑[반니랑]이 모두 높다.

8 /ㄷ/ 첨가

/ㄷ/ 첨가와 관련된 형태론적 지식과 음운 현상

종속 합성어의 일부에서 /ㄷ/가 첨가되어 /ㄷ/소리가 덧나거나, 뒤에 오는 평 장애음을 경음으로 바꾼 후 탈락한다.

합성어에서 /ㄷ/가 첨가되어 /ㄷ/가 덧나거나 후행 형태소의 첫 소리인 평 장애음을 [ㄲ, ㄸ, ㅃ, ㅆ, ㅉ]로 경음화시킨 후 탈락하여 발음된다. 대체로 /ㄷ/가 첨가되는 현상은 합성어 중에서도 '봄비'와 같은 종속 합성어의 경우에 관찰되고, '봄가을'과 같이 대등 합성어의 경우에는 잘 관찰되지 않는다.[19] 하지만 종속 합성어라고 해서 모두 /ㄷ/ 첨가가 일어나는 것은 아니다. 어근 사이의 의미 관계에 따라서 다양한 양상을 보인다. 이 현상은 예외가 많아서 화자마다 다른 양상을 보이기도 하고, 시대에 따라서 주류 발음의 차이가 관찰되기도 한다.

/ㄷ/ 첨가 현상은 고유어와 고유어, 한자어와 고유어, 고유어와 한자어 사이에서 선행하는 어근이 모음으로 끝났을 때만 '사이시옷'으로 표기에 반영된다. (21)에 보인 예는 /ㄷ/ 첨가 현상이 표기에 반영된 경우와 그렇지 않은 경우를 나누어 보인 것이다.

19) 대등 합성어란 결합된 어근이 대등하게 그대로 본래의 뜻을 유지하는 합성어이고, 종속 합성어는 대체로 앞에 오는 어근이 뒤에 오는 어근을 수식하는 합성어이다.

(21) /ㄷ/ 첨가의 예

ㄱ. 표기에 반영된 예

바닷가[바닫까]	나뭇가지[나묻까지]	개구릿과[개구릳꽈]
오랫동안[오래똥안]	전깃세[전기쎄]	뒷덜미[뒤떨미]
자줏빛[자줃삧]	모깃불[모긷뿔]	뒷받침[뒫빧침]
자릿세[자리쎄]	콧수염[코쑤염]	아랫사람[아래싸람]
아랫마을[아랜마을]	윗마을[윈마을]	전깃줄[전기쭐]
잔칫집[잔치찝]	종갓집[종가찝]	

ㄴ. 표기에 반영되지 않은 예

눈금[눈끔]	산골[산꼴]	손가락[손까락]
밤길[밤낄]	몸속[몸쏙]	힘줄[힘쭐]
길가[길까]	물속[물쏙]	쌀가게[쌀까게]

9 /ㄴ/ 첨가

/ㄴ/ 첨가와 관련된 형태론적 지식과 음운 현상

앞 형태소가 자음으로 끝나고 뒤 형태소가 /j/나 /ㅣ/로 시작하는 합성어와 파생어, 그리고 보조사 {요}의 연결에서 /ㄴ/가 덧나 발음된다.

앞 형태소가 자음으로 끝나고 뒤 형태소가 /j/나 /ㅣ/로 시작하는 합성어나 파생어, 그리고 보조사 {요}의 연결에서 /ㄴ/가 첨가된다. '나뭇잎'의 경우처럼 /ㄷ/ 첨가 현상으로 인해 /ㅣ/나 /j/ 앞에 자음이 연결되는 경우에도 [나문닙]과 같이 /ㄴ/ 첨가 현상이 일어나는 것을 알 수 있다.

/ㄴ/ 첨가는 보통 합성어의 두 어근, 파생어의 접사와 어근이 각각 고유어인 경우에 일어난다. 예를 들어 고유어 어근으로 이루어진 '강여울[강녀울]'에서는 /ㄴ/ 첨가가 일어나고, 한자어 어근으로 이루어진 '강연회(講演會)[강연회]'에서는 /ㄴ/ 첨가가 일어나지 않는다. /ㄴ/ 첨가가 일어나는 (22)의 예들도 모두 고유어 성분의 결합으로 이루어졌다. 하지만 이는 경향성일 뿐 규

칙화하기는 어렵다. '첫인사[처딘사], 눈인사[누닌사]', '검열(檢閱)[거멸/검녈]'과 같은 예에서는 이 규칙이 적용되지 않기 때문이다. 고유어의 결합으로 이루어진 '첫인사, 눈인사'는 /ㄴ/ 첨가가 일어나지 않고, 한자어 결합으로 이루어진 '검열'은 /ㄴ/ 첨가가 일어나기도 한다.

(22ㄱ)은 합성어에서 (22ㄴ)은 파생어에서, (22ㄷ)은 보조사 {요}와 연결되었을 때 /ㄴ/ 첨가가 일어난 예를 보이고 있다, 주목할 것은 (22ㄱ)의 예 중에서 /서울역/과 /불여우/의 경우이다. 이들의 발음은 각각 [서울력]과 [불려우]로 /ㄴ/가 첨가된 것이 아니라 /ㄹ/가 첨가된 것으로 보인다. 하지만 이들도 모두 /ㄴ/가 첨가된 것으로 보는 것이 타당하다. /서울+ㄴ+역/으로 /ㄴ/가 첨가된 후에 /ㄹ/와 /ㄴ/의 연쇄가 생기게 되므로 후행하는 /ㄴ/가 /ㄹ/로 변하는 유음화(Ⅰ)이 적용되게 된다. 그 결과 /ㄹㄴ/는 [ㄹㄹ]로 발음 나게 된다.

(22) /ㄴ/ 첨가의 예

ㄱ. 합성어

솜이불[솜니불]	콩엿[콩녇]	꽃잎[꼰닙]
송탄역[송탄녁]	업신여기다[업씬녀기다]	힘입다[히밉따]
들일[들릴]	솔잎[솔립]	마늘잎[마늘립]
서울역[서울력]	불여우[불려우]	물엿[물렫]
좁쌀영감[좁쌀령감]	나뭇잎[나문닙]	베갯잇[베갠닏]

ㄴ. 파생어

늦여름[는녀름]	맨입[맨닙]	덧양말[던냥말]
헛일[헌닐]	설익다[설릭따]	

ㄷ. 보조사 {요}

그랬군요[그랟꾼뇨/그래꾼뇨] 그럼요[그럼뇨]

10 /ㅎ/ 탈락

/ㅎ/ 탈락과 관련된 형태론적 지식과 음운 현상

어간이 /ㅎ/로 끝나는 용언이 모음으로 시작하는 어미와 결합하면 어간의 /ㅎ/는 탈락한다.

어간의 말음이 /ㅎ/인 용언이 모음으로 시작하는 어미와 결합하면 어간의 말음인 /ㅎ/는 탈락한다. (23ㄱ)은 동사의 예를, (23ㄴ)은 형용사의 예를 보인 것이다. (23)의 예에서 알 수 있듯이 동사와 형용사 모두 어간의 끝소리가 /ㅎ/인 경우는 모음으로 시작하는 어미와의 결합에서 /ㅎ/가 탈락하여 발음되지 않는다.

(23) /ㅎ/ 탈락의 예

ㄱ. 동사

낳으니[나으니] 낳아서[나아서] 낳았다[나아따] 낳은[나은] 낳아[나아]
잃으니[이르니] 잃어서[이러서] 잃었다[이러따] 잃은[이른] 잃어[이러]

ㄴ. 형용사

좋으니[조으니] 좋아서[조아서] 좋았다[조아따] 좋은[조은] 좋아[조아]
싫으니[시르니] 싫어서[시러서] 싫었다[시러따] 싫은[시른] 싫어[시러]

〈참고 문헌〉
강옥미(2003), 『한국어 음운론』, 서울: 태학사.
김무림(1992), 『국어음운론』, 서울: 한신문화사.
배주채(2003), 『한국어의 발음』, 서울: 삼경문화사.
신지영(1999), "이중모음 /ㅢ/의 통시적 연구." 『민족문화연구』 32, 민족문화연구원.
신지영(2014ㄱ), 『말소리의 이해: 음성학 음운론 연구의 기초를 위하여』(개정판), 서울: 한국문화사.
신지영(2014ㄴ), 『한국어의 말소리』(개정판), 서울: 박이정.
신지영 · 차재은(2003), 『우리말 소리의 체계』, 서울: 한국문화사.
이호영(1996), 『국어음성학』, 서울: 태학사.
최명옥(2004), 『국어음운론』, 서울: 태학사.

제3장
발음 교육 내용의 제시 순서

김 교사는 이번 주에 자음에 대해 발음 수업을 해야 한다. 수업을 준비하면서 먼저 드는 고민은 자음의 제시 순서이다.

자음이 19개인데 어떤 순서로 가르쳐야 하지? 한국어는 평음을 기준으로 경음, 격음의 삼지적 상관속을 이루니까 평음을 먼저 가르치고, 그 다음에 경음이나 격음을 가르치면 되겠지?

이렇게 생각한 김 교사는, /ㄱ, ㄴ, ㄷ, ㄹ, ㅁ, ㅂ, ㅅ, ㅈ, ㅎ/의 평음을 먼저 제시하고, 이어서 /ㄲ, ㄸ, ㅃ, ㅆ, ㅉ/와 /ㅋ, ㅌ, ㅍ, ㅊ/를 제시하기로 하였다. 그리고 강의안을 작성하기 시작하였다. 그런데 이 순서로 설정해 놓고 막상 /ㄱ/부터 설명하려고 하니 막막해졌다.

/ㄱ/는 연구개 폐쇄음이니까 조음 위치와 조음 방법으로 설명해야 할 것 같은데? 조음도를 이용해 설명해 볼까? 그런데 초급 학습자들에게 조음도로 연구개 위치에서 발음되는 /ㄱ/를 어떻게 설명하지? 아휴, 너무 어렵다! 그래도 일단 조음도로 설명하고, 다음 /ㄴ/는 치경 비음으로 설명하고, /ㄷ/는 치경 파열음이라고 설명하고……. 가만있자, /ㄷ/는 앞에서 설명한 /ㄱ/와 조음 방법이 같고 조음 위치만 다르지? 음, 그렇다면 /ㄷ/는 /ㄱ/와 함께 설명하는 것이 학습자가 이해하기 쉬울 것 같은데? 그래 조음 방법이 같고 조음 위치가 다른 /ㄱ, ㄷ, ㅂ/를 함께 설명하는 게 좋겠어!

김 교사의 고민은 실제 교육 현장에서 발음 교육을 해 본 한국어 교사라면 한 번쯤 직면하게 되는 문제일 것이다. '발음 교육의 내용 요소를 어떤 순서로 가르칠 것인가?' 이것은 발음 교육의 내용과 방법 못지않게 중요한 문제이다.

제시 순서란 발음 교육에서 교수-학습의 대상이 되는 내용 요소의 배열 순서를 의미한다. 교수-학습을 위해서는 교육 목표를 설정하고, 목표에 부합하는 내용을 선정한 후, 내용 요소의 교수-학습 순서와 방안에 대해 모색해야 한다. 이 요소들 중 어느 것 하나라도 소홀히 다룬다면, 최상의 교육 효과를 기대하기 어렵다.

발음 교육에서 제시 순서는 두 가지 측면에서 논의될 수 있다. 하나는 발음 교육의 내용 항목별 제시 순서이다. 발음 교육의 내용 요소로는 크게 음운, 음절, 음운 규칙, 억양 등을 들 수 있는데, 이 항목들 간의 제시 순서를 정하는 문제이다. 즉 억양을 먼저 가르칠지 분절음을 먼저 가르칠지 결정해야 한다.

음운, 음절, 음운 규칙, 억양 등의 항목 제시 순서는 발음 수업의 모형이 상향식 접근법(bottom-up approach)이냐 하향식 접근법(top-down approach)이냐에 따라 달라진다. 상향식 접근법은 '음 → 음절 → 단어 → 구 → 문장 → 담화' 순으로, 작은 단위에서 큰 단위로 교육을 하는 것이다. 전통적인 발음 교육은 주로 상향식으로 이루어졌는데, 특히 음소나 변이음을 완전히 습득하는 데 교육이 집중되었다. 하지만 이에 대해 학습자들이 언어를 경험하는 과정과 일치하지 않는다는 문제가 제기되었다. 최근에는 억양이나 강세 같은 요소를 먼저 가르치는 하향식 모형이 선호되고 있다. 하향식 모형은 언어 학습의 초기에 억양, 휴지 등의 운율적 요소에 익숙해지도록 한 후, 담화의 전체적인 흐름에서 음운 등의 개별적 소리를 가르치는 방식이다.

제시 순서에 대한 또 하나의 측면은 음운, 음절, 음운 규칙, 억양의 각 영역 내에서의 제시 순서 문제이다. 음운 내에서 자음과 모음 중 무엇을 먼저 가르칠지, 구체적으로는 모음 내에서 혹은 자음 내에서 각 음운의 제시 순서를 결정해야 한다. 음운 규칙도 마찬가지다. 비음화, 유음화, 구개음화, 경음화 등의 음운 현상을 어떤 순서로 제시할지 결정해야 한다.

교사를 위한 도움말

발음 교육 내용의 제시 순서는 발음 교육을 말하기·듣기·읽기·쓰기의 통합 수업에서 하느냐, 아니면 독립적인 발음 수업에서 하느냐에 따라 달라질 수 있다. 독립적인 발음 수업의 경우는 제시 순서를 일정하게 설정할 수 있지만, 통합 수업의 경우는 해당 단원에서 학습할 문법 항목이나 어휘 표현을 고려해야 하기 때문에 제시 순서를 하나로 설정하기 어렵다.[20] 이 경우에는 먼저 발음 교육의 원리와 효용성을 바탕으로 기본적인 틀을 마련하고, 이를 문법 항목이나 어휘 표현 등을 고려하여 변용하는 것이 좋다.

3.1 음운과 음절

음운론에서 음운과 음절은 별개의 단위이지만 발음 교육에서 이 두 영역은 서로 분리하여 교육하기 어렵다. 한국어의 자음은 홀로 음절을 구성할 수 없기 때문이다. 예를 들어 자음 /ㅂ, ㄷ, ㄱ/는 자음만으로 발음될 수 없고 '브, 드, 그' 혹은 '바, 다, 가'와 같이 모음과 어울려야 소리를 낼 수 있다. 또한 자음은 음절 종성에서 불파음으로 소리 나는 제약이 있다는 점도 음운이 음절과 함께 교수-학습되어야 하는 이유이다.

이러한 특성을 고려하여 한국어의 음운은 음절 구조와 함께 다루어져야 한다. 그렇다면 이와 같은 음운과 음절을 어떻게 제시하면 좋을까? 먼저 홀로 음절을 구성할 수 있는 '모음'이 제시되고(V형), 이어 선행 학습한 모음을 활용하여 자음과 모음을 결합한 '자음+모음(CV형) 구조' 안에서 자음 교육을 하는 것이 효과적이다. 그리고 마지막으로 종성이 결합된 '모음+자음(VC형)'이나 '음절 구조인 '자음+모음+자음 구조(CVC형)'의 순서로 제시하는 것이 교수-학습에 효과적이다.

음운의 제시 순서

모음 → 초성 자음(CV 구조로) → 종성 자음(VC 혹은 CVC 구조로)

20) 통합 수업의 경우, 단원에 제시된 어휘를 중심으로 발음 교육이 이루어지는 경우가 많다.

■ 음운의 제시 순서는 어떤 기준으로 설정해야 할까?

음운의 제시 순서를 결정하려면 먼저 기준을 설정해야 한다. 외국어 교육에서 교수요목의 단계화에 대한 논의는 주로 문법 교육에서 이루어졌다. 문법 교육에서는 학습의 효율성을 위해 문법 항목의 선정뿐만 아니라 배열의 문제도 중요하게 다루어 왔다. 교수요목을 단계화하는 데 영향을 미치는 요인으로 문법의 복잡성, 학습 가능성, 교수 가능성 등이 주로 거론되어 왔다. 복잡한 것보다 단순한 항목, 학습자가 더 쉽게 배울 수 있는 항목, 그리고 교수자가 쉽게 설명할 수 있는 항목이 먼저 제시되어야 한다고 주장되었다. 이러한 문법 교육의 배열 원리를 발음 교육에도 적용할 수 있다. 음운의 제시 순서를 설정하기 위해 이 책에서는 학습자의 학습 용이성과 음운의 체계성을 기준으로 삼았다.

가 학습자의 학습 용이성

학습의 용이성을 고려해야 하는데, 학습의 용이성은 두 가지 측면에서 살펴볼 수 있다. 하나는 교사의 설명이 쉬워서, 또 하나는 목표어의 음운 자체가 인식하고 산출하기 쉬워서 학습이 용이한 것이다. 전자는 설명의 명확성과 간결성으로, 후자는 목표 음운의 난이도로 귀결된다.

학습의 용이성을 위해서는 먼저 교사의 설명이 학습자가 이해하기 쉬워야 하는데, 이를 위해서는 단순하고 명확한 설명이 전제되어야 한다. 따라서 단순하고 명확한 설명이 될 수 있도록 음운을 배열해야 한다. 음운의 경우는 최소의 자질로 각 음운을 구별해 주는 방법이 설명의 간결성과 명확성을 확보하는 데 유용하다. 한 음운은 음운체계 속에서 다른 음운과의 대립을 통해 존재한다. 각 음운의 음가는 독자적 · 개별적으로 규정되는 것이 아니라 다른 음운과의 관계 속에서 상대적으로 규정되기 때문이다. 예를 들어 /ㅣ/와 /ㅔ/는 혀의 고저(고모음과 중모음)에서 변별되고, /ㅣ/와 /ㅡ/는 혀의 전후(전설모음과 후설모음)에서, /ㅜ/와 /ㅡ/는 입술의 원순성(원순모음과 비원순모음)에 의해서 변별된다. 따라서 제시 순서를 설정할 때 음운 간의 대립 관계를 고려해야 한다. 더 나아가서는 간결하고 명료한 설명을 위해 대립되는 자질을 최소화할 수 있도록 순서를 설정해야 한다.

학습의 용이성을 위해 목표어 음운의 난이도도 제시 순서에서 고려되어야 한다. 발음은 학습자가 인지 단계에서부터 어려움을 겪는 요소이다. 따라서 학습자들이 쉽게 인지할 수 있고, 발음할 수 있는 것부터 가르치는 것이 학습에 대한 부담을 줄일 수 있다. 목표음의 난이도는 언어적 유사성 및 언어적 보편성과 관련된다.

언어적 유사성에 대해 논의한 대조분석 가설에서는 모국어와 목표어의 비슷한 항목은 학습하기 쉽고, 차이가 큰 항목은 학습하기 어렵다고 주장하였다. 대조분석 이론에 대한 반론이 존재하지만,[21] 이 이론은 발음 교육에서 효용성이 높은 것으로 간주되어 왔다. 실제 언어권별로 학습자의 오류가 일정하게 나타난다는 점은 이 이론을 지지하는 대표적 근거가 된다.

이 책에서는 제시 순서 설정 시 학습자의 언어권을 고려하지 않기 때문에 목표 음운의 난이도 문제는 언어 보편성의 측면에서 접근하고자 한다. Eckman(1977)에서는 난이도를 결정하는 기준으로 보편문법의 원리를 이용하였다. 보편적 경향과 일치하는 목표어 자질은 그렇지 않은 자질보다 더 쉽게 습득된다는 것이다. 보편적으로 유표적인 음운의 학습이 더 어려우므로 무표적인 음운을 먼저 제시해야 한다.[22]

나 음운의 체계성

음운의 제시 순서에서 고려되어야 할 두 번째 기준은 체계성이다. 말소리 중에서 음운론적 특징을 공유하는 음소들의 묶음을 '자연 부류(natural class)'라고 한다. 이렇게 묶인 말소리들은 말소리 변동에서 같이 행동하는 경우가 많다. 따라서 자연 부류를 형성하는 것들은 함께 교수-학습되는 것이 좋다.

예를 들어 한국어에서 삼지적 상관속을 이루는 평음-경음-격음은 보편문법의 관점에서 보면 매우 유표적인 음운들이다. 대부분의 언어에서 장애음은 유무성 대립이기 때문이다. 한국인에

---

21) 목표어와 모국어의 차이가 항상 오류를 발생시키는 것은 아니라는 점, 대조분석을 통해 오류가 발생할 것이라고 예측되었던 언어 항목 가운데 실제로는 오류가 발생하지 않는 것도 있다는 점 등에서 문제가 제기되었다.

22) '유표성(markedness)'이란 말 그대로 표가 난다는 것이다. 이 용어는 트루베츠코이(Trubetzkoy)와 야콥슨(Jakobson)이 주도한 프라그학파에서 처음 사용하였는데, 변별적 자질의 유무를 기준으로 유표성과 무표성을 결정하였다. 언어는 어떤 특징이 있느냐(유표성), 없느냐(무표성)에 따라 대립 관계를 이룬다고 보았다. 음운론에서 시작한 이 개념은 형태론, 문장론, 의미론 등에서 폭넓게 활용되었다. 언어 유형론에서는 좀 더 특수하냐, 보편적이냐로 유표성이 결정된다.

게 무표적인 평음이, 외국인 학습자들에게는 매우 유표적인 음운으로 습득에 오랜 시간이 걸린다. 언어적 무표성만을 고려한다면 격음을 먼저 가르치고, 평음은 뒤에 가르치는 것이 나을 수도 있다. 하지만 평음-경음-격음은 모두 무성파열음으로 함께 행동하는 경우가 많고, 평음을 기준으로 기식성의 차이, 성대의 긴장도에서만 차이를 보이므로 함께 비교 설명하는 것이 좋기 때문에 이들은 함께 제시되는 것이 효율적이다.

3.1.1 중성 모음

Ⅰ 단모음

■ 교수-학습이 필요한 한국어 단모음은 몇 개인가?

- 〈표준발음법〉에서 규정한 단모음: ㅏ ㅐ ㅓ ㅔ ㅗ ㅚ ㅜ ㅟ ㅡ ㅣ
- 교수-학습이 필요한 단모음: ㅏ ㅓ ㅔ(ㅐ) ㅗ ㅜ ㅡ ㅣ

한국어의 단모음에 대해 표준발음법에서는 /ㅏ, ㅐ, ㅓ, ㅔ, ㅗ, ㅚ, ㅜ, ㅟ, ㅡ, ㅣ/의 10개를 설정하고, 이중 /ㅚ, ㅟ/는 이중모음으로 발음할 수 있다고 허용하였다. 하지만 이 규정은 현실 발음과 괴리가 있다. 국립국어원의 『표준발음실태 조사 Ⅰ』(2002)에 따르면 /ㅔ, ㅐ/를 구분하여 발음하는 비율이 매우 낮다. 따라서 의사소통을 목적으로 하는 외국인을 위한 한국어 교육에서, /ㅔ/와 /ㅐ/를 변별하여 가르칠 필요가 없다고 본다. 이 둘은 문자는 다르되 소리가 같아졌다고 설명하는 것으로 충분하다. 따라서 한국어의 단모음은 /ㅏ, ㅓ, ㅔ(ㅐ), ㅗ, ㅜ, ㅡ, ㅣ/의 7개만 제시하면 된다.

■ 단모음은 어떤 순서로 제시해야 할까?

ㅏ → ㅓ → ㅗ → ㅜ → ㅡ → ㅣ → ㅔ/ㅐ

앞에서 제시 순서 설정 시 교수자의 설명이 쉬워야 한다고 하였다. 그리고 이를 위해서는 단순하고 명확한 설명이 전제되어야 하고, 명확하고 단순한 설명이 될 수 있도록 내용 요소를 배열하여야 한다. 또한 명확하고 간결한 설명을 위해서는 각 음운을 최소의 자질로 변별해 주는 것이 좋다. 따라서 단모음의 경우 기준 모음을 하나 설정하고, 이를 기준으로 최소한의 대립 자질을 사용하여 각 음운의 차이를 설명해 갈 수 있도록 제시 순서를 설정해 주는 것이 좋다.

최소한의 자질로 설명해 준다는 것이 무엇을 의미하는가? 단모음 /ㅏ, ㅓ, ㅗ, ㅜ/를 살펴보자. 네 모음의 자질은 각각 〈표 1〉에 제시한 것과 같다.

〈표 1〉'ㅏ, ㅓ, ㅗ, ㅜ'의 변별적 자질

ㅏ	[+후설성, +저설성, -고설성, -원순성]
ㅓ	[+후설성, -저설성, -고설성, -원순성]
ㅗ	[+후설성, -저설성, -고설성 +원순성]
ㅜ	[+후설성, -저설성, +고설성, +원순성]

네 모음을 최소의 자질로 구별해 주기 위해서는 'ㅏ → ㅓ → ㅗ → ㅜ'의 순이 되어야 한다. /ㅏ/와 /ㅓ/는 개구도에서만 차이가 나지만 /ㅏ/와 /ㅗ/는 개구도뿐만 아니라 원순성에서도 차이가 난다. 따라서 학습자에게 쉬운 설명이 되기 위해서는 하나의 변별적 자질만으로 구별될 수 있는 'ㅏ → ㅓ'의 순이 되어야 한다. 이상에서처럼 하나의 변별 자질로만 구분될 수 있도록 음운의 제시 순서를 설정하는 것이 좋다. 네 모음이 'ㅏ → ㅓ → ㅗ → ㅜ'의 순이 된다면 각 단계별로 하나의 자질 차이만으로 설명이 가능하다.

그런데 /ㅏ, ㅓ, ㅔ(ㅐ), ㅗ, ㅜ, ㅡ, ㅣ/의 7개 모음의 제시 순서 설정 시 기준 모음이 필요하다. 기준 모음을 설정하고 그 모음을 기준으로 다른 모음을 설명해야 하는데, 이때 출발점이 되는 모음은 학습자들이 쉽게 인지하고 발음할 수 있는 음운이어야 한다. 학습자들에게 어떤 음운이 쉽고 어려운지는 그 음운이 얼마나 보편적인지 혹은 특수한지와 관련이 있다. Greenberg(1963)에서는 여러 언어의 모음을 관찰한 결과 대부분의 언어에서 나타나는 모음이 /i, a, u/라고 하였다. 그리고 이렇게 언어 보편적으로 나타나는 음운들은 더 잘 습득된다고 하였다. 사실 이들 세 모음은 모음 사각도의 극점에 있어 변별력이 가장 강한 모음이므로, 무표적이고 보편적인 모음으로 나타날 수밖에 없다.

보편 모음의 관점에서 본다면 한국어의 /ㅣ, ㅏ, ㅜ/가 단모음 제시의 출발점이 될 수 있다.

그럼, /ㅣ, ㅏ, ㅜ/ 중에서 어떤 모음부터 제시하는 것이 좋을까? 결론적으로 말하자면, /ㅏ/부터 시작하는 것이 좋다. /ㅣ/는 고모음 계열에 /ㅣ, ㅡ, ㅜ/의 세 모음이 존재한다는 점에서 부담스럽다. 특히 /ㅣ/와 /ㅡ/는 개구도가 같아 조음 시 눈으로 관찰하여 차이를 확인하기가 어렵다. /ㅜ/를 기준점으로 잡는 데도 문제가 있다. /u/는 대부분의 언어에서 관찰되는 무표적인 모음이지만, 그 위치가 조금씩 달라 오류가 많이 일어나는 음운이기 때문이다. 예를 들어 중국인 학습자들은 한국어의 /ㅗ/와 /ㅜ/를 구별하여 발음하지 못하는 경우가 많다. 이처럼 오류가 발생하는 음운은 기준 모음으로 설정하지 않는 것이 좋다. 이에 비해 /ㅏ/는 조음 시 구강의 내부까지 관찰할 수 있고, 조음도 어렵지 않다는 점에서 기준 모음으로 잡는 데 무리가 없다.

그럼 /ㅏ/를 기준 모음으로 했을 때 제시 순서를 생각해 보자. 가장 최소의 자질로 변별하여 설명할 수 있는 순서는 'ㅏ→ ㅓ → ㅗ → ㅜ → ㅡ → ㅣ → ㅔ(ㅐ)'이다. /ㅏ/를 기준으로 하여 /ㅓ/는 혀의 고저 차이로 설명할 수 있다.[23] 이어서 /ㅓ/를 기준으로 /ㅗ/를 설명하는데, 이때는 원순성의 차이로 설명한다. /ㅓ/는 입술이 동그랗게 모아지지 않지만 /ㅗ/는 입술이 동그랗게 모아지고 돌출되는 것으로 설명할 수 있다. 그리고 다시 /ㅗ/를 기준으로 /ㅜ/를 혀의 고저 차이로 설명한다. /ㅜ/와 /ㅗ/ 모두 원순성이 있는 모음이지만 혀의 고저에서 차이가 난다.[24] 다시 /ㅜ/를 기준으로 원순성의 유무로 /ㅡ/를 설명할 수 있다. /ㅜ/는 입술이 둥글고 앞으로 나오지만 /ㅡ/는 입을 양 옆으로 벌리고 발음한다고 설명한다. /ㅡ/를 기준으로 /ㅣ/를 설명하는데, 혀의 전후로 설명할 수 있다. 그리고 마지막으로 /ㅣ/를 기준으로 혀의 고저 차이로 /ㅔ(ㅐ)/의 모음을 설명할 수 있다.

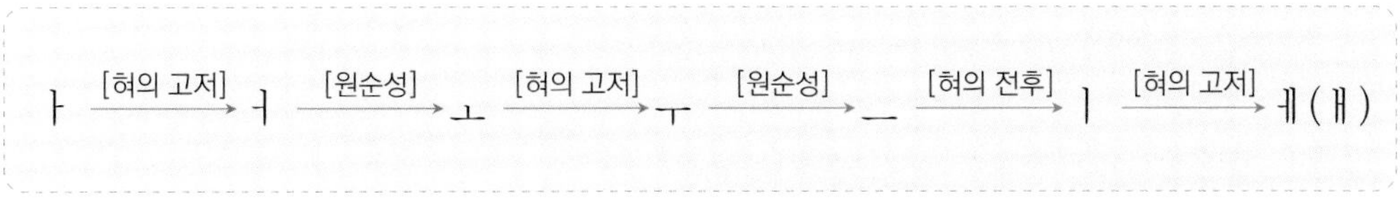

ㅏ —[혀의 고저]→ ㅓ —[원순성]→ ㅗ —[혀의 고저]→ ㅜ —[원순성]→ ㅡ —[혀의 전후]→ ㅣ —[혀의 고저]→ ㅔ(ㅐ)

23) 실제 발음 수업에서 혀의 고저란 용어를 사용하는 것은 적절하지 않다. 'ㅏ'와 'ㅓ'의 혀의 고저 차이는 'ㅓ는 ㅏ보다 입을 덜 벌리고 턱을 올린다'는 식의 설명으로 풀어 주어야 한다. 원순성, 혀의 전후도 마찬가지로 풀어 설명해 주는 것이 좋다.

24) /ㅜ/와 /ㅗ/의 차이 설명은 혀의 고저가 기본이 되지만, /ㅜ/가 /ㅗ/보다 입술의 돌출 정도가 더 크다는 부가적 설명을 해 주는 것도 좋다.

교사를 위한 도움말

기존 교재를 보면 단모음 교육 단계에서 '가게, 도자기, 개나리'와 같이 아직 배우지 않은 자음과 모음이 결합된 단어가 연습으로 제시되는 경우가 있다. 그러나 배우지 않은 음운이 결합된 단어를 연습 활동에서 제시하는 것은 학습자에게 상당한 부담을 주어 목표 발음을 제대로 습득하는 데 장애가 될 수 있다. 따라서 단모음 단계에서는 '아이, 오이, 아우'와 같이 모음으로 된 음절을 중심으로 제시하는 것이 좋다.

2 이중모음

■ 교수-학습이 필요한 한국어 이중모음은 몇 개인가?

한국어의 이중모음에 대해 표준발음법에서는 /ㅑ, ㅒ, ㅕ, ㅖ, ㅘ, ㅙ, ㅛ, ㅝ, ㅞ, ㅠ, ㅢ/의 11개를 설정하였다. 하지만 현실 발음에서는 'ㅔ, ㅐ'의 중화로 'ㅖ, ㅒ'가 변별되지 않고, 'ㅙ, ㅞ' 역시 변별되지 않는다. 여기에 표준발음법에서 단모음으로 설정한 'ㅚ, ㅟ'가 이중모음으로 실현되어, 현실 발음의 이중모음은 〈표 2〉에 제시한 10개이다.

〈표 2〉 현실 발음에 기초한 이중모음 체계

j계	ㅑ, ㅕ, ㅛ, ㅠ, ㅖ(ㅒ)
w계	ㅘ, ㅝ, ㅞ(ㅙ, ㅚ), ㅟ
ɰ계 [25]	ㅢ

■ 이중모음은 어떤 순서로 제시해야 할까?

ㅑ → ㅕ → ㅛ → ㅠ → ㅖ(ㅒ) → ㅘ → ㅝ → ㅟ → ㅞ(ㅙ, ㅚ) → ㅢ

이중모음의 제시는 먼저 활음의 종류에 따라 분류하여 제시하는 것이 좋다. 이중모음은 '활음

25) 'ㅢ'에 대해 상향 이중모음설과 하향 이중모음설로 의견이 나뉘지만, 여기서는 상향 이중모음을 기준으로 하였다. 이에 대한 논의는 2.1.2를 참고하라.

+단모음'으로 단모음 앞에 활음이 결합되는 구조이므로 결합되는 활음의 종류별로 나누어 제시한다. 일반적으로 한국어 발음 교육에서 이중모음 /ㅑ/는 'ㅣ'를 짧게 발음한 후에 연달아 'ㅏ'를 발음하고, /ㅕ/는 'ㅣ'를 짧게 발음한 후에 연달아 'ㅓ'를 발음하는 것으로 설명한다. 그리고 /ㅛ/는 'ㅣ'를 짧게 발음한 후에 'ㅗ'를 발음하라고 설명한다. 즉 j계 이중모음은 설명 시 'ㅣ'를 짧게 발음하고 'ㅏ, ㅓ, ㅗ, ㅜ, ㅔ(ㅐ)'를 발음하는 것으로 설명되므로 같은 활음을 공유하는 모음끼리 묶어 제시하는 하는 것이 설명과 이해에 효과적이다.

활음의 종류에 따른 순서는 'j계 → w계 → ɰ계' 순서로 제시한다.[26] 그리고 j계 및 w계 이중모음 내부에서의 제시 순서는 결합하는 단모음의 제시 순서를 따라 각각 'ㅑ → ㅕ → ㅛ → ㅠ → ㅖ(ㅒ)', 'ㅘ → ㅝ → ㅟ → ㅞ(ㅙ, ㅚ)'의 순으로 제시한다.

■ 단모음, 이중모음, 자음은 어떤 순서로 제시하면 좋을까?

이중모음은 단모음에 이어 바로 제시해도 되고, 자음 다음에 제시해도 된다. 즉 '단모음 → 이중모음 → 자음'의 순[27] 또는 '단모음 → 자음 → 이중모음'[28]의 순으로 제시한다. '단모음 → 이중모음 → 자음'의 순으로 제시하는 것은 바로 앞에서 학습했던 단모음과 연계하여 이중모음을 설명할 수 있다는 점에서 효과적이다. '단모음 → 자음 → 이중모음'의 순은 자음 뒤에서 일어나는 이중모음의 단모음화도 같이 설명할 수 있다는 장점이 있다. 예를 들어 '폐품[페품]', '희망[히망]'과 같이 자음 뒤에서 이중모음이 단모음으로 발음되는 현상들이 있는데, 자음 다음에 이중모음을 제시할 경우 이런 현상에 대한 설명이 이루어질 수 있다.[29]

---

26) 활음의 종류에 따른 순서에서는 j계나 w계 중 어느 것이 먼저 제시되어도 관계없다고 본다. 이중모음 설명 시 출발점이 되는 단모음 'ㅣ'나 'ㅗ/ㅜ'를 단모음 학습 단계에서 이미 학습했기 때문이다. 이 책에서는 j계를 먼저 제시하는 것으로 설정하였다. 다만, 'ㅢ'는 'ㅡ'의 특수성을 감안하여 마지막에 제시하는 것이 적절하다.

27) 연세대 한국어학당 편(1995) 「한국어 발음」의 제시순이다.

28) 고려대 한국어문화연수부 편(1991) 「표준 한국어 발음연습」의 제시순이다.

29) 발음 교육에서 변이음에 대한 교수-학습도 이루어져야 한다는 점에서 보면 '단모음 → 자음 → 이중모음'의 순이 더 타당할 수 있다. 발음 교육의 4가지 내용 요소 중 음절은 따로 교수-학습되는 것이 아니라 음운과 함께 교수된다. 모음, 초성 자음, 종성 자음은 V, C+V, C+V+C의 구조로 교수-학습되는데, 이때 변이음에 대한 교육도 같이 이루어져야 한다. 예를 들어 'ㅅ'이 '시, 씨'의 환경에서 변이음으로 실현되는 것, 'ㄹ'이 어중 초성에서는 탄설음, 음절 말에서는 설측음으로 발음 나는 것에 대한 교육이 구체적으로 이루어져야 한다.

교사를 위한 도움말

이중모음 교육 단계에서는 먼저 GV, CGV 유형의 음절을 모두 연습시키되, GV 유형의 음절을 먼저 교육하고 CGV 유형의 음절로 확대해 나가야 한다. 이 단계에서는 '쟈, 져, 죠, 쥬'가 [자], [저], [조], [주]로 발음되는 현상, '늬, 띄, 씌, 틔, 희'와 같은 음절이 [니], [띠], [씨], [티], [히]로 발음되는 현상을 설명하고 연습시켜야 한다.

3.1.2 초성 자음

■ 교수-학습이 필요한 초성 자음은 몇 개인가?

'ㄱ, ㄴ, ㄷ, ㄹ, ㅁ, ㅂ, ㅅ, ㅈ, ㅊ, ㅋ, ㅌ, ㅍ, ㅎ, ㄲ, ㄸ, ㅃ, ㅆ, ㅉ'의 총 18개

한국어의 자음은 'ㄱ, ㄴ, ㄷ, ㄹ, ㅁ, ㅂ, ㅅ, ㅇ, ㅈ, ㅊ, ㅋ, ㅌ, ㅍ, ㅎ, ㄲ, ㄸ, ㅃ, ㅆ, ㅉ'의 19개이다. 이들 중 초성 자음은 초성에서 나타날 수 없는 /ㅇ/을 제외한 18개이다. 따라서 초성 자음의 제시 순서에서는 18개의 자음만을 대상으로 순서를 설정한다. 한글 자모 학습 후 발음을 학습하는 것을 전제하므로, 초성의 음가 없는 'ㅇ'은 자모 학습에서 제시·설명된다.

■ 초성 자음은 어떤 순서로 제시해야 할까?

비음 (ㅁ → ㄴ), 유음 (초성에서의 탄설음 [ɾ]) → 폐쇄음(ㅂ, ㅍ, ㅃ → ㄷ, ㅌ, ㄸ → ㄱ, ㅋ, ㄲ) → 파찰음 (ㅈ → ㅊ → ㅉ) → 마찰음 (ㅅ, ㅆ, ㅎ)

한국어 통합 교재에서 초성 자음을 대개 어문규범에서 정한 자모순, 즉 'ㄱ, ㄴ, ㄷ, ㄹ, ㅁ, ㅂ, ㅅ, ㅇ, ㅈ……'과 같이 제시하는 경우가 많다. 하지만 이와 같은 제시 순서는 자음의 대립 관계를 형성하는 조음 위치, 조음 방법 등이 고려되지 않은 문자적 차원의 배열이므로 적절하

지 않다. 앞에서 음운 제시의 기준으로 학습의 용이성과 음운의 체계성을 들었는데, 자모순에 따른 제시는 이 두 조건의 어느 것도 만족시키지 못한다.

학습의 용이성과 음운의 체계성을 기준으로 한다면 먼저 고려되어야 할 것이 자음의 분류 기준인 조음 위치와 조음 방법이다. 조음 위치, 조음 방법에 따라 자연 부류를 형성하는 자음을 함께 제시한다면 설명이 간결해져 학습자들의 이해가 쉬워지기 때문이다.

조음 위치와 조음 방법 중 조음 위치를 우선적으로 고려하여 제시하면 학습자들이 발음을 눈으로 관찰하기 쉬운 양순음부터 시작하여 치경음, 치경경구개음, 연구개음, 성문음의 순으로 제시하면 될 것이다. 그런데 외국인 학습자의 자음 오류 발생이 조음 위치보다는 조음 방법에서 주로 야기되므로, 조음 방법을 기준으로 하여 제시 순서를 설정하는 것이 학습에 더 효과적이다.

한국어의 자음은 조음 방법에 따라 '폐쇄음, 마찰음, 파찰음, 비음, 유음'으로 분류된다. 조음 방법은 조음 위치처럼 조음점이 순차적으로 변하는 것이 아니므로, 다섯 가지 부류 중에서 무엇을 먼저 제시하는 것이 좋을지 결정해야 한다. 이때 학습의 용이성, 그중에서도 무표성 기준을 적용할 수 있다. 조음 방법에 따라 분류한 자음 부류 중 가장 무표적인 것은 폐쇄음과 비음이다. 폐쇄음과 비음은 대부분의 언어에 존재하기 때문이다. 하지만 폐쇄음은 무표적인 자음으로 설정하기 어렵다. 대부분의 언어에서 폐쇄음은 발성 유형에 의한 대립쌍을 가지는데, 이 대립은 언어마다 유성성, 기식성 등 다양한 특성에 의해 다르게 나타난다. 따라서 폐쇄음의 발성 유형에 따른 대립이 모국어와 다르게 나타나는 경우, 외국인 학습자는 폐쇄음 습득에 어려움을 겪게 된다. 따라서 폐쇄음을 가장 무표적인 음운으로 설정하기는 어렵다. 따라서 비음 /ㅁ, ㄴ/를 가장 먼저 제시한다.

유음도 비음과 같이 제시하는 것이 좋다. 한국어의 유음은 환경에 따라 두 가지 변이음으로 나타나고, 외국인 학습자의 오류도 빈번히 관찰되므로 뒤에 제시되는 것이 좋다는 의견이 있을 수 있다.[30] 하지만 유음은 비음과 함께 공명음에 해당하므로 체계성을 고려하여 함께 제시하는 것이 좋다. 단, 유음을 제시할 때는 변이음에 대한 고려가 있어야 한다. 우리말의 'ㄹ'은 어중 초성에서는 탄설음 [ɾ]로 실현되고, 음절 종성이나 /ㄹ/ 뒤의 초성 위치에서는 설측음 [l]로 실현

30) 유음 오류는 특히 중국어권, 영어권 학습자에게서 빈번히 관찰된다. 중국어권 학습자의 경우 어중 초성에 오는 탄설음을 설측음으로, 음절 종성에 오는 설측음을 권설음으로 발음하는 오류를 보인다. 영어권 학습자의 경우 어중 초성의 탄설음을 설측음으로, 음절 종성의 설측음을 영어 /l/의 변이음인 [ɫ]로 발음하기도 한다.

된다. 초성 자음과 종성 자음을 분리하여 교육하므로, 초성 자음 단계에서는 탄설음 [ɾ]만 제시하고 종성에 실현되는 설측음 [l]는 종성 자음 단계에서 제시한다.

다음으로 비음과 유음을 제외하고 '폐쇄음, 마찰음, 파찰음' 중 무엇을 먼저 제시할 것인지 결정해야 한다. '파찰음'은 '폐쇄음'과 '마찰음'의 결합적 특징을 가진다는 점에서, 폐쇄음과 마찰음에 이어 설명하는 것이 좋다고 생각할 수 있다. 하지만 파찰음은 폐쇄음과 같이 '평음-경음-격음'의 삼지적 상관속을 이루므로 폐쇄음에 이어 설명하는 것이 더 효과적이다. 파찰음에서 나타나는 학습자의 주 오류는 /ㅈ/와 /ㅊ/를 구별하지 못하는 것인데, 이는 평음과 격음의 차이를 인식하지 못하는 데서 오는 오류로, 폐쇄음의 평음-격음과 같은 원리로 설명할 수 있다. 따라서 폐쇄음에 이어 파찰음을 설명하고 이어서 마찰음을 설명하는 것이 학습에 용이할 것이다. 결론적으로 조음 방법에 의한 차이를 고려한 초성 자음의 제시 순서는 '비음, 유음 → 폐쇄음 → 파찰음 → 마찰음'과 같이 설정할 수 있다.

이상에서 조음 방법에 의해 구별되는 자음의 제시 순서를 설정하였다. 그런데 자음은 조음 방법뿐만 아니라 조음 위치에 의해서도 변별된다. 따라서 조음 방법에 의해 분류되는 소리 중에서 조음 위치에 의한 제시 순서도 결정해야 한다. 예를 들어 비음의 /ㅁ, ㄴ/가, 그리고 폐쇄음의 /ㅂ, ㄷ, ㄱ/가 조음 위치에 의해 구별되는데, /ㅁ, ㄴ/ 중 무엇을 먼저, 또 /ㅂ, ㄷ, ㄱ/ 중 무엇을 먼저 가르칠지 결정해야 한다. 조음 위치의 경우 바깥에서 안으로 들어가는 순서가 관찰에 용이하므로, 비음은 '양순음 → 치경음'의 순, 폐쇄음은 '양순음 → 치경음 → 연구개음'의 순으로 제시하는 것이 좋다.

마지막으로 발성 유형에 의해 평음, 경음, 격음으로 구별되는 폐쇄음의 제시 순서도 결정해야 한다. 이때 평음을 먼저 제시하는 것이 좋다. 외국인 학습자가 한국어 평음에서 오류율이 높게 나타나기 때문에, 평음을 가장 먼저 제시하는 것이 적절하지 않다고 생각할 수도 있다. 그러나 평음과 격음을 구별하는 중요한 기준이 기류의 세기에 있으므로 둘을 같이 제시하되, 평음을 기준으로 하여 격음은 기류가 더 세다고 설명하는 것이 효과적이다. 이러한 이유로 평음을 기준 자음으로 삼는 것이다. 경음은 평음을 기준으로 성대의 긴장도[31]로 구별해 줄 수 있다. 이처럼 상관속을 이루는 평음, 경음, 격음은 조음 위치와 조음 방법에서 공통성이 있으므로 함께 제시하되, 평음을 기준으로 기류의 세기와 성대의 긴장도로 차이점을 설명해 줄 수 있다. '평

31) 실제 수업에서는 '긴장도'란 용어 대신에 조음점과 목에 힘을 많이 준다는 식으로 설명해야 한다.

음-경음-격음'의 삼지적 상관속을 가지는 파찰음도 평음을 기준으로 격음, 경음의 순으로, 마찰음은 '평음-경음'의 순으로 제시하면 된다.

교사를 위한 도움말

자음에 대한 제시, 설명이 이루어진 후에는 CV 유형의 음절을 연습시키는 것이 좋다. 이미 단모음을 배웠기 때문에 학습자의 부담이 크지 않으므로 CV 음절의 다양한 예를 연습시킬 수 있다. 그리고 이 단계에서는 '시, 씨'와 같이 변이음으로 실현되는 음절, '나라, 도로' 등과 같이 'ㄹ'이 어중 초성에 올 때 탄설음으로 나는 것에 대한 교육이 구체적으로 이루어져야 할 것이다.

3.1.3 종성 자음

■ 종성 자음에서는 무엇을 교수-학습하여야 할까?

한국어 교재에서는 종성 자음에 대해 따로 제시하지 않는 경우가 있지만, 종성 자음은 초성 자음과 별도로 교수-학습되어야 한다. 음운은 음절 단위로 발음되므로 음절 구조를 전제로 교육되어야 하는데, 한국어의 자음은 음절 구조의 종성 위치에서 특정한 제약을 받기 때문이다. 우리말의 음절 구조 제약 중 종성에 대한 제약에는 다음 두 가지가 있다.

(1) 한국어 음절 종성 제약

〈제약 1〉 - 음절 말에 오는 모든 자음은 불파음으로 실현되어야 한다.

〈제약 2〉 - 음절 종성에 자음군이 올 수 없다.

〈제약 1〉은 초성에서 외파음으로 실현되는 우리말 자음이 종성에서는 불파음으로 실현된다는 것이다. 폐쇄음은 '폐쇄 → 지속 → 개방'의 과정을 거치며 생성되는 소리인데, 우리말의 초성에 오는 /ㄱ, ㄷ, ㅂ/가 바로 이러한 세 가지 과정을 거쳐 생성되는 소리이다. 그런데 /ㄱ, ㄷ, ㅂ/가 종성에 위치할 때는 소리가 터지지 않은 채 발음된다. 즉 개방의 국면이 결여된 채 '폐쇄와 지속'만이 일어나는 것이다. 그래서 초성에 오는 폐쇄음은 외파음이라고 하고, 종성에 오는 폐쇄음은 불파음이라고 한다. 음절의 종성은 불파음으로 실현되어야 하므로 한국어 종성에는 /ㄱ, ㄴ, ㄷ, ㄹ, ㅁ, ㅂ, ㅇ/의 7개의 소리만이 날 수 있다.

〈제약 2〉는 음절 종성에 하나의 자음만이 허락되므로, 음절 말음이 두 개의 음운으로 이루어졌을 때 두 자음 중 반드시 하나는 탈락하게 된다는 것이다. 이와 같은 현상을 자음군 단순화라고 한다. 예를 들어 '값, 흙'과 같은 단어는 [갑], [흑]과 같이 음절 말의 자음군 중 하나만 발음이 된다.

종성의 제시 순서 설정 시 위의 두 가지 제약이 고려되어야 한다. 이러한 제약을 고려할 때 음절 종성 단계에서는 불파음의 특징, 음절 말 평 폐쇄음화, 자음군 단순화 등이 교수-학습되어야 한다.

■ 종성 자음은 어떤 순서로 제시되어야 할까?

7종성의 불파음화 → 평 폐쇄음화 → 자음군 단순화

종성 자음 단계에서는 7종성의 불파음화 발음 특징, 음절 말 평 폐쇄음화, 자음군 단순화 등이 교수-학습되어야 하므로 이를 중심으로 제시 순서를 설정할 수 있다. 그 순서는 먼저 음절 말에서 실현되는 7개 종성 /ㄱ, ㄴ, ㄷ, ㄹ, ㅁ, ㅂ, ㅇ/의 발음을 대상으로 외파음과 불파음의 차이를 설명하고, 이어서 종성에 쓰이는 16개 자음(/ㄱ, ㄴ, ㄷ, ㄹ, ㅁ, ㅂ, ㅅ, ㅇ, ㅈ, ㅊ, ㅋ, ㅌ, ㅍ, ㅎ, ㄲ, ㅆ/)이 7개로 중화되어 나타나는 평 폐쇄음화 현상, 마지막으로 겹받침 /ㄳ, ㄵ, ㄶ, ㄺ, ㄻ, ㄼ, ㄽ, ㄾ, ㄿ, ㅀ, ㅄ/의 자음군 단순화가 설명되어야 한다.[32] 평 폐쇄음화나 자음군 단순화는 음운변동 규칙이지만 음절 제약에서 비롯된다는 점에서 음운 규칙 단계보다는 음절 단계에서 설명되는 것이 좋다.

32) 불파음화와 음절 말 평 폐쇄음화는 유기적인 관계에 있으므로 단계를 나누지 않고 함께 제시하는 방안도 생각해 볼 수 있다. 하지만 그럴 경우 학습자에게 너무 많은 정보가 한꺼번에 제시되기 때문에 학습자가 부담을 느낄 수 있다. 따라서 단계를 나누어 제시하는 것이 더 효과적이다.

가 단계 1 - 7종성의 불파음화 설명

1단계에서는 /ㄱ, ㄴ, ㄷ, ㄹ, ㅁ, ㅂ, ㅇ/ 7개의 자음만 제시한다. 이들이 종성에서 불파음으로 실현될 때의 발음 특징을 외파음과 비교하여 설명한다. 외파음과 불파음의 차이를 설명하기 위해서 'ㅂ → ㄷ → ㄱ → ㅁ → ㄴ → ㅇ → ㄹ'의 순으로 제시하는 것이 좋다. 앞에서 초성 자음 설명 시 이미 7개 자음의 발음 방법이 설명되었으므로 이 단계에서는 외파음과 불파음의 차이만을 강조한다. 따라서 외파음과 불파음 발음 방식의 차이를 학습자가 가장 쉽게 관찰할 수 있는 /ㅂ/로 시작하는 것이 좋다.

나 단계 2 - 평 폐쇄음화 설명

자음 19개 중 종성에 쓰이는 16개의 자음이 종성에서는 7개의 자음으로 발음되는 현상을 설명한다.

〈표 3〉 평 폐쇄음화

ㅂ, ㅍ → [ㅂ]
ㄷ, ㅅ, ㅆ, ㅈ, ㅊ, ㅌ, ㅎ → [ㄷ]
ㄱ, ㄲ, ㅋ → [ㄱ]
ㅁ → [ㅁ]
ㄴ → [ㄴ]
ㅇ → [ㅇ]
ㄹ → [ㄹ]

다 단계 3 - 자음군 단순화 설명

〈표 4〉 자음군 단순화

ㄳ → [ㄱ]
ㄵ → [ㄴ]
ㄶ → [ㄴ]
ㄺ → [ㄱ] / [ㄹ]
ㄻ → [ㅁ]
ㄼ → [ㄹ] / [ㅂ]
ㄽ → [ㄹ]
ㄾ → [ㄹ]
ㄿ → [ㅂ]
ㅀ → [ㄹ]
ㅄ → [ㅂ]

겹자음은 그 종류가 많으므로 겹자음 내부에서의 제시 순서도 설정해야 한다. 겹자음 중 앞의 소리가 선택되는 경우가 많으므로 앞의 소리가 선택되는 경우를 먼저 제시하고, 뒤의 소리 혹은 두 소리가 단어나 환경에 따라 달리 선택되는 경우를 제시하는 것이 좋다.

교사를 위한 도움말

받침 교육 단계에서는 가장 단순한 VC 유형에서 출발하여, CVC, CGVC 유형으로 확대하여 연습시키는 것이 좋다.

3.2 음운 규칙

3.2.1 교수-학습이 필요한 음운 규칙

■ 음운 규칙에서는 무엇을 교수-학습하여야 할까?

음운 규칙의 교육 순서를 설정하기에 앞서 선행되어야 할 것은 가르칠 음운 규칙의 항목을 선정하는 작업이다. 외국인을 위한 한국어 발음 교육에서는 한국어의 음운 규칙을 모두 가르칠 필요가 없다. 이해를 목적으로 하는 한국어 모국어 화자 대상의 국어 교육에서는 모든 음운 규칙을 가르쳐야 하지만 한국어로 의사소통하는 것을 목적으로 하는 외국인을 위해서는 활용에 필요한 것만 가르치면 된다. 따라서 외국인을 위한 발음 교육에서는 교육이 필요한 음운 규칙을 따로 설정해야 한다. 2장에서 제시한 한국어 음운 규칙 중, 음운 규칙 교수 단계에서 교수-학습이 필요한 음운 규칙은 〈표 5〉와 같다.[33]

〈표 5〉 교수-학습이 필요한 음운 규칙

교수-학습되어야 할 음운 규칙	교수-학습될 필요가 없는 음운 규칙
㉠ 경음화(Ⅰ): 장애음 뒤 경음화 ㉡ 장애음의 비음화 ㉢ 유음화(Ⅰ), (Ⅱ) (/ㄹ/-/ㄴ/의 연쇄, /ㄴ/-/ㄹ/의 연쇄) ㉣ 격음화 ㉤ 동일 조음 위치 장애음 탈락 ㉥ 유음의 비음화(Ⅰ) ㉦ 경음화(Ⅲ): 비음 종결 어간과 어미 사이의 경음화 ㉧ 경음화(Ⅳ): 관형형 어미 {-을} 뒤 경음화 ㉨ /ㅎ/ 탈락 ㉩ 구개음화 (주격 조사 '-이'의 환경만) ㉪ 연음[36]	㉠ 평 폐쇄음화[34] ㉡ 자음군 단순화[35] ㉢ 한자어 어두 유음의 비음화 ㉣ 한자어 어두 /ㄴ/ 탈락 ㉤ /j/ 탈락 ㉥ 경음화(Ⅱ): 첫 음절이 /ㄹ/로 끝난 2음절 한자어의 경음화 ㉦ /ㄷ/ 첨가 ㉧ /ㄴ/ 첨가 ㉨ 구개음화(접미사 환경) ㉩ 유음의 비음화(Ⅱ)

33) 이에 대한 자세한 논의는 장향실(2008ㄱ)을 참고하라.

34) '평 폐쇄음화'는 종성 단계에서 제시되는 음운 규칙이므로 음운 규칙 단계에서는 교수-학습될 필요가 없다. 자세한 내용은 3.1.3을 참고하라.

35) '자음군 단순화'도 종성 단계에서 제시되는 음운 규칙이므로 음운 규칙 단계에서는 교수-학습될 필요가 없다.

36) 연음은 음운 현상은 아니지만, 음운 규칙에서 교수-학습되어야 할 항목이다. 이에 대한 자세한 내용은 79쪽을 참고하라.

■ 교수-학습이 필요한 음운 규칙은 어떤 기준으로 선정해야 할까?

(2) 교수-학습이 필요한 음운 규칙의 선정 기준

≪교수-학습이 필요한 규칙의 조건≫

㉠ 음운론적 정보만으로 표면형을 정확하게 예측할 수 있는 규칙

㉡ 형태론적인 정보가 필요한 규칙이지만, 그 정보가 이미 배운 문법이면서 일정 환경에서 그 규칙이 예외 없이 적용되는 규칙

≪교수-학습이 불필요한 규칙의 조건≫

㉠ 음운 변화의 결과가 표기에 반영되고, 표기와 발음이 일치하는 규칙

㉡ 학습자가 인식하기 어려운 형태론적 정보가 요구되는 규칙

㉢ 음운 규칙의 발생 조건을 예측할 수 없어 공시적 음운 규칙으로 기술할 수 없는 현상

가 교수-학습이 필요한 규칙

먼저 음운론적 정보만으로 표면형을 정확하게 예측할 수 있는 규칙은 2장에서 제시한 규칙 중 음운론적인 조건에 의해 일어나는 현상, 즉 말소리의 구조적 제약에 의해 일어나는 음운 현상이다. '평 폐쇄음화, 자음군 단순화, 경음화(Ⅰ): 장애음 뒤 경음화, 장애음의 비음화, 유음화(Ⅰ), 유음의 비음화(Ⅰ), 격음화, /j/ 탈락, 동일 조음 위치 장애음 탈락' 등이 있다. 이 규칙은 조건이 충족되면 예외 없이 규칙이 적용되는 것이기 때문에 한 가지 규칙을 습득하여 새로운 단어에 활용할 수 있다. 이런 점에서 규칙으로 제시하는 것이 효과적이다.

예를 들어 폐쇄음, 마찰음, 파찰음이 비음 /ㅁ, ㄴ/ 앞에서 모두 /ㅁ, ㄴ, ㅇ/으로 바뀌는 '장애음의 비음화 현상'은 반드시 교수-학습되어야 할 규칙이다. 이것은 영어와 같은 다른 언어에서는 잘 일어나지 않는 현상이지만, 한국어에서 필수적으로 일어나는 대표적 음운 현상이다. 규칙 적용의 환경이 주어지면 예외 없이 일어나므로 반드시 규칙으로 제시되어야 한다. 학습자들은 이 규칙을 습득함으로써 다양한 단어의 발음을 예측하고 발음할 수 있을 것이다.

'유음의 비음화 현상' 중 /ㅁ, ㅇ/ 뒤에서 설측음 /ㄹ/가 비음 /ㄴ/로 바뀌는 현상도 역시 예외가 없다는 점에서 규칙으로 제시해야 한다. 이 밖에도 평장애음 /ㅂ, ㄷ, ㄱ, ㅅ, ㅈ/가 장애음 뒤에서 경음 /ㅃ, ㄸ, ㄲ, ㅆ, ㅉ/로 바뀌는 '장애음 뒤 경음화', 'ㄹ-ㄴ'의 연쇄에서 /ㄴ/가 유음

/ㄹ/로 바뀌는 '유음화(Ⅰ)', 장애음과 /ㅎ/가 축약되는 '격음화'도 예외가 없다는 점에서 규칙으로 제시하는 것이 효과적이다.

한편 동일 조음 위치 장애음 탈락 규칙은 현실 발음에서는 필수 규칙이지만, 표준발음법에서는 필수 규칙으로 규정하고 있지 않다는 점에서 규칙으로 제시하는 문제에 대해 생각해 봐야 한다. 〈표준발음법〉 30항을 보면 '콧등'을 '[코뜽/콛뜽]'으로 발음할 수 있다고 하였는데, 이는 동일 조음 위치 장애음이 탈락한 것과 그렇지 않은 것을 모두 표준 발음으로 인정한다는 것을 의미한다. 따라서 이 규정만을 본다면 동일 조음 위치 장애음 탈락 규칙은 규칙으로 제시할 필요가 없다고 판단된다. 하지만 현실 발음에서 이 규칙이 필수적으로 적용된다는 사실은 이를 쉽게 결정하기 어렵게 한다.[37)]

외국인의 한국어 학습의 목적은 의사소통에 있다. 그러므로 외국인을 위한 한국어 교육에서는 표준발음법에서 인정하지 않더라도 거의 대부분의 한국어 표준어 화자들이 표준발음법과 다르게 발음하고 있다면, 표준 발음보다는 현실 발음을 교육하는 것이 좋다. 동일 조음 위치 장애음 탈락 규칙은 현실 발음에서 필수적으로 적용된다는 점에서 규칙으로 제시하는 것이 바람직하다고 생각한다.

그런데 음운론적 조건에 의해 일어나는 규칙 중 '평 폐쇄음화', '자음군 단순화', '/j/ 탈락'은 교수-학습이 불필요한 규칙이다. '평 폐쇄음화'나 '자음군 단순화'는 음운 규칙이지만 음절 제약에서 비롯된다는 점에서 음운 규칙 단계보다는 음절 단계에서 설명되는 것이 좋다. 따라서 음운 규칙 단계에서는 교수-학습될 필요가 없다.[38)]

/j/ 탈락도 음운 규칙 단계보다는 음절 단계에서 제시되는 것이 좋다. 이 규칙은 '/지-+-어/ → 져 → [저]'와 같이 우리말에서는 치경 경구개음 /ㅈ, ㅊ/ 뒤에서 활음 /j/가 나타날 수 없어 '져, 쳐'가 '[저], [처]'로 나타나는 현상이다. 음절 구조 단계에서 자음과 모음이 결합한 형태의 발음을 학습할 때 '져, 쳐'의 발음이 제시될 수 있다.

외국인 한국어 학습자에게 교수-학습이 필요한 두 번째 유형은, 음운론적 조건에 의해 일어나는 규칙이 아닌 형태론적 정보가 필요한 규칙이지만, 그 정보가 학습자가 이미 배운 문법이면서 일정 환경에서 그 규칙이 예외 없이 적용되는 경우이다. 예를 들어, '담고[담꼬]'와 같은

---

37) 신지영 · 차재은(2003: 264)에서는 음성 실험을 통해 이 규칙이 필수적으로 일어남을 밝혔다.

38) 이에 대해서는 3.1.3에서 다루었다.

'비음 종결 어간과 어미 사이의 경음화'는 어간 말 종성 /ㄴ, ㅁ/ 뒤에서 평음 /ㄱ, ㄷ, ㅅ, ㅈ/로 시작하는 어미가 경음으로 바뀌는 현상으로 규칙이 적용되는 환경으로 어미라는 문법 정보가 필요하다. 그런데 한국어의 동사와 형용사는 모두 활용을 하기 때문에 학습자가 초급 단계부터 이미 어간과 어미를 구분할 수 있다.[39] 따라서 규칙 적용의 환경이 가시적인 음운은 아니지만, 어미라는 정보가 학습자가 규칙을 이해하고 사용하는 데 어려움이 없으므로 규칙으로 제시하는 것이 효과적이다.

'관형형 어미 {-을} 뒤 경음화'도 형태론적 정보가 필요한 규칙이다. 이 음운 현상은 관형형 어미 {-을} 뒤에서 평음 /ㄱ, ㄷ, ㅂ, ㅅ, ㅈ/가 경음 /ㄲ, ㄸ, ㅃ, ㅆ, ㅉ/로 변하는 현상인데, 관형형 어미 뒤라는 정보가 필수적이다. 그런데 학습자들은 초급 단계에서 관형형 어미를 습득하였기 때문에 이 규칙 역시 이해와 사용에 어려움이 없으므로 규칙으로 제시하는 것이 좋다.

어미 정보가 필요한 규칙으로 또 '/ㅎ/ 탈락' 규칙이 있다. '/ㅎ/ 탈락' 규칙은 동사 활용에서 /ㅎ/로 끝나는 어간이 모음으로 시작하는 어미를 만날 때 어간 말 자음 /ㅎ/가 필수적으로 탈락하는 것인데, 이 규칙 또한 학습자들이 이해하고 활용하는 데 별 어려움이 없다.

나 교수-학습이 불필요한 규칙

규칙으로 제시할 필요가 없는 경우는 다음의 세 가지 경우이다. 첫째는 음운 변화의 결과가 표기에 반영되고, 표기와 발음이 일치하는 규칙이다. 예를 들어 흔히 두음법칙으로 불리는 '한자어 어두 유음의 비음화'는 한자어의 어두에서 /ㄹ/가 /ㄴ/로 변하는 현상이다. 두음법칙의 경우 '로인 → 노인'과 같이 음운 변동의 결과가 표기에 반영되어 표기와 발음 사이에 괴리가 없다. 따라서 이런 규칙의 경우 학습자에게 굳이 제시할 필요가 없다. '한자어 어두의 /ㄴ/ 탈락'도 마찬가지이다. 한자 단어의 첫 위치에 나타나는 /ㄴ+j/나 /ㄴ+i/의 연쇄에서 /ㄴ/가 탈락하는 '/ㄴ/ 탈락(두음법칙)'도 '녀자 → 여자'와 같이 음운 변화의 결과가 표기로 반영되는 규칙이다.

둘째는 학습자가 인지하기 어려운 형태론적 정보가 요구되는 규칙이다. 예를 들어 '첫 음절이 /ㄹ/로 끝난 2음절 한자어의 경음화'는 '/ㄹ/ 뒤에서 평음 /ㄷ, ㅅ, ㅈ/가 경음 /ㄸ, ㅆ, ㅉ/로 변하는 현상'인데, 이것은 반드시 하나의 한자 단어 내부에서 일어난다는 제약이 있다. 그래서 '갈

39) 물론 이때 외국인 학습자에게 어간과 어미라는 문법 용어를 제시하는 것은 아니다.

등(葛藤)[갈뜽]'이나 '달성(達成)[달썽]', '멸종(滅種)[멸쫑]'과 같은 단어에서는 경음화가 일어나지만 '들다'와 같은 고유어에서는 경음화가 일어나지 않는다. 따라서 경음화가 일어나려면 반드시 '하나의 한자 단어'라는 조건이 필요한데, 이때 '하나의 한자 단어'라는 조건은 외국인 학습자들이 인지하기 어려운 정보이다. 한자 문화권의 학습자라 하더라도 초급 단계에서는 한자어와 고유어의 구별이 어렵고 서양어권 학습자의 경우는 아예 구별 자체가 불가능한 경우가 많다. 따라서 이 규칙은 제시하지 않고 학습자가 단어별로 발음을 습득하도록 하는 것이 효과적이다.

셋째는 음운 규칙의 발생 조건을 예측할 수 없어 공시적 음운 규칙으로 기술할 수 없는 현상이다. 여기에는 '/ㄷ/ 첨가, /ㄴ/ 첨가'가 있다.

'/ㄷ/ 첨가'의 경우 주로 합성어에서 일어나긴 하지만, 어떤 경우에 일어나는지 정확히 예측할 수 없어 공시적 음운 규칙으로 기술하는 것이 어렵다. 예를 들어 같은 합성어지만 '잠+자리[잠짜리]'는 경음화가 일어나는 데 반해 '봄+가을[봄가을]'은 경음화가 일어나지 않는다. 이는 /ㄷ/ 첨가가 어떤 합성어에서 일어나는지 예측할 수 없게 하여 결국 규칙으로 만드는 것을 불가능하게 한다.

'/ㄴ/ 첨가'는 합성어에서 두 번째 어근의 초성 자리에 /ㄴ/가 첨가되는 현상인데, /ㄴ/ 첨가는 보통 합성어의 두 어근이 고유어인 경우에 많이 일어나지만, 이것 역시 절대적 기준이 되지 못하므로 '/ㄷ/ 첨가'처럼 공시적 규칙으로 만들기 어렵다.

이처럼 '/ㄷ/ 첨가'나 '/ㄴ/ 첨가'처럼 규칙 설정 자체가 불가능한 것들은 규칙으로 제시하지 말고, 단어별로 자연스럽게 발음을 습득하도록 하는 것이 좋다.

다 기타

음운 규칙 중에 위의 조건에 포함되지 않는 것들이 있다. 이들은 규칙 제시의 조건과 그렇지 못한 조건을 동시에 가지고 있어서 규칙으로 제시해야 할지를 판단하기가 어렵다. '구개음화', 그리고 '유음화(Ⅱ)'와 '유음의 비음화(Ⅱ)'가 일어나는 'ㄴ-ㄹ'의 연쇄가 여기에 속한다.

'구개음화'는 받침 'ㄷ, ㅌ'이 조사나 접미사의 모음 /ㅣ/와 결합하는 경우에 /ㅈ, ㅊ/로 바뀌는 현상이다. 구개음화의 환경은 매우 제한적이어서 '디디다, 느티나무'와 같이 한 형태소 내에서나 '밭일'과 같은 합성어 안에서는 일어나지 않는다. 그래서 이 규칙 적용의 환경은 조사와 접미사로 한정되는데, 매우 제한적이긴 하지만 이 환경에서는 예외 없이 적용된다는 점에서 규칙으로 제시하는 것이 좋다고 판단하기 쉽다. 그런데 규칙 적용의 환경 중 '조사'는 외국인 학습자가 쉽게 파악할 수 있는 문법 형태소지만, '접미사'는 그렇지 못하다는 점에서 숙고할 필요가 있는 규칙이다. 주격 조사 '이'의 경우 초급에서 배우므로 외국인 학습자가 쉽게 파악할 수 있지만, 접미사는 그렇지 못하다. '굳이', '같이'에 쓰인 부사화 접미사 '-이', '갇히다'에 쓰인 피동 접미사 '-히'를 학습자가 이해하고 파악하는 것은 쉽지 않다. 특히 초급 단계에서 구개음화를 가르칠 경우에 외국인 학습자들이 이러한 문법 형태소를 인식하는 것은 불가능하다.

이러한 구개음화는 두 가지로 나누어 생각해 보는 것이 좋다. 주격 조사의 경우 학습자가 이를 초급에서 학습하고, 또 한국어에서 곡용이 매우 생산적으로 일어나므로 이 환경의 구개음화는 규칙으로 제시하는 것이 좋다. 그러나 접미사 환경의 규칙은 제시하지 않는 것이 좋다. '접미사'라는 문법 형태소를 외국인 학습자가 파악하기 어려울 뿐만 아니라 받침 'ㄷ, ㅌ' 뒤에 /ㅣ/로 시작하는 접미사가 결합되어 생성된 단어가 매우 적기 때문에 이 경우는 단어별로 발음을 외우도록 하는 것이 효과적일 것이다. 결론적으로 구개음화 규칙은 주격 조사의 환경에서 일어나는 것은 규칙으로 제시하고, 접미사 환경에서 일어나는 것은 단어별로 습득하도록 해야 한다.

다음으로 문제가 되는 것은 'ㄴ-ㄹ'의 연쇄다. 2장에서 보았듯이 'ㄴ-ㄹ'의 연쇄는 유음화되는 단어와 비음화되는 단어가 있다. 예를 들어 '난로, 신라'와 같은 단어는 유음화 규칙의 적용을 받아 [날로], [실라]로 발음되지만, '의견란, 임진란'과 같은 단어는 비음화 규칙의 적용을 받아 [의견난], [임진난]으로 발음된다. 이러한 표면형의 차이는 규칙이 적용되는 환경의 차이에서 비롯된다. 즉 'ㄴ-ㄹ' 사이에 자립 형식 경계가 놓이지 않으면 유음화 규칙이 적용되고, 자립 형태소 경계가 놓이면 비음화 규칙이 적용된다.[40)]

이 규칙을 통해 'ㄴ-ㄹ'의 연쇄에 대한 표면형을 예측해 낼 수 있긴 하지만, 문제는 이를 외국인 학습자에게 가르치는 것이 쉽지 않다는 것이다. 이 규칙을 이해하려면 독립적인 단어의 내부라는 정보와 접사와 단어의 경계라는 정보를 알아야 하는데, 이러한 정보는 모국어 화자도 파악하기 힘들기 때문이다.

앞에서 학습자가 인지하기 어려운 형태론적 정보가 요구되는 규칙은 제시하지 않는 것이 좋

40) 2.2.3 참고

다고 하였다. 그런 점에서 이 규칙을 제시하지 않는 것이 좋다고 판단할 수도 있다. 그런데 이것은 형태론적 정보만을 요구하는 한자어의 경음화와는 좀 다르다. 이 규칙은 'ㄴ-ㄹ'의 연쇄 내에서 형태론적 정보가 필요하기 때문이다. 즉 'ㄴ-ㄹ'의 연쇄가 오면 적어도 이것은 유음화든지 비음화든지 둘 중의 한 규칙의 적용을 받는 것이다. 그리고 외국인 학습자가 'ㄴ-ㄹ'의 연쇄를 파악하는 것은 매우 쉬우므로 이 규칙을 제시하는 방안을 고려해 보는 것이 좋다.

이 규칙을 제시하는 방안도 구개음화처럼 두 가지로 분리하는 것이 좋다. 두 규칙 중 생산적으로 일어나는 유음화만을 규칙으로 제시하고, 비음화 규칙의 적용을 받는 단어는 규칙으로 제시하지 않고 예외적인 것으로 처리하는 것이다. 그래서 비음화 규칙의 적용을 받는 단어는 단어별로 발음을 습득하도록 하는 것이다. 'ㄴ-ㄹ'이 연쇄한 단어를 보면, 유음화 규칙의 적용을 받는 단어가 사용 빈도도 높고 단어의 수도 많다. 이에 비해 비음화 규칙이 적용되는 단어는 고급에서나 학습될 단어로 사용 빈도도 낮고, 단어의 수도 적다. 따라서 규칙의 효용성 면에서 본다면 'ㄴ-ㄹ'의 연쇄에서는 유음화가 일어난다고 제시하고, 몇 개의 단어에서는 예외가 있는 것으로 가르치는 것이 좋다. 표준발음법 20항에서도 'ㄴ-ㄹ'의 연쇄에서 일어나는 비음화는 예외로 처리하였다.

음운 현상은 아니지만 교수-학습되어야 할 항목이 있는데, 바로 연음이다. 한국어에서 연음은 '밥이[바비], 밥을[바블], 먹어[머거], 먹은[머근], 먹으면[머그면]' 등과 같이 체언과 조사의 결합, 용언의 활용 등 다양한 조건에서 발견된다. 연음은 대치나 탈락, 축약, 첨가와 같은 음운 현상이 아니다. 즉 음운 현상은 발음의 변화가 생기는 것이지만, 이것은 발음의 변화가 생기는 것이 아니다. '먹어'가 '먹-'과 '-어' 사이에 형태소 경계가 사라지고 '머거'라는 새로운 음절이 만들어지는 것뿐이다. 이러한 연음은 표기법의 문제에서 비롯되는 현상이다. 음소주의 표기가 아닌 형태주의 표기를 취함으로써 발음과 표기에 불일치가 생겨 일어나는 것이다.[41] 즉 음소주의 표기법을 택해 '머거, 머근' 등으로 표기한다면 이러한 문제는 생기지 않는 것이다. 이처럼 연음은 음운 현상은 아니지만, 외국인 학습자에게 가르칠 필요가 있다. 표기와 발음이 불일치하기 때문에 표기만을 제시한다면 '먹어'와 같은 경우 '먹-'과 '-어' 음절을 각각 독립적으로 발음할 수 있기 때문이다.

---

41) 형태주의는 단어의 형태 즉 어형을 밝혀 적는 방법이고, 음소주의는 소리 나는 대로 표기하는 방법이다. 예를 들어 명사 '꽃'과 조사 '이'를 표기할 때 형태주의를 따른다면 '꽃이'로, 음소주의를 따른다면 '꼬치'로 표기하게 된다.

3.2.2 음운 규칙의 제시 순서

■ 음운 규칙의 제시 순서는 어떤 기준으로 설정해야 할까?

위에서 선정한 규칙을 대상으로 제시 순서를 정해야 하는데, 이를 위해서는 먼저 설정의 기준이 필요하다. 그 기준으로 사용 빈도, 난이도, 일반화 가능성을 들 수 있다.

가 사용 빈도

3.1에서 살핀 음운의 경우 사용 빈도가 무의미하지만 음운 규칙의 경우 빈도수가 고려되어야 한다. 한국어의 단어에서 적용 빈도가 높은 음운 규칙이 우선 교육되어야 한다.

나 난이도

난이도는 학습의 용이성이 기준이 되는데, 난이도에 영향을 미치는 변인은 다양하다. 학습자의 모국어에 없는 음운 규칙이 한국어에 존재하거나, 규칙 자체가 복잡해서 어려울 수도 있고, 또는 규칙에 대한 학습자의 이해가 어려울 수도 있다. 이 책에서는 학습자의 언어권을 고려하지 않기 때문에, 다양한 변인 중에서 규칙의 복잡성, 학습자 이해의 어려움만을 가지고 난이도의 높고 낮음을 평가한다. 학습자의 이해와 규칙 적용의 측면에서 난이도를 평가한다면 규칙 적용의 환경을 음운 정보만으로 알 수 있느냐, 그렇지 않고 형태 정보가 필요하냐에 따라서 난이도를 평가할 수 있다. 규칙 적용의 환경을 음운 정보만으로 알 수 있는 경우 난이도가 낮은 규칙으로, 형태 정보가 필요하다면 난이도가 높은 규칙으로 구분한다.

예를 들어 'ㄴ-ㄹ'의 연쇄에서 /ㄴ/가 /ㄹ/로 변하는 '유음화 현상'은 /ㄹ/와 /ㄴ/가 연쇄하고 있다는 음운 정보만으로 규칙 적용의 대상이 된다. 즉 '칼날'과 같이 /ㄹ/와 /ㄴ/가 연쇄되어 있으면 학습자는 쉽게 유음화 규칙의 적용 대상이 됨을 알 수 있고, 곧 규칙을 적용해 [칼랄]을 도출해 낼 수 있는 것이다. 이러한 규칙은 학습자가 음운 정보만으로 규칙 적용을 할 수 있다는 점에서 난이도가 낮다고 할 수 있다.

반면 어간 말 비음 /ㄴ, ㅁ/ 뒤에서 평음 /ㄱ, ㄷ, ㅅ, ㅈ/로 시작하는 어미가 /ㄲ, ㄸ, ㅆ, ㅉ/

로 변하는 '비음 종결 어간과 어미 사이의 경음화 현상'은 앞의 규칙에 비해 조금 어렵다. 이 규칙은 활용에서만 일어나므로 학습자는 어간과 어미라는 문법 정보를 알아야 한다. 즉 '안다[안따], 안고[안꼬], 안소[안쏘]'와 같이 활용 시 어간의 받침이 /ㄴ/면 뒤에 오는 어미의 평음은 경음으로 변하지만, '그녀는 눈보다[눈보다] 코가 예쁘다'처럼 곡용이나 '신발[신발]'과 같이 단어의 내부, '안기다[안기다], 감기다[감기다]'와 같이 피동, 사동 접미사가 붙은 경우, '알다'에 현재 시제 선어말 어미가 붙은 '안다[안다]'의 경우는 /ㄴ/ 뒤에 평음이 오더라도 경음화가 일어나지 않는다. 따라서 이러한 문법 정보는 음운 정보처럼 가시적으로 쉽게 파악되는 것이 아니므로 한국어에 대한 학습이 어느 정도 이루어진 후에 습득이 가능한 규칙이다. 이러한 규칙은 규칙 적용의 환경을 음운 정보로만 알 수 있는 규칙에 비해 난이도가 상대적으로 높다고 할 수 있다.

다 일반화 가능성

일반화 가능성이란 하나의 규칙을 습득함으로써 응용 효과를 높일 수 있는 것을 말한다. 이를 위해 기본적인 것을 먼저 배우고 확장된 것을 나중에 교육하는 것이 좋다. 일반화 가능성은 음운 규칙 내부의 위계를 바탕으로 측정할 수 있는데, 이는 규칙 순서에서 알 수 있다. 예를 들어 '장애음의 비음화 규칙'은 '평 폐쇄음화 규칙'보다 뒤에 적용된다. 이는 다음과 같이 '놓는'이 [논는]으로 발음되는 과정을 보면 알 수 있다.

/놓-+-는/ → /녿는/(평 폐쇄음화) → [논는](장애음의 비음화)

장애음의 비음화 규칙은 '/ㅂ, ㄷ, ㄱ/가 비음 /ㅁ, ㄴ/ 앞에서 조음 위치가 같은 비음 /ㅁ, ㄴ, ㅇ/으로 변하는 현상'인데, 이를 표기 차원에서 기술하면 〈표 6〉과 같이 복잡한 모습을 보인다.

〈표 6〉 장애음의 비음화

ㅂ, ㄷ, ㄱ → ㅁ, ㄴ, ㅇ	예 업는[엄는], 이튿날[이튼날], 국민[궁민]
ㅍ, ㅌ, ㅋ → ㅁ, ㄴ, ㅇ	예 앞마당[암마당], 낱말[난말], 부엌문[부엉문]
ㄲ → ㅇ	예 낚는[낭는]
ㅅ, ㅆ → ㄴ	예 첫날[천날], 있는[인는]
ㅈ, ㅊ → ㄴ	예 낮만[난만], 윷놀이[윤노리]
ㅎ → ㄴ	예 좋네[존네]

위에 제시된 피동화주 /ㅍ, ㅌ, ㅋ, ㄲ, ㅅ, ㅆ, ㅈ, ㅊ, ㅎ/는 비음화를 입기 전에 먼저 각각 평폐쇄음화 규칙의 적용을 받아 〈표 7〉과 같이 평 폐쇄음이 된다.

〈표 7〉 장애음의 평 폐쇄음화

ㅍ, ㅌ, ㅋ → ㅂ, ㄷ, ㄱ
ㄲ → ㄱ
ㅅ, ㅆ → ㄷ
ㅈ, ㅊ → ㄷ
ㅎ → ㄷ

그리고 이렇게 변한 평 폐쇄음이 뒤에 오는 비음과 만나 조음 위치가 같은 비음으로 변하는 것이다. 이러한 결과를 바탕으로 '장애음의 비음화 현상'은 '/ㅂ, ㄷ, ㄱ/가 비음 /ㅁ, ㄴ/ 앞에서 조음 위치가 같은 비음 /ㅁ, ㄴ, ㅇ/으로 변하는 현상'으로 정리할 수 있다. 따라서 학습자들이 장애음의 비음화 현상을 배우기에 앞서 평 폐쇄음화를 학습했다면 학습자에게 이 규칙에 대한 제시는 〈표 6〉과 같이 하더라도, 이 규칙은 결국 /ㅂ, ㄷ, ㄱ/가 /ㅁ, ㄴ/ 앞에 올 때 비음으로 변하는 현상으로 쉽게 가르칠 수 있을 것이다.

이상에서 기준을 설정했지만 이들 기준 사이의 적용 위계도 정해야 한다. 기준 적용의 결과가 모두 다르게 도출될 것이기 때문이다. 원리 적용의 절차는 '난이도 → 사용 빈도 → 일반화 가능성' 순으로 할 수 있다.

난이도를 먼저 적용하는 이유는 사용 빈도가 높은 규칙이라 하더라도 학습자가 이해하기 어려운 규칙이라면 그것은 나중에 가르치는 것이 낫기 때문이다. 음운론적 환경만으로 규칙을 예측할 수 없는, 즉 형태론적 정보를 요하는 음운 규칙은 그와 관련된 문법 수업이 선행된 후 가르치는 것이 효과적이다. 따라서 형태론적 정보를 요하는 규칙은 한국어 학습이 어느 정도 이루어져 형태론적 정보에 대한 교육이 가능해진 후에 교육되는 것이 효과적일 것이다.

다음으로 사용 빈도를 적용할 수 있는데, 이는 언어 사용의 효용성을 고려한 것이다. 외국인의 한국어 학습이 의사소통을 목적으로 하므로 실제 의사소통 상황에서 많이 노출되고 발음해야 하는 규칙을 먼저 배우는 것이 효과적이기 때문이다. 따라서 학습자가 사용할 가능성이 높은 규칙을 먼저 제시해야 할 것이다.

마지막으로 적용할 기준은 일반화 가능성이다. 앞서 언급한 바와 같이 일반화 가능성은 하나의 규칙을 교육함으로써 응용 효과를 높일 수 있는 것으로, 이를 위해서 기본적인 것을 먼저 교육하고, 확장된 것을 나중에 교육하는 것을 말한다. 음운의 변화가 일어나는 단계별로 규칙을 제시한다면 학습자의 이해와 습득에 도움을 줄 수 있다. 특히 음운 규칙은 규칙 간의 연계성이 매우 크다. 따라서 일반화 가능성을 고려한다면 학습자가 규칙 간의 연계를 통해 복잡한 규칙이라도 쉽게 이해하고 습득할 것이다.

(3) 원리 적용의 순서

난이도에 따른 위계 → 사용 빈도에 따른 위계 → 일반화 가능성에 따른 위계

■ 음운 규칙은 어떤 순서로 제시해야 할까?

가 1단계: 난이도에 따른 위계

난이도에 따른 위계 설정은 음운 정보만으로 표면형을 예측할 수 있는지 없는지가 중요한 기준이 된다고 하였다. 앞에서 선정한 외국인 학습자용 음운 규칙을 대상으로 음운 정보만으로 표면형을 예측할 수 있는 규칙(저난이도군)과 형태론적 정보가 필요한 규칙(고난이도군)으로 대별하면 〈표 8〉과 같다.

〈표 8〉 난이도에 따른 위계

저난이도 규칙	고난이도 규칙
㉠ 경음화(Ⅰ): 장애음 뒤 경음화 ㉡ 장애음의 비음화 ㉢ 유음화(Ⅰ), (Ⅱ) ㉣ 동일 조음 위치 장애음 탈락 ㉤ 유음의 비음화(Ⅰ) ㉥ 격음화 ㉦ 연음	㉠ 경음화(Ⅱ): 비음 종결 어간과 어미 사이의 경음화 ㉡ 경음화(Ⅲ): 관형형 {-을} 뒤 경음화 ㉢ /ㅎ/ 탈락 ㉣ 구개음화

난이도가 낮은 규칙을 먼저 가르치고, 난이도가 높은 규칙을 뒤에 가르친다. 따라서 다음 사용 빈도에 따른 위계 조사에서는 빈도 조사를 통해 난이도가 낮은 규칙 내에서 규칙 제시 순서를 정하고, 다음 난이도가 높은 규칙 내에서 규칙 제시의 순서를 정한다.

나 2단계: 사용 빈도에 따른 위계

〈표 9〉 사용 빈도에 따른 위계[42]

		음운 규칙
저난이도	1	경음화(Ⅰ): 장애음 뒤 경음화
	2	연음
	3	격음화
	4	유음화(Ⅰ), (Ⅱ)
	5	장애음의 비음화
	6	유음의 비음화(Ⅰ)
	7	동일 조음 위치 장애음 탈락

42) 한국어 음운 규칙의 사용 빈도 상의 위계는 국립국어원과 한국어 세계화 재단의 기획으로 만들어진 『외국인을 위한 한국어 학습 사전』을 바탕으로 하였다. 이 사전의 표제어 중 '5개 대규모 말뭉치 어휘 빈도 목록 공통 중요 어휘'와 '26종 한국어 교재의 공통 중요 어휘에 중복적으로 나타나는 어휘를 대상으로 어휘 내부에서 일어나는 음운 규칙을 조사하였다. 이에 대한 자세한 논의는 장향실 (2008ㄴ)을 참고하라.

고난이도	8	/ㅎ/ 탈락
	9	경음화(Ⅲ): 비음 종결 어간과 어미 사이의 경음화
	10	구개음화
	11	경음화(Ⅳ): 관형형 어미 {-을} 뒤의 경음화

위 〈표 9〉의 결과는 실제 빈도가 높은 단어를 대상으로 조사하였으므로 어느 정도 신뢰도를 확보하였다고 할 수 있다. 하지만 단어의 내부에서 일어나는 규칙만을 대상으로 했기 때문에 빈도에 있어 신뢰도가 확보되기 어려운 규칙이 있다. 대표적인 것은 단어 내부보다는 곡용과 활용에서 생산적으로 일어나는 연음, 규칙 적용의 환경이 곡용인 구개음화, 관형형 {-을} 뒤 경음화이다. 연음은 체언과 조사, 어간과 어미가 연결될 때 아주 생산적으로 일어나므로, 사실 곡용과 활용 환경에서 일어나는 규칙을 조사하였다면 빈도가 가장 높게 나타났을 것으로 예측된다. 따라서 연음과 형태론적 정보가 필요한 규칙의 규칙 제시 순서는 다른 기준으로 정해야 할 것이다. 형태론적 정보가 필요한 규칙은 문법에 대한 학습 순서가 음운 규칙의 학습 순서와 밀접한 관련이 있으므로 문법의 교수-학습 순서를 바탕으로 규칙을 제시하는 것이 좋다. 음운 규칙과 관련되는 문법을 정리해 보면 '/ㅎ/ 탈락'과 '비음 종결 어간과 어미 사이의 경음화'는 어간과 어미가, '구개음화'는 '조사'가 '관형형 어미 {-을} 뒤 경음화'는 관형형 어미 {-을}이 관계된다. 외국인을 위한 한국어 교육에서 이들 문법이 노출되는 순서를 보면 대체로 어간과 어미, 조사, 관형형 어미라는 점에서 (2)군의 규칙은 '/ㅎ/ 탈락 → 비음 종결 어간과 어미 사이의 경음화 → 구개음화 → 관형형 {-을} 뒤 경음화'의 순서로 교육하는 것이 좋다.

다 3단계: 일반화 가능성에 따른 위계

일반화 가능성에 따른 위계를 살펴보기 위해 규칙 사이의 순서 적용의 위계를 보자.

(4) 규칙 적용의 순서

ㄱ. /읊-+-다/ → /읖다/(평 폐쇄음화) → /읖따/(장애음 뒤 경음화) → [읍따](자음군 단순화)

ㄴ. /긋-+-다/ → /귿다/(평 폐쇄음화) → /귿따/(장애음 뒤 경음화) → [그따](동일 조음 위치 장애음 탈락)

ㄷ. /비슷하-+-다/ → /비슫하다/(평 폐쇄음화) → [비스타다](격음화)

ㄹ. /끝나-+-다/ → /끋나다/(평 폐쇄음화) → [끈나다](장애음의 비음화)

ㅁ. /삶-+-다/ → /삶따/(비음 종결 어간과 어미 사이의 경음화) → [삼따](자음군 단순화)

ㅂ. /없애-+-다/ → /업새다/(연음) → [업쌔다](장애음 뒤 경음화)

규칙 순을 보면 평 폐쇄음화 다음에 장애음 뒤 경음화, 격음화, 장애음의 비음화가 일어난다. 이들 규칙 중 평 폐쇄음화는 음운 단계에서 제시되는 규칙이므로 이를 제외한 장애음 뒤 경음화, 격음화, 장애음의 비음화 간의 위계를 설정해야 한다. 그런데 (4)에서 보듯이 규칙 순으로 이들의 위계를 결정할 수 없으므로 앞에서 적용한 빈도수에 따라 교육 순서를 결정할 수밖에 없다. 그런데 장애음 뒤 경음화에 앞서 연음, 즉 재음절화가 일어난다는 점에서 연음이 먼저 교육되어야 한다. 따라서 이 규칙의 제시 순서는 '연음 → 장애음 뒤 경음화 → 격음화 → 장애음의 비음화'가 된다. 유음화, 유음의 비음화, 동일 조음 위치 장애음 탈락 규칙이 다음으로 고려되어야 하는데, 이들 규칙 사이의 위계는 규칙순을 통해 알 수 없으므로 앞에서 살핀 빈도에 따라 정한다. 이에 따라 저난이도에 속하는 규칙 사이의 교육 순서를 제시하면 (5)와 같다.

(5) 저난이도 음운 규칙의 교육 순서

연음 → 장애음 뒤 경음화 → 격음화 → 장애음의 비음화 → 유음화(Ⅰ), (Ⅱ) → 유음의 비음화(Ⅰ) → 동일 조음 위치 장애음 탈락

(5)에 다시 고난이도 음운 규칙까지 포함하여 전체 음운 규칙의 교육 순서를 설정하면 다음과 같다.

연음 → 장애음 뒤 경음화 → 격음화 → 장애음의 비음화 → 유음화(Ⅰ), (Ⅱ) → 유음의 비음화 → 동일 조음 위치 장애음 탈락 → /ㅎ/ 탈락 → 비음 종결 어간과 어미 사이의 경음화 → 구개음화 → 관형형 {-을} 뒤 경음화

〈참고 문헌〉

김선정(2013), "음성학을 활용한 발음 교육 및 습득 연구 동향", 『언어와 문화』 9-3, 한국언어문화교육학회.

김영선(2006), "한국어 교육 발음 교재의 구성 방식과 내용", 『우리말 연구』 18, 우리말학회.

김형복(2004), "한국어 음운변동 규칙의 교수 학습 순서 연구", 『한국어 교육』 15-3, 국제한국어교육학회.

박기영(2010), "한국어 음운론과 한국어 발음 교육의 상관성에 대한 일고찰", 『어문논집』 43, 중앙어문학회.

박지연(2010), "중국어권 한국어 학습자의 단모음 지각과 산출 관계 연구", 고려대학교 석사학위논문.

신지영(2014), 『말소리의이해: 음성학 음운론 연구의 기초를 위하여』 (개정판), 서울: 한국문화사.

신지영·차재은(2003), 『우리말 소리의 체계』, 서울: 한국문화사.

양명희(2009), "외국인 학습자를 위한 한글 자모와 발음 교육 방법에 대하여", 『어문논집』 41, 중앙어문학회.

양순임(2003), "한국어 모음의 인지 및 발음 교육 방안", 『이중언어학』 23, 이중언어학회.

양순임(2004), "한국어 음절 초성의 발음 교육 방안", 『국어 교육』 113, 국어교육학회.

오재혁(2013), "중국인 한국어 학습자의 발성 유형에 따른 한국어 폐쇄음의 변별 지각 양상", 『한국언어문화학』 10-1, 국제한국언어문화학회.

이 향(2002), "중국어권 학습자를 위한 발음 교재 개발 방안", 이화여자대학교 교육대학원 석사학위논문.

이현복(1989), 『한국어 표준발음』, 서울: 교육과학사.

장향실(2002), "중국어 모국어 화자의 한국어 학습 시 나타나는 발음상의 오류와 그 교육 방안", 『한국어학』 15, 한국어학회.

장향실(2008ㄱ), "외국인 한국어 학습자를 위한 음운 규칙 항목 선정 연구", 『한국언어문학』 65, 한국언어문학회.

장향실(2008ㄴ), "외국인 학습자를 위한 한국어 음운 규칙의 제시 순서 연구", 『한국어 교육』 19-3, 국제한국어교육학회.

장향실(2009), "중국인 학습자의 한국어 음절 오류와 교육 방안", 『우리어문연구』 34, 우리어문학회.

장향실(2014), "외국인을 위한 한국어 발음 교육에서 음운의 제시 순서 연구", 『한민족어문학회 학술대회 자료집』 2014-1, 한민족어문학회.

장혜진(2011), "국어 어두 장애음의 음향적 특성과 지각 단서", 고려대학교 박사학위논문.

장혜진(2014), "숙달도에 따른 중국인 학습자의 한국어 어두 폐쇄음 지각", 『언어과학』 68, 언어과학회.

최정순(2012), "한국어 발음 교육의 현황과 과제", 『언어와 문화』 8-3, 한국언어문화교육학회.

허 용(2008), "한국어 교육에서의 대조언어학과 보편문법의 필요성 연구", 『이중언어학』 36, 이중언어학회.

국립국어원(2002), 『표준발음 실태조사』 I , 국립국어연구원.

국립국어원 · 한국어세계화재단 기획(2006), 『외국인을 위한 한국어 학습 사전』, 서울: 신원프라임.

Eckman, Fred R.(1977), "Markedness and the contrasive analysis hypothesis", *Languang Learning* 27.

Greenberg, J. H. ed(1963), *Universals of Language*, MA: The MIT Press.

제4장
발음 교육 방법과 발음 평가

김 교사는 발음 수업을 하고 나오면서 자신의 수업 방법에 대해 다시 생각해 보았다. 오늘 수업은 일본인 학습자 대상의 음절 종성 교육이었다. 우선 학습자에게 '김치' 발음을 들려주고 따라하도록 했다. '김치'를 발음하라고 했더니 학습자는 '기무치'라고 했다. 일본인 학습자의 개음절화 오류는 이미 예상했던 결과였다. 그래서 발음 교육 논문에서 보았던 대로 박수를 치며 '김치'를 해 보였다. (박수치며) '김', (박수치며) '치'하면서 김치는 두 박자라고 했다. 그랬더니 학습자들은 (박수치며) '기무', (박수치며) '치'라고 하는 것이 아닌가? 김 교사는 일본인 학습자에게 종성이 있는 한국어 음절을 어떻게 가르쳐야 할지 막막해졌다.

김 교사는 한국어의 음절 종성을 개음절화하는 일본인 학습자의 음절 오류를 예측했지만, 실제 수업에서 학습자의 오류를 제대로 수정해 주지 못했다. 교육 방안에 대한 준비가 충분하지 못했기 때문이다. 우리는 3장에서 발음 교육의 항목을 선정하고 그 항목들을 어떤 순서로 제시할 것인가에 대해 살펴보았다. 하지만 이것만으로 완벽한 발음 수업을 기대하기는 어렵다. 어떤 방법으로 가르칠 것인가에 대한 고민이 빠졌기 때문이다. 이제 4장에서는 교실에서 수업이 이루어지는 절차와 수업의 각 단계에서 사용되는 구체적 교육 방안에 대해 살펴볼 것이다.

4.1 발음 교육의 원리

■ 발음 교육은 어떤 원리하에 이루어져야 할까?

발음 교육의 절차와 방안에 대해 살피기에 앞서, 먼저 발음 교육이 어떤 원리하에 이루어져야 할지 살펴보자. 외국어 교육에서 발음 교육은 일반적으로 다음과 같은 원리를 바탕으로 수행된다.

가 이해 가능한 발음(intelligible pronunciation) 교육

과거에는 발음 교육의 궁극적 목표를 모어 화자와 같은 수준의 발음을 하는 데 두었지만, Morley(1991)[43] 등 최근의 발음 교육 연구에서는 모국어 화자가 이해할 수 있는 수준의 발음을 하도록 지도하는 데 목표를 두고 있다.[44] 이해 가능한 발음이란 발음 차원에서 청자가 발화를 이해할 수 있는 정도를 의미하는 것으로, 모국어 화자와 같은 발음은 달성하기 어렵지만 이해 가능한 발음은 달성 가능하다고 보아 최근의 발음 교육에서는 이를 교육의 목표로 삼아 왔다. 성인 외국인 학습자가 모국어 화자와 같은 발음에 도달하기는 쉽지 않기 때문에 어느 정도의 외국인 말투는 수용할 수 있는 것으로 보는 것이다.

나 일반화할 수 있는 발음 규칙에 집중

단순하며, 생산적인 발음 규칙에 집중하도록 한다. 수업 시간이 제한된 상황에서 발음 교수는 되도록 효율적으로 수행되어야 한다. 따라서 발음 규칙을 제시할 때 학습자가 이해하기 쉽도록 단순한 규칙, 그리고 빈도가 높은 생산적인 규칙을 제시하는 것이 경제적이다(Celce-Murcia, M, 2010).

다 유의미한 맥락에서의 발음 교육

목표 발음을 고립적으로 가르치기보다는 그 발음이 사용되는 의미 범주, 맥락 속에서 유의적으로 가르쳐야 한다. 예를 들어 최소 대립을 이루는 '달'과 '딸'을 단어 수준에서 제시하는 데 그

---

43) Morley(1991)에서는 정확한 발음보다는 이해 가능한 발음(intelligible pronunciation)이 의사소통능력의 필수요소라고 하였다. '이해 가능한 발음'에 대해서는 4.4 발음 평가 부분을 참고하라.

44) 이는 외국어 교수법의 흐름과 관련이 있는데, 정확성을 강조하던 시대에는 모어 화자와 같은 수준의 발음이 목표가 되었지만 의사소통식 교수법이 대두된 이래 이해 가능한 발음으로 목표가 수정되었다. 이에 대해서는 93쪽의 '교사를 위한 도움말- 발음 교육의 흐름'을 참고하라.

치지 않고 자연스러운 문맥에서 제시하여야 하는 것이다. 특히 단어 수준을 넘어 문장, 담화 수준의 문맥화된 상황에서 억양, 휴지 등의 변화와 함께 이루어져야 한다.

라 의사소통 목적과의 연계

의사소통 목적과 연계하여 발음 교육이 이루어져야 한다. 교사는 학습자를 자연스러운 의사소통 과제로 이끌어 학습자가 교실 밖의 실제 상황에서 자연스러운 발음을 할 수 있도록 해야 한다. 듣기의 경우 실제적 상황에서의 듣기 연습을 충분히 제공해야 한다.

마 말하기와 듣기의 연계

말하기는 듣기와 상호 밀접한 관련이 있다. 표현은 이해로부터 시작되기 때문이다. 발음 교육에서도 정확하게 발음하는 것 못지않게 정확하게 듣는 것이 중요하다. 따라서 말하기와 듣기를 연계한 교육이 필요하다.

바 피드백 제공

학습자의 발음에 대해 학습자의 언어권과 수준에 따라 적절한 피드백을 해 주어야 한다. 피드백을 지나치게 강조할 경우 어떤 학습자는 자신의 발음 오류에 지나치게 신경을 쓴 나머지 의사소통 상황에서 회피 전략을 사용하기도 한다. 따라서 교사는 학습자가 자신, 혹은 다른 사람의 발음에 대해 이전보다 조금 더 주의를 기울일 수 있고, 자기가 배운 발음을 실제로 발음해 볼 기회를 제공하는 정도의 피드백이면 충분하다(Celce-Murcia, M., D. Brinton, and J. Goodwin, 1996). 피드백의 종류에는 교사 피드백 외에도 동료 간 피드백, 자기 관찰의 방법 등이 있다.

사 순환적인 발음 교육

발음 교육은 한 번으로 끝나는 것이 아니라 반복적으로 이루어져야 한다. 교육 기관에서 발음 교육을 초급에서 끝내고 마는 경우가 많은데, 한 번의 교육으로 발음이 교정되기는 어렵다. 순환적인 학습이 가능하도록 교육과정을 설계해야 하고, 또 숙제를 부과해 교실 밖에서도 발음 연습이 이어질 수 있도록 해야 한다.

교사를 위한 도움말

• 발음 교육의 흐름

문법 번역식 교수법(Grammar Translation Method)에서는 학습자가 외국어로 된 문학 작품을 읽고 이해하는 데 목적을 두었기 때문에 문법과 어휘, 읽기와 쓰기가 강조되었다. 말하기나 듣기는 중요하게 취급되지 않았으며, 특히 발음은 거의 무시되었다.

이후 직접 교수법(Direct Method)과 청각구두식 교수법(Audiolingual Method)에서는 말하기 능력이 강조되고, 정확한 발음이 말하기 능력의 척도로 인식되었다. 직접교수법(Direct Method)에서는 언어 학습의 목적을 의사소통에 둔다. 이때 학습자의 모국어를 사용하지 않고 목표어만을 사용하되 시각적 자료 등을 통해 의미를 전달한다. 말하기가 강조되고, 발음에 대한 강조도 학습 초기부터 이루어진다. 이 교수법에서는 학습자가 원어민 화자의 발음을 따라하다 보면 발음이 자연스럽게 습득된다고 보았기 때문에 발음 교육 방법은 듣고 모방하는 단순한 방법을 취하였다. 모방과 반복을 통한 외국어 학습을 주장한 청각구두식 교수법(Audiolingual Method)에서도, 발음은 학습 초기부터 강조된다. 최소대립어를 통한 연습이나 문형 연습과 같이 언어를 구조적으로 분석한 바탕 위에 발음 교육이 이루어졌다. 그러나 반복하면서 암기하는 방법을 취하면서 진정한 의사소통의 기능은 무시되었다는 비판을 받았다.

1960년대 촘스키(Chomsky)의 언어 이론과 인지주의 심리학의 이론을 바탕으로 인지적 교수법(Cognitive Approach)이 확립되면서 언어는 습관에 의해서 형성되는 것이 아니라 규칙 지배에 의해 형성되는 것으로 보았다. 모국어 화자와 같은 발음은 불가능하기 때문에 발음보다는 문법이나 어휘 교육에 시간을 쓰는 것이 더 효율적이라고 주장했다. 따라서 이 시기에 발음 교육은 외국어 교육 과정에서 거의 관심을 받지 못했다.

1970년대에는 침묵 교수법(The Silent Way), 공동체 언어학습 교수법(Community Language Learning) 등이 주목을 받았다. 침묵 교수법(The Silent Way)에서 교사는 가능한 한 침묵하고 학습자 스스로 목표 언어를 인식하고 많은 연습을 하도록 해야 한다. 청각구두식 교수법처럼 언어 교육의 초기 단계부터 목표어 소리의 정확한 산출에 주의를 기울이는데, 학습자는 음성 기호나 언어학적 정보 없이 소리 체계에 귀를 기울인다. 교사는 가능한 한 침묵을 지키며 학습자가 무엇을 해야 하는지 몸짓을 통하여 표현한다. 예를 들면 손가락으로 단어의 음절수나 강세를 나타내거나 지시봉으로 칠판이나 교탁을 두드려 학습자에게 리듬의 강약을 알려 준다. 때문에 이 학습법에서는 학습자의 발음 학습을 위해 다양한 보조 도구가 사용된다.

인본주의적 학습에 기초하고 있는 공동체 언어학습 교수법(Community Language Learning)에서, 교사는 언어 상담자로서의 역할을 수행한다. 녹음기를 가운데에 두고 학습자들이 주변에 원으로 둥글게 앉는다. 주제를 정한 후 한 학습자가 모국어로 말하기를 시작하면 교사는 뒤에 서 있다가 그 말을 목표어로 번역해 준다. 이때 학습자는 교사의 말을 따라하며 동시에 녹음을 한다. 이어 학습자가 또 모국어로 말하면 교사가 목표어로 번역해 준다. 이러한 방식으로 대화 전체를 녹음한다. 이렇게 목표어로 번역해 준 것이 교재가 된다. 녹음한 내용을 틀어 학습자가 녹음한 발화를 전사하고 분석해 본다. 교사는 수업의 마지막에 녹음한 내용을 판서하고 설명해 준다. 마지막으로 수업에 대해 자유롭게 의견을 교환한다. 이 교수법의 특징은 학습자가 자신들이 원하는 만큼 목표어 발음을 연습할 수 있다는 점이다. 연습의 양이 교사나 교재에 의해 통제되는 것이 아니라 학습자에 의해 결정된다.

1980년대 의사소통 중심 교수법(Communicative Language Teaching)에 와서는 상황에 맞는 적절한 의사소통이 말하기의 목표가 된다. 원활한 의사소통을 위해서는 발음 교육이 필요하다는 입장이긴 하지만, 발음 교육의 목표를 모어 화자와 같은 수준의 발음이 아니라 이해 가능한 발음에 둔다. 또한 이전에는 개별 분절음에 강조를 두었지만, 정확성보다는 유창성으로 교육의 초점이 옮겨지면서 초분절음을 강조한다. 이 교수법에서는 목표 발음에 대해 설명하기도 하지만 설명은 짧게 하고 가르치고자 하는 소리를 사용하면서 학습자에게 대화할 기회를 많이 제공한다.

☞ 발음 교육의 흐름에 대해 더 알고 싶다면 다음을 참고할 수 있다.

• Celce-Murcia, M., D. Brinton, and J. Goodwin 2010. *Teaching Pronunciation: A Course Book and Reference Guide*(Second Edition). New York: Cambridge University Press.
• Morley, J. 1991. The pronunciation Component in Teaching English to Speakers of Other Languages. *TESOL Quarterly* 25-3. 481-520.

4.2 발음 수업의 구성

■ 규칙을 교사가 먼저 설명해 주는 것이 좋을까, 학습자가 발견하도록 유도하는 것이 좋을까?

언어 교육에서 사용되는 대표적인 교육 방법으로 연역적 접근법과 귀납적 접근법이 있다. 발음 교육에서도 두 방법을 사용할 수 있다. 연역적 방법은 교사가 먼저 목표 음운이나 음운 규칙에 대해 설명을 한 후 예를 제시하거나 연습 활동을 하는 방식이다. 예를 들어 장애음의 비음화에 대해 교수-학습한다고 할 때, 받침 /ㅂ, ㄷ, ㄱ/가 /ㄴ, ㅁ/ 앞에서 [ㅁ, ㄴ, ㅇ]으로 발음된다는 규칙을 교사가 먼저 제시하고, '한국말[한궁말], 듣는[든는], 먹는[멍는]'과 같은 예를 제시한다. 이에 반해 귀납적 방법은 먼저 교사가 학습자에게 몇 가지 예를 제시하고 학습자가 이 예를 관찰함으로써 규칙을 발견하도록 하는 방식이다. 앞의 장애음의 비음화 규칙의 경우 학습자에게 '한국말[한궁말], 듣는[든는], 먹는[멍는]'과 같은 예를 먼저 제시한 후 학습자들이 비음화 규칙을 찾아내도록 하는 것이다.

두 학습법 모두 각각 장단점이 있다. 연역적 방법은 학습자가 요점을 바로 알게 함으로써 시간을 절약할 수 있다는 장점이 있다. 학습자가 예시를 통해 규칙을 도출해 내는 것보다 교사의 설명이 빠르므로 연습하는 데 더 많은 시간을 확보할 수 있다. 하지만 이 때문에 교사 중심의 수업이 될 수 있다는 단점이 있다. 귀납적 방법은 학습자가 능동적으로 수업에 참여하고, 스스로 규칙을 발견함으로써 규칙의 기억에 도움이 된다는 장점이 있는 반면, 규칙을 찾는 데 시간을 소모하다 연습 시간을 충분히 갖지 못할 수 있다는 단점이 있다.

이러한 장단점 때문에 연역적 방법과 귀납적 방법의 효용성에 대한 논의는 여전히 진행 중이다. 따라서 두 접근법의 장점을 적절히 수용하여 수업에 활용하는 것이 좋을 것이다. 학습자의 발견 학습을 유도함으로써 학습자가 수업에 능동적으로 참여할 수 있게 하되 연습 단계에서 시간을 효율적으로 쓸 수 있도록 수업을 설계하는 것이다. 그럼, 구체적으로 어떻게 해야 할까? 다음 발음 수업의 절차를 보며 단계별로 살펴보자.

■ 발음 수업의 절차는 어떻게 될까?

일반적으로 언어 교육 수업은 다음과 같이 다섯 단계로 구성되는데, 한국어 발음 수업도 이 절차에 따라 이루어질 수 있다.

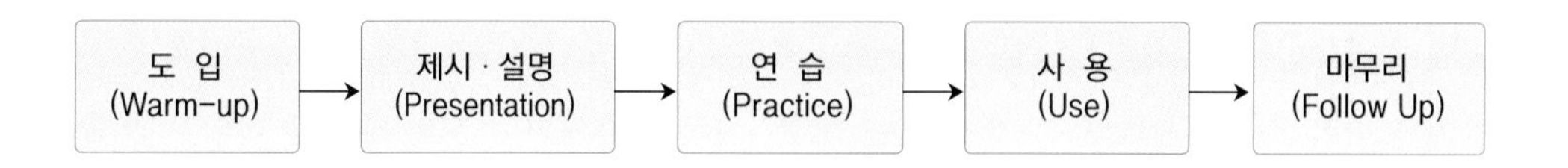

(1) 도입 단계

도입 단계는 학습자를 동기화시키는 단계로, 교사가 학습 목표를 자연스럽게 도입하여 학습자에게 학습 항목을 인지시키는 것이 좋다. 교사가 일방적으로 학습 목표를 제시하는 것보다 학습자가 자연스럽게 인식하도록 유도하기 위해 다음과 같은 활동을 할 수 있다.

〈예 1〉 다음 소리를 듣고 같은 소리를 고르세요. (이어서 교사가 '사요'를 발음함.)
① 사요　② 자요　③ 차요

〈예 2〉 다음 소리를 듣고 같은 소리를 고르세요. (이어서 교사가 '오이'를 발음함.)
① 오이　② 어이

위 예는 학습자가 들은 소리를 찾아내는 활동인데, 학습자가 답한 내용을 확인함으로써, 학습자가 자신의 발음 인식에 문제가 있음을 스스로 느끼게 할 수 있다. 〈예 1〉을 통해서는 한국어의 자음 중 /ㅅ, ㅈ, ㅊ/의 구별이 어렵다는 것을, 〈예 2〉를 통해서는 단모음 /ㅓ/와 /ㅗ/의 변별에 문제가 있음을 인식하게 될 것이다. 이 외에도 교사가 단어를 발음하고 학습자가 받아쓰게 하는 활동이나, 칠판에 그림을 붙이고 교사가 단어를 발음한 후 어떤 발음이 그 단어를 말한 것인지 찾는 활동 등을 활용할 수 있다.

(2) 제시 · 설명 단계

제시 · 설명 단계는 교사가 설명을 통해 교육 목표가 되는 발음을 학습자에게 분명히 이해시키는 단계이다. 교사는 설명에 앞서, 도입 단계에서 발음 오류를 인지한 학습자에게 오류가 왜 발생하는지 스스로 탐색해 보게 하는 것이 좋다. 도입 단계에서 학습자가 /어/와 /오/ 구별에 어려움이 있다는 사실을 인지했다면, 그 원인이 어디에 있는지 생각해 보게 한다. 이렇게 먼저 학습자에게 발음 오류의 원인을 생각해 보게 하고, 이어 학습자가 추론한 내용을 바탕으로 교사가 설명을 이어간다면 학습자의 능동적인 수업 참여를 끌어낼 수 있고, 수업 내용을 기억하는 데도 도움이 될 것이다.

발음 설명은 학습자의 입장에서 이해하기 쉽도록 해야 하는데, 그러기 위해서는 '폐쇄음, 파찰음' 혹은 '비음화, 유음화'와 같은 메타언어(metalanguage)의 사용을 지양하고, 간단하고 명확하게 설명하는 것이 좋다. 특히 학습자의 발음 오류를 수정하거나 모국어에 없는 발음을 인지할 수 있는 구체적인 방법을 제시해 주어야 한다. 예를 들어 많은 외국인 학습자가 발음 오류를 보이는 평음과 격음의 교수 방안을 생각해 보자. 한국어 평음과 격음의 변별적 요소는 기식성의 차이이다. 하지만 학습자에게 '기식성' 차이로 변별된다고 설명하는 것은 이해에 어렵다. 그보다는 얇은 티슈를 앞에 대고 /ㅂ/, /ㅍ/를 발음한 후 티슈가 흔들리는 정도를 이용하여 그 차이를 설명해 주는 것이 도움이 된다.

발음 오류가 빈번하게 발생하는 모음 /ㅗ/와 /ㅓ/도 마찬가지다. 두 음운의 변별적 차이는 원순성에서 비롯되지만, 학습자에게 '원순성'에서 차이가 난다고 설명하기보다는 교사가 직접 한국어의 /ㅗ/를 발음하며 입 모양을 관찰하도록 하는 것이 좋다. 교사가 발음을 시범해 보이면서 입술이 동그랗게 모아지고, 돌출되는 것을 설명해 준다. 이어서 학습자들이 거울을 보며 자신의 /ㅗ/ 발음을 관찰하고 교사의 입모양과 비교하도록 한다. 거울을 보면서 원순성이 실현되는지 확인하도록 하면 학습자의 발음을 쉽게 교정할 수 있다.

(3) 연습 단계

설명 단계에서 학습자가 이해한 내용을 연습을 통해 내재화하는 단계이다. 연습은 음절, 단어, 문장 수준의 통제 연습에서부터 유의미한 맥락에서의 연습까지 이루어질 수 있도록 해야 한다. 앞서 발음 교육의 원리에서 발음 교육은 유의미한 맥락에서 이루어져야 한다고 하였다. 목표 발음을 음절·단어 수준에서만 연습시킬 경우, 학습자가 단어 수준에서는 발음에 실패하지 않을지라도 문장 수준 혹은 담화 수준에서는 발음에 실패하는 경우가 많다. 따라서 목표가 되는 발음을 '음절, 단어, 문장, 담화' 순으로 발화 길이를 확장해 가면서 억양, 휴지 등의 변화와 함께 교육해야 한다. 자음 중 폐쇄음의 '평음, 경음, 격음' 구별에 대한 연습을 예로 들어 보자.

가 음절 연습: 목표 음운을 포함하고 있는 '자음 + 모음' 구조의 음절 단위로 연습한다.

〈예 1〉 다음을 듣고 따라해 보세요.

① 가 ② 카 ③ 까 ④ 다 ⑤ 타 ⑥ 따 ⑦ 바 ⑧ 파 ⑨ 빠

〈예 2〉 들은 소리와 같으면 ○, 다르면 × 하세요.

① 바 ( ) ② 따 ( ) ③ 카 ( ) ④ 까 ( )

나 단어 연습: 다양한 음운 환경에서 사용되는 목표 발음을 연습한다. 아직 종성 자음 교육이 이루어지지 않았다면, 되도록 '자음+모음' 구조로만 연습을 시켜 학습자들이 초성 자음에 집중하도록 한다.

〈예 1〉 다음을 듣고 따라해 보세요.

① 바다 두부 구두 가구 고기
② 보도 포도 도끼 토끼 방 빵
③ 배요 빼요 패요
④ 대요 때요 태요
⑤ 개요 깨요 캐요
⑥ 바르다 빠르다 오빠 기뻐요
⑦ 다르다 따르다 이따가 어깨
⑧ 가다 까다 자꾸 그저께

〈예 2〉 들은 순서대로 선을 연결해 보세요.

교사 읽기 순서: 보도 - 포도 - 가구 - 고기 - 깨요 - 캐요- 개요

보도　포도　가구

깨요　　　　고기

캐요　　　　개요

다 문장 연습: 문장 속에서 목표 발음을 연습한다.

이불을 개요.
잠을 깨요.
고구마를 캐요.

배가 고파요.
다 버스에 타요.
가구가 커요.

우리 아빠는 바빠요.
뜨거우니까 조심하세요.
불을 끄니 방이 깜깜해요.

가게에서 포도와 배를 사요.

라 유의적 연습

〈보기〉와 같이 묻고 대답해 보세요.

〈보기〉 가: 어서 오세요. 뭘 드릴까요?
나: 커피 주세요.

〈제시 어휘〉 비누, 배, 포도, 두부, 고기, 카드, 과자, 빵, 딸기, 꽃,

연습 과정에서 주의할 점은 반복되는 발음 연습에 학습자가 흥미를 잃지 않도록 하는 것이다. 이를 위해 시청각 자료를 활용하거나 재미있는 표현이나 게임 등을 활용하는 것이 좋다.[45]

(4) 사용 단계

사용 단계는 도입, 제시·설명, 연습 단계를 통해 습득한 발음을 실제 담화 상황에서 정확하게 발음하고 사용하도록 하는 단계이다. 앞서 발음 교육의 원리에서 발음 교육은 의사소통 목적과 연계하여 이루어져야 한다고 하였다. 따라서 실제로 일어날 수 있는 상황, 즉 실생활에서의 과제(Task)를 통해 발음을 연습해 보게 해야 한다. 즉 발음을 말하기, 듣기와 같은 실제 언어활동에 통합하여 연습해 보게 하는 것이다. 예를 들어 실제 상황과 유사한 상황을 가정하여 역할극을 유도할 수 있다. 교사가 목표 발음을 포함하고 있는 의사소통 상황을 제시하여 학습자끼리 역할극을 하게 하는 것이다. 목표 발음이 들어간 전화 메시지를 받아서 전해 주도록 하는 활동 등이 이에 해당한다. 전화 내용 전달하기는 일상생활에서 많이 일어나는 일인데, 이처럼 일상생활에서 자주 일어날 수 있는 과제를 교실에서 수행함으로써 학습자는 자연스러운 맥락에서 목표음을 구별하고 발화할 수 있게 될 것이다.

〈예 1〉 전화 내용 전달하기 활동.

⇒ 학습자 3명을 한 팀으로 묶어 다음과 같이 각각 요코, 은주, 은주 엄마의 역할을 하게 한다. 교사는 학습자에게 아래의 예문을 제시해 줄 수도 있고 상황과 역할만 제시해 줄 수도 있다. 이 활동은 한국어의 종성 /ㄴ, ㅁ, ㅇ/ 발음에 어려움을 겪는 일본인 학습자에게 유용한 활동이다.

요코: 여보세요? 전 은주 친구 요코라고 하는데요, 은주 있어요?
은주 엄마: 지금 집에 없는데요. 휴대전화로 전화해 보세요.
요코: 휴대전화가 꺼져 있어서요. 그럼 은주한테 말 좀 전해 주세요. 은주랑 내일 오전에 만나기로 했는데, 11시에 '콩과곰' 커피숍에서 기다리겠다고 전해 주세요.
은주 엄마: 네, 그렇게 전해 줄게요.

45) 수업 시간에 활용할 수 있는 다양한 기법이나 활동에 대해서는 다음 4.3을 참고하라.

은주 엄마: 아까 요코라는 친구한테 전화 왔는데, 내일 오전 11시에 '(콩과곰)' 커피숍
에서 보자고 하더라.

은주: 네, 알겠어요.

〈예 2〉 가게에서 물건 사기.

⇒ 각각 주인과 손님이 되어 가게에서 물건을 팔고 사는 역할을 해 보게 한다.

손님이 사야할 물건 : 과자, 비누, 포도, 두부, 고기, 빵, 꽃

(5) 마무리 단계

마무리 단계는 본 시간에 배운 내용에 대해 간단히 정리하고 학습자가 자신의 학습 성취도를 확인해 보는 단계이다. 이 단계에서는 간단한 질의응답이나 지필평가를 통해 학습자의 성취도 정도를 스스로 측정해 볼 수 있도록 한다. 또한 학습자의 발음에 대해 칭찬과 격려를 해 주고 수업 시간에 배운 내용과 관련된 숙제를 부과하는 것도 필요하다. 발음의 경우 교실에서 충분히 연습하도록 하더라도 교실 밖의 의사소통 상황에서 다시 부정확한 발음으로 돌아가는 경우가 많다. 따라서 교실에서 연습한 발음이 의사소통 상황에서도 정확하게 이어질 수 있도록 한국인과의 대화에서 그날 배운 목표 발음을 사용하도록 하는 과제를 부여하면 좋다. 또한 교실 밖에서도 연습이 지속될 수 있도록 학습자에게 연습한 발음을 녹음해서 제출하도록 하는 과제를 부과할 수도 있다.

교사를 위한 도움말

• 수업 단계에 대한 논의들

Kenworthy(1987)에서는 발음 교육을 발음에 대한 인식과 관심을 구축하는 단계(Building awareness and concern for pronunciation)와 확장 및 통합하는 단계(Extending and consolidating)로 나누고 있다. 첫 번째 단계에서는 목표어의 언어적 특성을 인식하고 관심을

가지게 된다. 두 번째 단계에서는 목표음에 대해 좀 더 상세하게 알고 연습을 통해 목표어의 소리를 산출한다. 여기에서는 발음 교육의 두 가지 큰 목표인 인지와 산출만을 제시하였다.

Dalton, Christiane and Babara Seidlhofer(1995)에서는 일반적으로 노출(exposure), 연습(practice), 설명(explanation)의 세 단계로 제시할 수 있다고 하였다. '노출' 단계에서는 언어 사용의 단계가 되는 어떤 과제나 활동 중에 학습될 언어 내용이 부수적으로 주어진다. 발음의 특정 양상에는 명시적으로 주의를 기울이지 않는다. '연습' 단계는 특정 소리의 자질을 파악하고 대화를 통해 연습하는 단계인데, 언어 형태에 명시적으로 초점을 둔다. '설명' 단계는 음성적, 음운적 차이에 대해 의식적으로 인지할 수 있도록 도와주는 단계이다.

Celce-Murcia, M., D. Brinton, and J. Goodwin(1996)은 발음 교육의 구조에 대해 '묘사와 분석(description and analysis) → 차이점 듣기(listen discrimination) → 통제된 연습(controlled) → 유도 연습(guided practice) → 의사소통 연습(communicative practice)'의 5 단계를 제시하였다.

· 묘사와 분석

학습자들에게 예를 보여 주며 학습자 스스로 규칙을 찾아보도록 하는 단계이다. 어떤 소리가 개선될 필요가 있는지 찾아내는 단계이다.

· 차이점 듣기

학습자에게 발음을 들려 주고 차이점을 찾아내게 하는 단계이다. 예를 들어 "나는 가방을 샀어요. / 나는 카방을 샀어요."를 듣고 차이가 나는 곳에 표시해 보라고 한다.

· 통제된 연습

문장 차원의 통제된 연습을 시킨다.

· 유도 연습

유의미한 맥락에서의 연습을 시킨다.

· 의사소통 연습

역할극, 토론, 인터뷰 등과 같이 목표가 되는 발음을 실제로 사용되는 의사소통 상황에서의 연습을 시킨다.

Kenworthy(1987)보다 좀 더 구체적으로 발음 수업의 단계를 제시한 Celce-Murcia, M., D.Brinton, and J. Goodwin(1996)의 수업 단계는 한국어 수업의 일반적 구조인 '도입 → 제시·설명 → 연습 → 사용 → 마무리' 단계와 기본 원리는 유사하다.

4.3 활용 가능한 교수 기법과 도구

다양한 기법과 매체를 활용하여 목표어의 소리에 대한 정확한 인식과 발화를 도와주고, 또 수업을 재미있게 구성하는 효과를 볼 수 있다. 발음 수업의 설명이나 연습, 사용 단계에서 활용 가능한 기법(technique)이나 도구(tools), 매체에 대해 간단히 살펴보자.

4.3.1 기법

■ '설명'과 '연습' 단계에서 유용한 기법에 무엇이 있을까?

가 듣고 따라하기

학습자가 원어민의 발음을 듣고 모방하도록 하는 방법으로, 가장 전통적이고 보편적인 방법이다. 교사가 발화한 내용이나 녹음기에서 나오는 음성을 학습자가 듣고 따라하는 활동이다. 듣고 따라할 발음이 원어민 수준의 발음이 되어야 한다. 현재 발음 교육에서 가장 많이 사용되고 있는 방법이다.

※ 다음을 잘 듣고 따라 읽으세요.

가: 뭘 사고 싶어요?
나: 꽃을 사고 싶어요.

가: 우체국이 어디에 있어요?
나: 저기 병원 옆에 있어요.

나 조음(調音)에 대한 설명

학습자의 모국어에 없는 소리는 학습자가 인지하기 어려울 뿐만 아니라 발음 오류도 대체로 높게 나타난다. 첫 번째 소개한 '듣고 따라하기' 활동만으로는 학습자가 목표 발음을 정확하게 인지하거나 산출할 수 없는 경우가 많다. 이때 교사는 발음이 나는 위치나 발음 방법을 구체적으로 설명해 주어야 한다. 다만 주의할 것은 음성학, 음운론의 전문 용어보다는 학습자의 입장에서 이해하기 쉽게 설명해야 한다는 점이다. 예를 들어 단모음 /ㅗ/와 자음 /ㅂ/에 대해 다음과 같이 설명할 수 있다.

〈예 1〉 단모음 /ㅗ/에 대한 설명

/ㅗ/는 입술이 앞으로 나와요. 입술을 쭉 앞으로 내밀어 발음하세요.

〈예 2〉 자음 /ㅂ/에 대한 설명

/ㅂ/는 두 입술을 가볍게 붙였다가 떼면서 발음하세요.

설명 시 학습자의 이해를 돕기 위해 교사가 직접 시범을 보이거나 그림이나 비디오 영상 등을 보여주는 것이 필수적이다.

다 최소대립쌍의 활용

최소대립쌍(minimal pair)의 활용은 오래된 발음 지도법 중의 하나이다. 최소대립쌍이란 같은 수의 음절, 음소로 이루어진 두 단어가 하나의 다른 소리로 인해 의미가 달라지는 어휘 쌍을 말한다. 예를 들어 한국어의 '달, 딸, 탈'처럼 /ㅏ/와 /ㄹ/의 같은 소리 환경에서 /ㄷ, ㄸ, ㅌ/가 다름으로써 단어의 의미 차이를 가져오는 경우를 말한다. 이러한 최소대립쌍은 학습자의 모국어에 없는 음운을 교육하는 데 효과적으로 이용할 수 있다.

〈예 1〉 다음 두 소리를 듣고 그 소리가 같으면 ○, 다르면 × 하세요.

① 오리, 우리

② 사요, 싸요

〈예 2〉 "이것은 ＿＿＿＿＿이에요"에 단어를 넣어 말해 보세요. (이때 교사는 '달, 딸, 탈'이 그려진 그림을 보여 준다.)

라▶ 천천히, 큰소리로 읽기

정확성과 유창성을 기르는 방법으로, 학습자에게 대본을 나눠 준 후 교사가 먼저 천천히 말하기 시범을 보이고 학습자가 큰 소리로 읽도록 하는 방법이다. 교사는 정확한 발음·휴지·억양 등에 유의하면서 부자연스러울 정도로 천천히 대본을 읽어 주는데, 대본에 익숙해지면 학습자는 교사를 따라 큰 소리로 읽는다. 의미보다는 발음에 초점을 맞추어 활동이 이루어져야 한다.

마▶ 게임

게임은 학습자의 수업에 대한 흥미를 높일 수 있는 매우 효과적인 방법이다. 예를 들어 음운 빙고(phonetic bingo) 게임, 동음잇기 게임, 들은 말 전달하기 게임 등이 있는데, 이 밖에도 다양한 게임을 개발해 수업에 활용할 수 있다.

음운 빙고 게임은 그날의 목표 발음으로 채워진 빙고 판을 제시하고, 학습자가 들은 대로 칸을 지워나가는 게임이다. 지워진 칸이 가로, 세로 또는 대각선 방향이 되었을 때 '빙고'라고 외치면 이기는 게임이다.[46] 동음잇기는 끝말잇기와 비슷한 게임인데, 초성·중성·종성에 특정 음소가 들어가는 단어를 돌아가면서 말하는 것이다. 예를 들어 초성에 /ㄱ/가 들어가는 단어를 찾는 게임이라면, 학습자들은 돌아가면서 초성에 /ㄱ/가 들어간 '가방, 과자, 가게'와 같은 단어들을 말하는 것이다. '들은 말 전달하기 게임'은 앞 사람에게 들은 발음을 뒷사람에게 정확히 전달하는 것이다. 예를 들어 종성의 비음을 잘 구별하여 발음하지 못하는 일본인 학습자를 대상으로 '간장', '공장' 등의 단어를 전달하는 게임을 진행할 수 있다. 교사는 조를 나눈 후 첫 사람에게만 각각 '간장, 공장'이 쓰인 단어 카드를 보여 주고 이 단어를 뒷사람의 귀에 대고 전달해 주라고 한다. 마지막 사람까지 정확히 전달된 팀이 승리하는 게임이다.

46) 빙고판은 5칸×5칸, 6칸×6칸과 같이 가로와 세로의 칸 수가 동일한 표를 그려 넣고 표 안에 목표로 하는 발음을 써서 만든다.

〈빙고 그림〉

곳	목	땅	산	새
속	불	문	강	딸
색	삼	감	공	분
북	손	상	역	셋
값	땀	열	몸	소

바 노래

노래는 학습자의 흥미를 유발하고 동기를 부여할 수 있는 재미있는 활동이다. 동요나 가요를 이용할 수 있는데, 발음에 집중할 수 있도록 곡이나 가사가 단순하고 반복적인 노래를 선택하는 것이 좋다.

〈시계〉

위 노래는 〈시계〉라는 동요이다. '똑딱똑딱'이 반복되는 노래인데, 경음 발음과 종성 발음에 오류가 많이 나는 중국인 학습자 대상의 발음 교육에 이용할 수 있다. 학습자는 가사에서 반복

되는 '똑딱똑딱' 때문에 경음과 종성 발음에 주의를 집중하게 될 것이다. 교육에 활용할 수 있는 단순한 동요로는 '산토끼, 엄마돼지 아기돼지, 작은 동물원, 자전거' 등이 있다.

'사용' 단계에서 유용한 의사소통 활동에 무엇이 있을까?

발음 교육의 목표는 의사소통에 있으므로 발음 교육이 기계적인 연습에서 끝나면 안 된다. 교실에서 정확하게 읽고 연습한 발음이 실제 의사소통 상황에서는 다시 부정확하게 돌아가는 경우가 많다. 의미에 초점을 두는 순간 학습자들이 발음에 주의를 기울이지 못하게 되기 때문이다. 따라서 실제 의사소통 상황에서도 정확한 발음을 할 수 있도록 의사소통 활동 상황에서 정확한 발음을 통한 의미 전달에 초점이 주어지는 활동을 고안해 내야 한다.

가 연극/ 드라마

연극/드라마는 의사소통의 많은 요소를 가지고 있어 종합적인 발음 연습에 매우 유용한 기법으로 유창성과 정확성을 기르는 데 매우 효과적이다. 발음 연습을 재미있게 할 수 있다는 장점도 있다. 배우가 공연 연습을 하는 방식과 비슷하게 진행한다. 교사는 연기 지도 방법으로 학습자의 발음을 지도하는데, 학습자에게 대본을 나눠 준 후 교사가 먼저 시범을 보이고 학습자에게 따라하도록 한다. 이때 학습자는 외우는 데 중점을 두기보다는 자연스러운 한국어 발화를 하는 데 중점을 두도록 한다. 조별 활동을 시키고 각 조의 연기 장면을 녹화하여 다시 보는 것도 좋다.

나 역할극

역할극은 실제 상황과 유사한 상황을 가정하여 대화를 해 보는 활동이다. 교육 목표가 되는 발음을 포함하고 있는 단어를 제시어로 하여 학습자끼리 역할극을 하게 한다. 평음, 경음, 격음 구별을 목표로 하여 다음과 같은 역할극을 설정할 수 있다.

〈활동〉

내일은 우리 반 친구 다나카 씨의 생일이에요. 그래서 친구 제임스와 파티를 준비하려고 해요. 제임스와 파티에 필요한 물건에 대해 이야기하고, 가게에 가서 사 보세요.

① 생일 파티에 필요한 물건 의논하기

나:

친구:

② 가게에서 물건 사기

가게 주인:

손님(나와 친구):

〈파티에 필요한 물건〉

포도, 토마토, 배

과자

떡, 빵, 케이크

컵, 접시

꽃

풍선, 고깔모자

역할극 설계 시 교사는 만화, 그림 등의 보조 자료를 준비하여 학습자가 활동에 적극적으로 임할 수 있도록 돕는 것이 좋다. 예를 들어 만화의 말풍선을 비워 두고 학습자들이 말풍선을 채워 말해 보도록 하는 방법이 있다. '사용' 단계에서 유용한 의사소통 활동에는 연극, 드라마, 역할극 외에도 발표, 연설, 인터뷰, 메시지 녹음하기 등과 같은 다양한 활동이 있다.

4.3.2 활용 도구와 매체

가 거울

거울은 조음 위치나 방법에 대한 설명, 혹은 연습을 할 때 유용한 도구이다. 교사가 발음 시범을 보여 줄 때 교사의 입을 보면서 관찰한 후 거울을 보면서 자신의 입 모양과 비교해 보는 활동을 할 수 있다. 예를 들어 중국인 학습자가 한국어의 '오'를 발음할 때 입을 많이 벌리고 발음하는 경우가 많은데, 교사가 입 모양을 설명해 준 후 거울을 통해 자신의 입 모양을 관찰하고 교사의 입모양과 비교하게 해 보는 방법이 있다.

나 화장지

'화장지'는 기식성의 차이를 설명할 때 유용하다. 예를 들어 대부분의 외국인 학습자가 한국어의 평음과 격음을 구별하여 발음하지 못하는데, 국어의 평음과 격음을 설명할 때 얇은 화장지를 입 앞에 두고 발음하여 기식성의 차이를 보여 줄 수 있다.

다 만화 또는 그림

만화나 그림도 발음 연습을 하면 재미있게 수업을 진행할 수 있다. 만화를 보면서 말풍선의 대화를 따라하게 할 수도 있고, 말풍선의 내용을 지우고 학습자가 말풍선을 채워 말하도록 하는 방법도 있다.

라 녹음기

교사나 학습자의 발음을 녹음하여 학습자로 하여금 다시 들어보게 하는 것은 상당히 선호되는 발음 교육 방법이다. 교사의 발음을 녹음해 주고 듣고 따라하도록 하거나 자신의 발음을 녹음하여 듣고 스스로 확인해 보는 활동이다. 특히 발음은 한 번에 교정되는 것이 아니기 때문에 학습자가 수업이 끝난 후에도 지속적인 연습이 필요한데, 이때 유용한 것이 녹음 연습이다. 학습자가 녹음해 온 자료를 교사가 피드백해 주는 방법도 좋다.

마 비디오

학습자가 처할 만한 의사소통의 상황이 배경이 되는 비디오 프로그램도 발음 교육에 이용될 수 있다. 예를 들어 비디오 화면의 소리를 제거하고 학습자에게 보여 준 후 어떤 상황인지 추측하고 메모하게 한다. 소리를 제거하지 않고 다시 한 번 들려 주며 자신이 메모한 내용과 비교해 보게 한다. 이어 대본을 나눠 주고, 대본을 따라 읽게 하는데 이때 학습자가 억양, 끊어 읽기 등에 주의하도록 한다.

한편 비디오카메라는 학습자의 공연을 녹화하는 데도 유용하게 이용할 수 있다. 연극과 같은 활동을 할 때 녹화를 한 후 같이 보며 피드백을 주는 경우에 사용하면 좋다.

교사를 위한 도움말

• 표준 발음 자료 이용 방법

국립국어원 누리집(www.korean.go.kr)에서 제공되는 '바른소리'를 클릭하면 모음, 자음, 음소변동(음운 규칙), 억양 영역별로 표준 발음을 들을 수 있다. 또한 아나운서의 발화 모습이 동영상으로 제공되므로 입모양 관찰도 가능하다. 교사로서 표준 발음에 자신이 없다면 이와 같은 표준 발음 자료를 이용하여 자신의 발음을 확인해 보는 것이 좋다.

4.4 발음 평가

〈표 1〉과 같이 대부분의 외국어 평가에서는 발음 영역을 평가 범주의 하나로 설정하고 있다. 이는 발음 능력이 의사소통능력의 중요한 요소가 되기 때문에 외국인 학습자는 발음 능력을 갖추어야 한다는 것을 의미한다. 의사소통을 원활하게 하기 위해서는 정확하고 유창한 발음이 전제되어야 한다는 점을 생각해 보면, 발음 영역이 평가 범주로 설정되는 것은 타당하다 할 수 있다.

〈표 1〉 현행 외국어 말하기 평가와 평가 범주의 예(이향, 2013ㄱ: 60)

평가	평가 범주
KPT 한국어 말하기	문법적 능력(음운, 어휘, 문법), 담화적 능력, 화용적 능력(기능, 사회문화적 능력)
GST (G-TELP Speaking Test)	내용, 문법, 유창성, 어휘, 발음
MATE (Multimedia Assisted Test of English)	과제 수행 능력 및 기능, 적절한 맥락과 내용, 정확성, 구문형태
ESPT (English Speaking Proficiency Testing)	유창성, 정확성, 이해도, 발음
ACTFL-OPI (ACTFL Oral Proficiency Interview)	어휘, 문법, 발화, 발음, 전체적 인상
IELTS (International English Language Testing System)	유창성과 일관성, 어휘 재료, 문법적 범위와 정확성, 발음
TOEIC speaking	발음, 억양과 강세, 숙달도(문법, 어휘, 내용의 일관성, 내용의 완성도)
Cambridge Oral Exam	유창성, 문법, 의사소통 상호작용, 어휘, 발음
SPEAK (Speaking Proficiency in English Assessment Kit)	유창성, 발음, 단어, 문법
TSE (Test of Spoken English)	발음, 유창성, 문법

그런데 발음 평가의 내용 기술을 살펴보면, 그 내용이 구체적으로 기술되어 있지 않는 경우

가 대부분이다. 대표적인 숙달도 평가인 ACTFL[47]proficiency Guidelines(2012)의 'speaking(말하기)' 수준을 보더라도, 말하기 평가에서 발음에 대한 기술이 매우 추상적이고 모호하다는 것을 알 수 있다. 〈표 2〉는 ACTFL 말하기 영역에서 발음에 대한 내용만을 추출한 것이다.

〈표 2〉 ACTFL 말하기 영역의 발음 내용

<table>
<tr><th>수준</th><th colspan="2">상세</th></tr>
<tr><td>DISTINGUISHED</td><td colspan="2">비원어민 특유의 악센트, 원어민 특유의 간결함이 부족한 표현, 깊이 내재된 문화적 참조에 대한 제한된 지식 등의 이유로, 가끔 실수가 나타날 수 있다.
A non-native accent, a lack of a native like economy of expression, a limited control of deeply embedded cultural references, and/or an occasional isolated language error may still be present at this level.</td></tr>
<tr><td>SUPERIOR</td><td colspan="2">관련 내용 없음</td></tr>
<tr><td rowspan="4">ADVANCED</td><td colspan="2">비원어민의 발화에 익숙하지 않은 원어민 화자도 이해할 수 있다.
Advanced-level speakers have sufficient control of basic structures and generic vocabulary to be understood by native speakers of the language, including those unaccustomed to non-native speech.</td></tr>
<tr><td>Advanced High</td><td>관련 내용 없음</td></tr>
<tr><td>Advanced Mid</td><td>관련 내용 없음</td></tr>
<tr><td>Advanced Low</td><td>관련 내용 없음</td></tr>
<tr><td rowspan="3">INTERMEDIATE</td><td>Intermediate High</td><td>관련 내용 없음</td></tr>
<tr><td>Intermediate Mid</td><td>발음에 한계가 있지만 호의적인 대화자들은 이해할 수 있다.
Intermediate Mid speakers are generally understood by sympathetic interlocutors accustomed to dealing with non-natives.</td></tr>
<tr><td>Intermediate Low</td><td>· 발화에서 모국어의 간섭이 명백히 드러난다.
Their pronunciation, vocabulary, and syntax are strongly influenced by their first language.
· 비원어민에 익숙하고 호의적인 대화자들은 대체로 이해할 수 있다.
Intermediate Low speakers can generally be understood by sympathetic interlocutors, particularly by those accustomed to dealing with non-natives.</td></tr>
</table>

47) The American Council on the Teaching of Foreign Languages. 1967년 설립된 미국의 외국어 전문 기관으로서 12,500여 명의 미국 및 전 세계 초·중·고교 교사와 대학교수, 교육 전문가 등으로 구성되어 있다.

NOVICE	Novice High	· 발음이 모어의 영향을 강하게 받는다. Pronunciation, vocabulary, and syntax may be strongly influenced by the first language. · 비원어민에게 익숙한 호의적인 원어민 대화자라면 대개 이해할 수 있다. Novice High speakers can generally be understood by sympathetic interlocutors used to non-natives.
NOVICE	Novice Mid	· 비원어민 화자에 익숙한 원어민 대화자조차 이해하기 어렵다. Novice Mid speakers may be understood with difficulty even by sympathetic interlocutors accustomed to dealing with non-natives.
	Novice Low	· 부정확한 발음 때문에 이해하기 어렵다. Speakers at the Novice Low sublevel have no real functional ability and, because of their pronunciation, may be unintelligible.

위 채점 항목표를 보면, "부정확한 발음 때문에 이해하기 어렵다." 혹은 "비원어민 화자에 익숙한 원어민 화자조차 이해하기 어렵다."와 같이 기술되었는데, 원어민 화자가 이해하기 어려운 정도가 어느 정도를 말하는지, 이것을 어떻게 측정할 것인지에 대한 구체적 언급은 이루어지지 않았다. 이처럼 발음 평가의 내용 기술이 상세하지 못한 데에는 여러 가지 요인이 있지만, 무엇보다 큰 요인은 외국어 교육에서 발음 평가가 말하기 평가의 하위 영역 정도로 다루어지는 데 있을 것이다.

ACTFL의 평가뿐만 아니라 대부분의 외국어 평가에서 발음 평가는 말하기 평가의 하위 영역으로 다루어지기 때문에, 말하기 평가의 다른 영역들, 즉 담화, 문법, 어휘, 말하기 전략 등의 요소들과 함께 기술된다. 따라서 발음 영역이 독립적으로 기술되었을 때보다 그 기술 내용이 약화된다. 이 외에도 학생마다 발음 오류 양상이 다르고, 오류의 원인 또한 다양하게 나타난다는 점도 발음 평가가 상세하게 정립되지 못한 원인으로 작용한다. 이런 이유로 발음 평가가 독립된 영역으로 다루어지지 못해 왔고, 심한 경우에는 말하기 영역에서 발음을 평가한다고 하면서 실제로는 평가자의 인상에 의해 점수가 결정되는 경우도 많았다.

하지만 우리는 1장에서 문법과 어휘 면에서 고급 수준의 한국어를 구사하는 학습자라 하더라도 발음이 부정확할 경우 의사소통에 문제가 생기고 심지어는 학습자의 학습 능력까지 의심받게 되는 사례를 보면서 발음 교육의 필요성을 인지하였다. 따라서 발음 평가는 발음 교육의 일환으로, 즉 발음 교육에서 '무엇을, 어떻게, 어떤 수준과 범위로 가르치고 평가하느냐'의 전 과정 속에서 하나의 독립적인 영역으로 다루어질 필요가 있다. 특히 발음 오류 교정을 위한 진단 평가나 수행 평가, 성취 결과를 파악하기 위한 성취도 평가 등을 통해 효과적인 발음 교육이 이루어질 수 있다. 이를 기반으로 말하기 평가의 한 영역으로서의 발음 평가도 구체적으로 정립될 수 있을 것이다.

4.4.1 발음 평가의 영역

한국어 발음 교육에서 무엇을 평가해야 하는지에 대한 통일된 견해는 아직 존재하지 않는다. 하지만 결국 발음 평가도 다른 영역과 같은 기준으로 '무엇을, 어떤 기준으로, 어떻게 평가해야 할까?'를 탐색해 본다면, 큰 줄기에서 공통된 답을 구할 수 있다.

■ 발음 영역에서 무엇을 평가해야 하는가?

이것은 교수 내용, 즉 발음 교육에서 무엇을 가르칠 것인가 하는 부분과 연결된다. 교수-학습의 대상이 평가 대상이 되는 것은 당연하기 때문이다. 앞에서 한국어 발음 교육의 대상은 자음, 모음 등의 음운뿐만 아니라 음절이나 음운 규칙, 억양 요소까지 포함된다고 하였는데, 결국 이 영역들이 모두 발음 평가의 평가 구인이 된다.

가 음운 / 음절 구조

한국어 교육에서 음운 교육은 발음 교육의 가장 기본적이고 핵심적인 내용이 되어 왔다. 발음 교육에 대한 연구에서도 음운 교육과 관련된 연구가 가장 많았는데, 자음·모음 교육의 중요성, 언어권별 오류 유형, 교육 방안 등에 대한 논의가 있었다. 음운은 발음 교육의 가장 기본적인 요소일 뿐만 아니라 학습자들이 음운 측면에서 다양한 오류를 일으킨다는 점에서 이에 대한 평가가 이루어져야 한다.

한편 다음 5장에서 상세히 살피겠지만 외국인 학습자들은 한국어와 학습자 모국어의 음절 구조 차이로 인해 많은 오류를 일으킨다. 음운 차원에서는 발음에 문제가 없는 학습자가 음운이 결합하여 음절을 이루었을 때는 발음 오류를 보이는 것이다. 중국어권 학습자의 종성 탈락 오류나 일본어권 학습자의 개음절화 오류 등은 모두 한국어와 중국어, 한국어와 일본어의 음절 구조 차이에서 비롯되는 오류이다. 따라서 음운에 대한 평가는 음절 구조를 염두에 두고 이루어져야 할 것이다.

나 음운 규칙

발음 교육에서 한국어의 모든 음운 규칙이 교수-학습되는 것은 아니다.[48] 따라서 학습자가 배우지 않은 음운 규칙은 평가 영역에 포함되지 않지만 교수-학습된 음운 규칙은 평가의 대상이 된다. 한국어의 경우 '장애음 뒤 경음화, 장애음의 비음화, 유음화(Ⅰ)·(Ⅱ), 유음의 비음화(Ⅰ), 격음화, 동일 조음 위치 장애음 탈락, 비음 종결 어간과 어미 사이의 경음화' 외에도 많은 규칙이 평가의 대상이 된다.

다 억양

한국어의 자연스러운 억양은 말의 높낮이와 끊어 말하기로 평가할 수 있다. 다음 6장에서 보겠지만 외국인 학습자는 음운구, 억양구 등의 실현에서 다양한 오류를 보인다. 따라서 이에 대한 교수-학습은 물론, 평가도 이루어져야 한다. 그리고 발화 단위가 긴 고급 단계로 가서는 끊어 말하는 단위에 따라 나타나는 다양한 중의적 의미를 이해하고 있는지도 평가해야 한다.

〈표 3〉은 TESOL의 제2언어 발음 진단을 위한 자료이다. 이는 학습자가 어려워하는 발음을 진단하는 데 도움을 주기 위해 구성된 것이다. 여기에서는 위의 세 가지 영역 가운데 음운 및 음절 구조와 억양에 초점을 맞추고 있다. 자음(consonants)과 모음(vowels), 그리고 음절/문법 요소(syllables and/or grammatical endings)는 음운 및 음절 구조에 속하는 기본적인 평가 대상이다. 나머지 6가지 항목은 억양과 관련된 것이다. 이 가운데 단어 강세(word stress) 항목은 강

---

48) 교수-학습이 필요한 음운 규칙과 그렇지 않은 음운 규칙에 대해서는 3.2.1을 참고하라.

세 언어인 영어의 특징이 발음 평가에 반영된 것이고, 나머지는 한국어의 발음 평가에 활용할 수 있는 내용이다. 문장의 리듬(rhythm in sentences)과 억양/음높이(intonation/pitch)는 자연스러운 억양 실현 여부를 평가하는 항목이고, 의미 단위와 연결(thought groups and linking)은 억양 교육의 주요 요소인 끊어 말하기에 대한 평가와 관련이 있다. 그리고 초점과 강조(focus and special emphasis)는 중요한 부분을 강조하는 억양의 사용을, 전달(delivery)은 말의 크기나 속도를 평가하는 부분이다.

〈표 3〉 TESOL의 제2언어 발음 진단 자료

Elements of Speech	Difficulties	Examples
Consonants	Does the speaker have repeated problems with consonants or clusters?	Provide examples from student's speech.. Encourage them to go back and listen to their recording and to find these examples.
Vowels	Do vowels sound negatively affect intelligibility?	
Syllabies and/or grammatical endings	-s endings(Americans, relationships) -d endings(considered, appreciates)	
Word stress	Does stress fall on the appropriate syllable?	
Rhythm in sentences	Does the speaker speak in a natural rhythm? Or does language sound or choppy? Is every word given the same stress?	
Focus and special emphasis (Prominence)	Does the speaker use emphatic stress to indicate key words, consonants (not onlylall), etc.?	
Intonation/Pitch	Does tone rise and fall in the appropriate places? Or, does it sound monotone?	

Thought groups and linking	Does the speaker pause at commas and other appropriate places?	
Delivery(rate of speech loudness)	Does the speaker speak too loudly or quietly, too fast, or too slow?	

4.4.2 발음 평가의 기준

발음 평가의 기준은 발음 교육의 목표에 따라 달라질 수 있다. 발음 교육의 목표가 '원어민 화자와 같은 발음을 구사하는 것'이라면 '정확성'이 강조되겠지만 '이해 가능한 발음을 구사하는 것'이 목표가 된다면 '유창성'이 평가 결과에 크게 영향을 줄 것이다. 그러나 연구자마다 이 기준에 대한 근거를 명확하게 제시하고 있지 않아 실제 평가에서 그 기준을 마련하기가 쉽지 않다. 발음 평가에서 자주 활용되는 기준을 살펴보자.

■ 어떤 기준으로 평가해야 하는가?

가 ▶ 정확성

외국어 교육에서 '정확성'은 오랫동안 중요한 기준이 되어 왔다. 본래 '정확성'이라는 개념은 목표어의 원어민 화자와 같은 발음을 의미하는데, 이는 한때 발음 교육의 목표가 되기도 하였다. 그러나 원어민 화자와 같은 발음은 성인 학습자로서는 도달하기가 어렵다거나 실제 의사소통 상황에서는 정확성보다는 이해 가능한 정도가 유의미하다는 등의 반론이 제기되면서 '정확성'보다는 '이해 가능성'으로 발음 교육의 목표가 이동되었다. 그럼에도 불구하고 '정확성'은 발음 평가에서 여전히 중요한 기준으로 꼽히는데, '이해 가능한 발음'을 위해서는 비록 원어민과 같은 수준의 발음은 아니더라도 일정 정도의 정확성이 담보되어야 하기 때문이다. 이 때문에 한국어 발음 교육에서는 정확한 발음이 계속 강조되어 왔다.

㊁ 이해 가능성

'이해 가능성(intelligibility)'은 모어 화자와 같은 정도의 완벽한 발음이 아니라 이해할 수 있는 정도의 발음을 가리킨다. 즉 '외국인 학습자가 한국어의 정확한 음과 좀 다르게 발음해도 무슨 말인지 알아들을 수 있으면 되는 것'이다. '이해 가능성'은 모어 화자와 같은 완벽함을 추구하는 '정확성'과 지향하는 바가 다르다는 점에서, 발음 평가에서 이 둘은 구분될 필요가 있다. 그런데 '이해 가능성'은 화자와 청자의 상호작용에 의해 결정되는 것이고, 발화 상황에 따라 달라질 수 있다는 특징 때문에 발음 평가에 그 기준을 일괄적으로 적용하기가 쉽지 않다. 한국어 교육에서 발음 평가에 '이해 가능성'을 측정할 만한 보편적인 방법에 대한 연구가 좀 더 필요하다.[49]

'이해 가능성(intelligibility)'을 평가 기준으로 삼은 발음 평가의 예[50]

〈표 4〉 UCLES(University of Cambridge Local Examinations Syndicate, 1990)의 발음 평가 기준

Level 1	일반적으로 이해할 수 있을 정도라면 모어에 의한 발음의 영향을 허용한다.
Level 2	모어에 의한 발음의 영향이 명백하게 남아있더라도 명확하게 이해할 수 있는 정도여야 한다.
Level 3	모어에 의한 발음의 영향이 일부 남아있더라도 명확하게 이해할 수 있는 정도여야 한다.
Level 4	일부 악센트가 남아 있는 것은 허용하지만 발음이 쉽게 이해할 수 있을 정도여야 한다.

〈표 5〉 AEB(The Associated Examining Board, 1990)의 구두 평가 기준 중 이해 가능성과 관련된 기준

0	리듬, 억양 발음의 문제가 심각하고 지속적으로 나타나 명료하지 않은 발음의 원인이 된다.
1	리듬, 억양, 발음이 모어의 영향을 강하게 받아서 이해하기 어렵고 가끔 반복을 해야만 이해할 수 있다.

49) '이해 가능성'에 대한 구체적 논의는 이향(2013ㄱ, ㄴ)을 참고할 수 있다. 이향(2013ㄱ, ㄴ)에서는 'intelligibility'을 '이해 명료성'으로 번역하였다.

50) 김종훈(2002:32-33)에 기술된 내용을 번역하여 제시하였다.

2	리듬, 억양, 발음을 집중해야 들을 수 있지만 가끔 이해하지 못할 때도 있고 반복이 필요한 경우도 있다.
3	'외국인의 악센트'가 있지만 이해하지 못하는 발음은 거의 없고 반복하지 않아도 원어민이 이해할 수 있는 발음이다.

다 유창성

발음 평가에서 또 하나 요구되는 항목이 바로 '유창성'이다. 발음 평가에서 이 항목은 발화 속도 및 휴지와 관련이 있다.[51] 학습자의 구어 유창성을 저해하는 요인으로는 지나치게 길거나 짧은 휴지, 지나친 반복과 망설임, 자기 수정 등이 있는데, 이들을 말의 속도로 평가할 수 있다. 발음의 유창성은 억양에도 영향을 받는다. 한국어에서는 음높이에 의한 억양 의미(서법과 관련된 의미), 끊어 말하기에 따라 달라지는 억양 의미가 다양하기 때문에 억양도 발음 평가의 유창성 항목으로 평가할 수 있다.

이 책에서는 발음 평가와 관련하여 가장 기본적인 요소인 평가의 내용과 기준에 대해서만 다루었다. 하지만 발음 평가가 제대로 이루어지기 위해서는 발음의 채점 유형과 방식 등에 대한 논의도 필요하다. 한국어 교육에서 발음 평가에 대한 연구가 거의 이루어진 바가 없기 때문에 이에 대한 연구가 부족한 편이다. 향후 발음의 채점 유형과 방식 등에 대한 연구가 활성화될 필요가 있다.

51) 유창성을 발화의 길이로 평가하는 경우도 있다. 그러나 발화의 길이로 평가되는 유창성은 어휘 • 의미적 유창성에 해당하므로, 발음 평가에서는 단순한 발화의 길이는 평가 항목에서 제외된다.

〈참고 문헌〉

강승혜(2005), “한국어 고급 말하기 평가 도구 개발 기초 연구: 고급 말하기 토론 활동을 중심으로.”『외국어로서의 한국어교육』30, 연세대학교 한국어학당.

강승혜 외(2006),『한국어 평가론』서울: 태학사.

김경선 외(2010), “일반화가능도 이론을 적용한 한국어 말하기 성취도 평가와 신뢰도 오차요인 분석.”『한국어교육』21, 국제한국어교육학회.

김상경(2010), “한국어 CBT 말하기 평가의 개선 방안.” 경희대학교 석사학위논문.

김유정(1999), “한국어 능력 평가 연구: 숙달도 평가를 중심으로.” 고려대학교 박사학위논문.

김은애(2006), “한국어 학습자의 발음 오류 진단 및 평가에 관한 연구.”『한국어교육』17, 국제한국어교육학회.

김정숙 외(1993), “한국어 말하기 능력 평가 기준 설정을 위한 연구.”『이중언어학』10, 이중언어학회.

김정숙 외(2007), “한국어 표준 말하기 시험 측정 도구를 위한 기초 연구: 모의 인터뷰 평가와 학습자 담화 분석을 중심으로.”『한민족어문학회지』51, 한민족어문학회.

김종훈(2002), “영어 발음 평가 방법 연구.”『영어영문학』9, 영어영문학회.

박성경(2007), “한국어 듣기, 말하기 능력 평가 유형 개발 연구: 성취도 평가를 중심으로.” 부산외국어대학교 교육대학원 석사학위논문.

원진숙(1992), “한국어 말하기 능력 평가 기준 설정을 위한 연구.”『한국어문교육』6, 한국언어문화학회.

이향(2013ㄱ), “말하기 수행 평가에서 발음 범주 채점에 대한 타당성 검증.” 이화여대 박사학위논문.

이향(2013ㄴ), “발음 평가에 있어서 정확성, 유창성, 이해명료성, 이해가능성 기준 간에 영향 관계 연구.”『언어와 문화』9-3. 한국언어문화교육학회.

전은주(1997), “한국어 능력 평가-말하기 능력 평가 범주 설정을 위하여.”『한국어학』6, 한국어학회.

Amy Gerhiser, Diana Wrenn(2007), *Second Language Pronunciation Handout Packet*. GA: TESOL.

Brown, H. D(2004), *Language assessment*, NY: Longman.

Celce-Murcia, Marianne(1991), *Teaching English as a second or foreign language*, Boston, MA: Heinle & Heinle.

Celce-Murcia, M., D. Brinton, and J. Goodwin(2010), *Teaching Pronunciation.: Reference for Teachers of English to speakers of other Languages*, NY: Cambridge University Press.

Dalton, Christiane and Babara Seidlhofer(1995), *Pronunciation*, NY: Oxford University Press.

Kenworthy Joanne(1987), *Teaching English Pronunciation*, London: Longman.

Levis, J(2005), "Changing contexts and shifting paradigms in pronunciation teaching." *TESOL Quarterly* 39, GA: TESOL.

Lane, Linda(2010), *Tips for teaching pronunciation: a practical approach*, NY: Pearson.

Setter, J. & Jenkins, J(2005), *Pronunciation. Language Teaching* 38, UK: Cambridge University Press.

Morley, J.(1991), "Listening Comprehension in Second/ Foreign Language Instruction." In Celce-Murcia, Marianne(ed.), *Teaching Englishas a Secondor Foreign Language* (2nd ed.), MA: Heinle & Heinle Publishers.

Tarone, E(2005), "Speaking in a second language." in E. Hinkel(Ed.) *Handbook of research in second language teaching and learning*, NJ: Lawrence Erlbau. Associates.

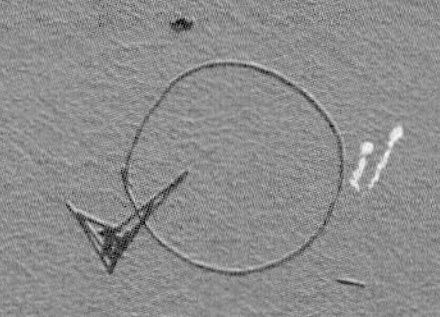

2부

실제편

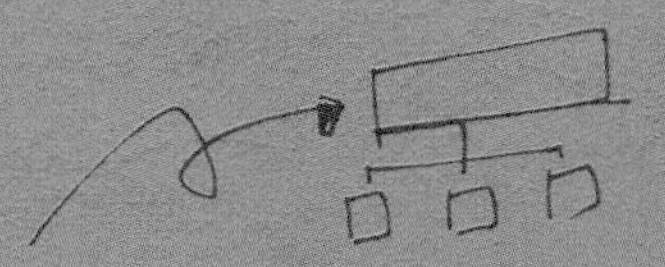

제5장
한국어 학습자의 발음 오류 및 처치 방안(Ⅰ): 음운 오류

김 교사가 가르치는 학습자의 국적은 일본, 중국, 미국 등으로 다양하다. 그래서 발음 수업을 준비할 때 어려움이 있다. 같은 단어에 대해 학습자의 발음이 언어권마다 다르게 나타나기 때문이다. 중국 학습자는 '딸기'를 [탈기]라고 하고, 일본 학습자는 [따루기]라고 한다. '외국'이란 단어에 대해 미국 학습자는 [외구크]라고 하고, 중국 학습자는 [외구]라고 한다. '이런 문제가 생기는 원인이 무엇인지 알아야 제대로 가르칠 텐데……', '이렇게 제각각인 발음을 어떻게 가르쳐야 할까?' 오늘도 좋은 교사가 되기 위한 김 교사의 고민은 계속된다.

김 교사는 언어권별로 다양하게 나타나는 외국인 학습자의 발음 오류 때문에 고민이다. 앞 예에서 한국어 '딸기[딸기]'를 중국 학습자는 [탈기]로, 일본 학습자는 [따루기]라 발음하는 것은, 학습자의 모국어와 한국어의 음운 체계가 서로 다르기 때문에 나타나는 현상이다. 1장에서도 기술했듯이 외국인 학습자는 자신의 모어 여과 장치를 통해 외국어의 소리를 듣는다. 즉 외국어의 말소리가 들어오면 일단 모국어의 소리 체계 내에서 그 소리를 찾고 이해한다. 이 때문에 한국어의 같은 소리가 언어권에 따라 다른 발음으로 나타나는 것이다. 이를 외국인 학습자의 발음 오류라 하는데, 이제 5장과 6장에서 학습자의 모국어에 따라 달리 나타나는 발음 오류 유형과 그 처치 방안에 대해 알아볼 것이다.[52] 특히 한국어를 배우는 대표적인 외국인 학습자인 중국어권, 일본어권, 영어권 학습자를 대상으로 하며, 5장에서는 음운 오류를, 6장에서는 억양 오류를 다룰 것이다.

---

52) 학습자의 발음 오류 원인에는 모국어 외에도 학습자의 언어 적성이나 신체 조건 등 다른 요인이 있을 수 있지만 이 장에서는 학습자의 모국어 때문에 발생하는 오류에 대해서만 다루고자 한다.

5.1 중국어권 학습자의 오류

5.1.1 단모음

중국어권 학습자는 한국어 단모음의 변별에서 몇 가지 유형의 오류를 보인다. 가장 많은 오류는 /ㅓ/와 /ㅗ/의 구별에서 나타난다. 중국어권 학습자는 한국어 단모음 가운데 /ㅓ/의 발음을 가장 어려워하는데, 이때 '거리 → 고리'와 같이 /ㅓ/를 [ㅗ]로 발음하는 오류가 많이 나타난다. 이와 연관하여 '현재 → 횬재'와 같이 이중모음 /ㅕ/를 [ㅛ]로 발음하는 오류도 나타난다.

〈표 1〉 중국어권 학습자의 단모음 오류(1) : /ㅓ/, /ㅕ/

발음 오류의 유형	예
/ㅓ/ → [ㅗ]	거리 → 고리, 아버지 → 아보지, 도서관 → 도소관, 위험 → 위홈, 완성 → 완송
/ㅕ/ → [ㅛ]	현재 → 횬재, 연휴 → 욘휴

이 외에 '언제 → 은제'와 같이 /ㅓ/를 [ㅡ]로 발음하기도 하며, '방송 → 방숭', '하루 → 하로'와 같이 /ㅗ/와 /ㅜ/를 변별하는 데도 어려움을 겪는다.

〈표 2〉 중국어권 학습자의 단모음 오류(2) : /ㅓ/, /ㅗ/, /ㅜ/

오류 유형	예
/ㅓ/ → [ㅡ]	언제 → 은제
/ㅗ/ → [ㅜ]	방송 → 방숭, 피곤하다 → 피군하다, 이발소 → 이발수
/ㅜ/ → [ㅗ]	하루 → 하로, 기분 → 기본

이처럼 중국어권 학습자가 한국어의 /ㅓ/와 /ㅗ/ 발음에서 어려움을 겪는 것은 중국어의 모음에 한국어의 /ㅓ/, /ㅗ/에 정확하게 대응되는 소리가 없기 때문이다. 〈표 3〉과 〈표 4〉에서 보인 바와 같이 중국어에는 5개의 모음 음소가 있고, 이 모음 음소에 여러 가지 변이음이 있다.

〈표 3〉 중국어의 모음 음소(Lin, 2007: 82)

	전설		중설	후설	
	비원순	원순		비원순	원순
고모음	i	y			u
중모음			ə		
저모음	a				

〈표 4〉 중국어의 모음표(Lin, 2007: 65)

	전설		중설	후설	
	비원순	원순		비원순	원순
고모음	i	y			u
중모음	e		ə	ɤ	o
중모음	ɛ				
저모음					
저모음	æ/a			ɑ	

한국어 /ㅓ/, /ㅗ/와 같이 중모음에 해당하는 중국어 모음은 [e, ə, ɤ, o]의 네 가지이다. 이 네 가지 모음은 각각이 음소의 지위를 갖는 것이 아니라 서로 다른 환경에서 나타나는 변이음이다. 즉, 한 개의 중모음 음소 /ə/가 있고, 네 개의 변이음이 있다.

(1) 중국어 중모음의 분포

[ə] 자음 앞
[e] [i]가 뒤에 오는 이중 모음, [j]나 [ɥ]가 앞에 오는 음절 끝 위치
[o] [u]가 뒤에 오는 이중 모음, [w]가 앞에 오는 음절 끝 위치
[ɤ] CV 음절의 음절 끝

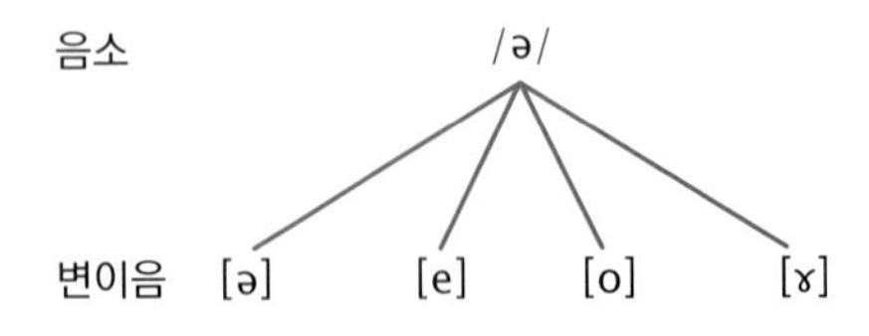

〈그림 1〉 중국어 중모음 음소와 변이음

한국어 /ㅓ/와 정확하게 대응되는 중국어 모음은 없다. 한국어의 /ㅗ/의 경우, 대체로 중국어 [o]에 대응된다고 할 수 있지만, 중국어 [o]는 한국어 /ㅗ/에 비해 혀의 높이가 낮고, 원순성도 약하다. 이처럼 중국어 모음에 한국어의 /ㅓ/와 /ㅗ/에 정확하게 대응되는 모음이 없으며, 상대적으로 유사한 소리도 음소의 지위를 갖는 것이 아니라 중모음 /ə/의 변이음으로 특정한 분포를 보이기 때문에 한국어의 /ㅓ/와 /ㅗ/ 발음에 어려움을 겪게 되는 것이다. /ㅓ/의 경우, [ㅗ]나 [ㅡ]로 발음하는 오류를 보이고, /ㅗ/의 경우 [ㅜ]로 발음하는 오류를 주로 보인다.

〈표 5〉 중국어권 학습자의 단모음 오류

한국어 모음	중국어 대응 모음과 그 특징	오류 유형
ㅓ	정확하게 대응되는 모음이 없으며, /ə/의 변이음은 모두 한국어 /ㅓ/에 비해 혀의 높이가 높다.	/ㅓ/를 [ㅗ]나 [ㅡ]로 발음하는 오류를 보인다.
ㅗ	대체로 [o]에 대응되지만, 중국어 [o]는 한국어 /ㅗ/에 비해 혀의 높이가 약간 낮으며, 원순성도 약하다.	/ㅗ/를 [ㅜ]로 발음하거나 /ㅜ/를 [ㅗ]로 발음한다.

한국어에서 /ㅓ/와 /ㅗ/는 비교적 고빈도로 실현되는 모음 음소이다. 한국어 발화에서 관찰된 모음의 출현 빈도를 살펴보면 'ㅏ(23.5%) 〉ㅣ(15.6%) 〉ㅓ(12%) 〉ㅗ(10.4%) 〉 ㅜ(10.2%) 〉ㅔ/ㅐ(7.6%) 〉 ㅡ(5.6%)'(신지영, 2011: 200)로 나타나, /ㅓ/와 /ㅗ/가 한국어 발화에서 높은 비중을 차지함을 알 수 있다. 여기에 'ㅕ(5.2%)'와 'ㅛ(1.2%)'의 빈도까지 합하면 /ㅓ/와 /ㅗ/는 한국어 발화에서 약 30%에 해당하는 비중이므로, 두 모음의 구별은 중점적으로 교육하여야 할 항목이라고 할 수 있다.[53)]

5.1.2 초성의 평음, 경음, 격음

2장에서 알아본 바와 같이 한국어에는 폐쇄음과 파찰음에 평음, 경음, 격음의 세 가지 구별이, 마찰음에 평음과 경음의 두 가지 구별이 있다.

53) 중국인 학습자는 단모음 지각에서도 오류를 보인다. 초급 학습자와 고급 학습자 모두 /ㅓ/와 /ㅗ/의 지각에 어려움을 겪는다. 특히 /ㅓ/의 경우 고급 단계에 이르러서도 오류율이 높게 나타난다. 자세한 내용은 박지연(2010)을 참조하라.

평음	경음	격음
ㅂ	ㅃ	ㅍ
ㄷ	ㄸ	ㅌ
ㄱ	ㄲ	ㅋ
ㅈ	ㅉ	ㅊ
ㅅ	ㅆ	

'평음-경음-격음'은 한국어의 자음 구별에서 매우 중요한 요소이다. 그러나 대부분의 외국인 학습자는 이를 구별하여 발음하는 것을 어려워한다. 한국어에 나타나는 '평음-경음-격음'의 대립은 언어 보편성의 관점에서 보면 매우 특이한 대립이기 때문이다. 따라서 '평음-경음-격음'을 구별하지 못하는 오류는 대부분의 외국인 학습자에게 나타나는데, 다만 언어권에 따라 발음 오류의 양상이 약간 다르다.

먼저 중국어권 학습자에게서 나타나는 오류를 살펴보자.

〈표 6〉 중국어권 학습자의 평음, 경음, 격음 오류

환경	발음 오류의 유형	예
어두	평음 → 경음	바다 → 빠다, 반지 → 빤지, 자다 → 짜다, 지다 → 찌다
	평음 → 격음	고리 → 코리, 바다 → 파다, 반지 → 판지, 자다 → 차다
	경음 → 격음	까만색 → 카만색, 딸기 → 탈기, 빨대 → 팔대, 빨래 → 팔래
어중	평음 → 경음	어디 → 어띠, 수박 → 수빡, 언제 → 언쩨, 과자 → 과짜
	평음 → 격음	야구 → 야쿠, 효도 → 효토, 잔디밭 → 잔디팥, 과자 → 과차
	경음 → 격음	왕따 → 왕타, 나쁘다 → 나프다, 이빨 → 이팔
	격음 → 경음	매부리코 → 매부리꼬, 후추 → 후쭈

중국어권 학습자는 특히 어두에 오는 평음의 발음에서 많은 오류를 보인다. 이때 '바다 → 빠다'와 같이 평음을 경음으로 발음하거나, '고리 → 코리'와 같이 평음을 격음으로 발음하는데, 평음을 경음으로 발음하는 오류가 좀 더 자주 나타난다. 평음의 발음만큼 오류가 많이 나타나지는 않지만 경음의 발음에서도 오류가 나타난다. '까만색 → 카만색'과 같이 경음을 격음으로 발음하는 오류도 종종 관찰할 수 있다.

어중에서도 역시 평음의 발음에서 오류가 많이 나타난다. '어디 → 어띠'와 같이 평음을 경음으로 발음하거나, '야구 → 야쿠'와 같이 평음을 격음으로 발음하는 경우가 있는데 어두와 마찬가지로 평음을 경음으로 발음하는 오류가 좀 더 많이 나타난다. 이 외에도 어중에서는 '왕따 → 왕타'와 같이 경음을 격음으로 발음하거나, '후추 → 후쭈'와 같이 격음을 경음으로 발음하는 오류가 일부 나타난다.

이처럼 중국어권 학습자는 평음, 경음, 격음의 구별을 매우 어려워하고, 그 가운데에서도 평음의 발음에서 특히 오류를 많이 보인다. 그 이유는 무엇일까?

〈표 7〉에 보인 바와 같이 중국어에는 총 19개의 자음이 있다. 2장에서 살펴본 바와 같이 한국어의 자음 음소도 19개로, 한국어와 중국어의 자음 음소 수는 같다. 그러나 목록을 자세히 살펴보면 큰 차이점을 발견할 수 있다. 가장 큰 차이는 한국어의 장애음은 기식성과 긴장성의 유무에 따라 평음, 경음, 격음의 3가지 대립을 보이는 데 반해 중국어는 기식성의 차이로 무기음과 유기음의 2가지 대립을 보인다는 점이다.

〈표 7〉 중국어의 자음 음소(Lin, 2007: 50)[54)]

	양순음		순치음	치음		후치경음		연구개음	
폐쇄음	p	p^h		t	t^h			k	k^h
마찰음			f	s		ʂ		x	
파찰음				ts	ts^h	tʂ	$tʂ^h$		
비음	m			n				ŋ	
(중앙) 접근음						ɹ			
설측 (접근음)				l					

〈표 7〉에서 음영으로 표시한 부분은 중국어 장애음의 무기음을 나타내는데 이 무기음은 한국어의 경음과 비슷하다. 중국어의 유기음은 한국어의 격음과 비슷한 기식성을 가지고 있다. 한국어의 경우 평음이나 격음 모두 기식성이 있고, 기식성의 강약으로 격음과 평음이 변별되는데, 중국어에는 한국어 평음에 대응되는 자음이 없다. 그렇기 때문에 평음을 경음이나 격음으

54) 같은 조음 위치 아래 2개의 기호가 있을 때 왼쪽은 무기무성음, 오른쪽은 유기무성음이다. 비음과 접근음은 모두 유성음이다. 무기무성음은 음영으로 표시하였다.

로 잘못 발음하는 오류가 빈번하게 나타나는 것이다.[55)]

한국어와 중국어 장애음의 대응 관계를 도식화하여 제시하면 대체로 〈그림 2〉와 같다.

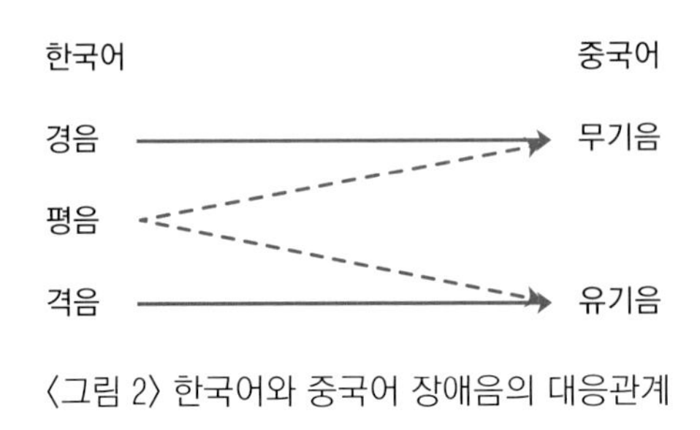

〈그림 2〉 한국어와 중국어 장애음의 대응관계

평음, 경음, 격음의 구별은 한국어의 자음을 습득하는 데 매우 중요한 부분이다. 한국어의 자음 19개 가운데 평음, 경음, 격음의 구별을 보이는 장애음이 15개나 되기 때문에 이에 대한 학습은 중시되어야 한다.[56)]

5.1.3 유음 /ㄹ/

평음, 경음, 격음의 구별 외에 중국어권 학습자가 오류를 많이 보이는 자음은 /ㄹ/다. 중국어권 학습자의 /ㄹ/ 발음 오류 유형은 〈표 8〉에 제시한 것과 같이 크게 2가지이다.

55) Chen, Chao and Peng(2007)에서 22~50세에 이르는 Taiwanese Chinese 화자 36명을 대상으로 Mandarin의 VOT를 측정한 결과를 제시하였다. 이를 20~30대 한국인 화자의 한국어 폐쇄음 VOT(장혜진, 2012)와 비교하여 제시하면 다음과 같다(단위: ms). 이때 VOT(Voice Onset Time)는 폐쇄음이 개방한 후에 후행 모음을 위해 성대가 진동하는 시간 사이의 간격을 의미하는 것으로, 대체로 기식성의 정도와 비례한다. 따라서 VOT의 길이를 통해 해당 소리의 기식성을 판가름해 볼 수 있다.

Mandarin	p^h		p	t^h		t	k^h		k
	77.8		13.9	75.5		15.3	85.7		27.4
Korean	ㅍ	ㅂ	ㅃ	ㅌ	ㄷ	ㄸ	ㅋ	ㄱ	ㄲ
	72.8	65.5	10.1	73.0	68.3	11.4	89.0	76.3	21.7

56) 중국어권 학습자는 평음, 경음, 격음을 구별하여 발화하는 데 어려움을 겪지만 이를 구별하여 지각하는 데도 어려움을 겪는다. 산출에서와 마찬가지로 지각에서도 평음을 지각하는 데서 많은 오류를 보인다. 자세한 내용은 장혜진(2014)를 참조하라.

〈표 8〉 중국어권 학습자의 유음 오류

환경	발음 오류의 유형	예
모음과 모음 사이	앞 음절 종성에 [ㄹ] 삽입	우리 → 울리, 오리 → 올리, 구름 → 굴름, 요리 → 욜리, 게으르다 → 게을르다, 그림 → 글림, 매부리코 → 매불리코, 카메라 → 카멜라
음절 말	권설음으로 발음	딸기 → 딸r기 [57], 월급 → 월r급, 빨래 → 빨r래, 훨씬 → 훨r씬, 경찰 → 경찰r/경차

먼저 중국어권 학습자는 모음과 모음 사이에 /ㄹ/가 오면 마치 앞 음절 종성에 [ㄹ]를 삽입한 것과 같이 발음한다. 이 때문에 숫자를 읽을 때 '2678'[이륙칠팔]과 '1678'[일륙칠팔]을 잘 구분하지 못하고 둘 다 [일륙칠팔]로 발음한다. 중국어권 학습자의 발음에서 이와 같은 오류를 빈번히 관찰할 수 있다. 또한 음절 말에 오는 /ㄹ/를 권설음에 가깝게 발음한다. 이때 어중 종성의 경우 대부분 권설음에 가깝게 발음하는 오류가 나타나고, 어말 종성의 경우 권설음에 가깝게 발음하거나 탈락시키는 오류가 나타난다.

한국어와 중국어는 유음 음소의 목록과 특징에서 차이를 보인다. 2장에서 살펴본 바와 같이 한국어의 유음은 /ㄹ/가 있고, 이 음소는 모음과 모음 사이에서 탄설음으로 발음되며 어말에서는 설측음으로 발음된다. 그러나 중국어의 유음에는 설측음 /l/와 권설음 /ɹ/가 있다. 이 가운데 설측음은 음절의 시작 위치에만 실현된다(Lin, 2007: 43). 권설음 역시 음절 시작 위치에서 발음되지만 èr[əɹ]처럼 음절 끝 위치에 나타날 수도 있다(Lin, 2007: 46). 이처럼 한국어와 중국어가 유음에서 차이를 보이기 때문에 중국어권 학습자가 한국어 /ㄹ/를 발음할 때 오류를 보이게 된다.

중국어에 탄설음이 없기 때문에 중국어권 학습자는 (C)V.ㄹV(C) 환경(예: 우리)에서 [ㄹ] 발음을 잘 하지 못하는데, 중국어에서는 이 환경에서 설측음 [l]를 실현하므로, 중국어권 학습자는 /ㄹ/를 [ɾ]가 아니라 [l]로 발음한다. 중국어권 학습자가 발화한 설측음 [l]는 한국인 화자에게 앞 음절의 종성으로 지각되고, 설측음은 탄설음에 비해 길이가 길기 때문에 마치 2개의 자음인 것처럼 들린다.[58] 그렇기 때문에 중국어권 학습자가 발음한 '우리'가 한국인에게 [울리]처럼

57) 권설음에 가깝게 발음한다는 것을 나타내기 위한 기호로 [ㄹ] 뒤에 'r'을 붙여 표시하였다.

58) 범류(2006)에서도 중국어권 학습자가 초성 /ㄹ/를 탄설음으로 발음하기 힘들고, 중국어의 [l]나 [ɻ]처럼 접근음으로 발음한다고 하였다. 이때 탄설음의 길이가 짧다는 특징을 반영하지 못하고 초성 [ㄹ]를 한국인보다 길게 발음하거나, 발음 과정에서 구강 안에 조음기관의 완전 폐쇄가 이루어지지 않고 기류가 구강을 통과하면서 공명을 일으킨다는 것이다. 따라서 중국어권 학습자의 초성 [ㄹ] 발음 오류를 교정할 때의 핵심은 음절 초에 나타나는 탄설음을 중국어의 설측음 성모처럼 발음하는 것을 고치는 것이라고 하였다.

들리게 되는 것이다. 또한 중국어에서 설측음은 음절 말에 오지 못하기 때문에 음절 말에 /ㄹ/가 종성으로 오는 경우, 이 발음을 어려워한다. 그렇기 때문에 이 소리를 탈락시키거나 유사한 소리 가운데 음절 말에 올 수 있는 권설음으로 대치하는 경향을 보인다. 따라서 '경찰'과 같은 단어에서 종성 [ㄹ]를 탈락시키고 [경차]라고 발음하거나, 권설음으로 대치하여 [경찰r]로 발음한다.

/ㄹ/ 발음 오류의 경우, 자음 음소 목록의 차이라기보다는 음절 구조의 차이에 의한 것으로 보아야 한다. 따라서 /ㄹ/의 오류 유형 및 처치 방안에서 음절 초, 음절 말이라는 음절 구조와 관련된 개념을 도입하여 설명할 필요가 있다.

5.1.4 종성 자음

앞서 중국어권 학습자의 /ㄹ/ 발음과 관련된 오류 유형에서 /ㄹ/가 음절 말에 왔을 때 [ㄹ]를 탈락시키거나 권설음화하여 발음하는 오류를 살펴보았다. 중국어권 학습자는 음절 말에서 /ㄹ/ 외의 다른 종성의 발음에서도 많은 오류를 보인다. 따라서 여기에서는 한국어의 종성 위치에 올 수 있는 7개의 자음 전체에 대한 오류 유형을 살펴보도록 한다.

〈표 9〉 중국어권 학습자의 종성 자음 오류

환경	발음 오류의 유형	예
어중	탈락	촛불 → 초불, 옷장 → 오장
	대치	옷장 → 옥장, 꽃씨 → 꼭씨
	권설음화	딸기 → 딸r기, 얼굴 → 얼r굴, 설탕 → 설r탕, 날개 → 날r개
어말	탈락	가족 → 가조, 입국 → 입구, 시작 → 시자, 남쪽 → 남쪼, 수컷 → 수커, 그릇 → 그르, 앞집 → 앞지, 씨앗 → 씨아, 무릎 → 무르, 초밥 → 초바, 수출 → 수추
	대치	앞집 → 앞직, 씨앗 → 씨악, 무릎 → 무륵/무르, 초밥 → 초박/초바, 지갑 → 지각, 눈썹 → 눈썩, 남편 → 남퓽, 기침 → 기친, 세금 → 세급, 무덤 → 무덥, 서점 → 서적
	권설음화	시골 → 시골r

먼저 어중 종성을 살펴보자. 어중 종성 오류 가운데 가장 많이 나타나는 것은 /ㄹ/의 발음이다. 이 외에는 '촛불[촏뿔/초뿔] → 초불'과 같이 장애음 종성을 탈락시키거나, '꽃씨[꼳씨/꼬씨]

→ 꼭씨'와 같이 장애음 종성을 다른 자음으로 대치하는 오류가 나타난다.

어말 종성의 경우 장애음 종성에서 오류가 가장 많이 일어난다. 종성 /ㄱ/에서는 '가족 → 가조'와 같이 종성이 탈락하는 오류를 보인다. 이는 다른 장애음 종성에서도 마찬가지이다('수컷[수컫] → 수커', '초밥 → 초바'). 종성 /ㅂ/와 /ㄷ/에서는 [ㄱ]로 대치되는 현상도 함께 나타난다('씨앗[씨앋] → 씨아/씨악', '눈썹 → 눈썩'). 비음 종성도 일부 오류가 나타난다. 이때 '세금 → 세급'과 같이 동일 조음 위치 장애음으로 발음하거나, '서점 → 서적'과 같이 [ㄱ]로 발음하는 경우와 '기침 → 기친'과 같이 /ㅁ/를 [ㄴ]로 발음하는 오류가 많이 나타난다. 이 외에는 '남편 → 남퐁'과 같이 /ㅇ/으로 발음하는 오류도 간혹 나타난다. /ㄹ/의 오류는 '시골 → 시골r'과 같이 권설음화하는 오류가 많이 나타나고, 이외에 '수출 → 수추'와 같이 종성을 탈락시키는 오류도 나타난다.

중국어의 음절 구조에서 운미[59]에는 한 개의 자음만 가능하며, 이 자리에 올 수 있는 소리는 [n], [ŋ], [ɹ]뿐이다. 예를 들어 *[kam]이나 *[pat]과 같은 음절은 운미 자리에 온 자음이 부적격하기 때문에 중국어에서 허용하지 않는 음절이다(Lin, 2007: 116). 이와 같은 중국어의 음절 구조 때문에 중국어권 학습자가 한국어의 종성을 발음할 때 오류를 보이게 된다.[60]

중국어의 경우 종성에 [n], [ŋ], [ɹ]밖에 올 수 없기 때문에 한국어의 7종성 가운데 장애음 종성인 /ㄱ, ㄷ, ㅂ/와 비음 종성 가운데 /ㅁ/, 그리고 설측음 /ㄹ/의 발음을 어려워하는 것이다. 그래서 중국어에 없는 종성의 경우 탈락시켜 발음하는 경우가 많다. '기침→기친'의 경우는 중국어에서 음절 말에 [m]를 허용하지 않기 때문에 음절 말에서 허용되는 [n]로 대치한 예라고 할 수 있다. 이외의 다른 대치의 예는 장애음의 경우 /ㄷ, ㅂ/를 [ㄱ]로, 비음의 경우 /ㄴ/를 /ㅇ/으로 발음하는데, 한국어의 종성을 습득해 가는 과정에서 나타난 발음이라고 할 수 있다.

---

59) 중국어의 음절은 성모(I)와 운모(F)로 나누어진다. 성모는 활음이 아닌 어두 자음이고, 어두 자음 뒤에 이어지는 나머지 부분은 운모이며, 이것은 개음(M)과 운(R)으로 나눌 수 있다. 개음은 주요 핵음 앞에 위치하는 활음이고, 운은 핵음(N)과 운미(E)를 가진다. 핵음은 주요 모음이고, 운미는 핵음 뒤에 오는 모음이거나 자음이다.

60) 장향실(2009)에서는 음절 구조의 차이로 인해 발생하는 중국어권 학습자의 오류 양상에 대해 정리하였다. 대표적으로 GV 구조에서 이중 모음 발음의 오류, CV 구조에서 '시, 씨' 발음 오류 및 '라, 러, 로, 루' 등에서 초성 /ㄹ/의 발음 오류, CGV 유형에서 '쟈, 져, 죠, 츄' 발음 오류, VC 유형에서 음절 말 종성의 /ㄱ, ㄷ, ㅂ, ㄹ/를 발음하지 못하는 오류 등을 제시하였으며, 음절은 분절음과 분리하여 교육될 수 없으므로 분절음과 음절을 통합하여 교육하는 방안에 대해서도 논의하였다.

〈표 10〉 중국어권 학습자의 종성 실현 오류

한국어 종성	중국어 종성	오류 유형
장애음 종성 /ㄱ, ㄷ, ㅂ/가 실현된다.	장애음 종성을 허용하지 않는다.	장애음 종성이 오면 탈락 혹은 대치의 오류를 보인다.
비음 종성 /ㅁ, ㄴ, ㅇ/이 실현된다.	비음 종성 [n], [ŋ]이 실현된다.	음절 말에 [m]를 허용하지 않아 /ㅁ/에서 대치의 오류가 나타난다.
설측음 종성 /ㄹ/가 실현된다.	권설음 종성 [ɹ]가 실현된다.	음절 말에 오는 설측음 /ㄹ/를 탈락시키거나 권설음으로 발음한다.

5.2 일본어권 학습자의 오류

5.2.1 단모음

일본어권 학습자의 한국어 단모음 발음에서 나타나는 오류 유형은 크게 2가지로, '어느 → 오느', '없는 → 옶는'과 같이 /ㅓ/를 [ㅗ]로 발음하는 현상과 '하는데 → 하눈데', '수박 → 스박', '쥐는 → 쥐눈'과 같이 /ㅜ/와 /ㅡ/를 구별하지 못하는 현상이다.

일본어권 학습자는 한국어 단모음의 발음에서 '어디'를 '오디'로 발음하는 것과 같이 /ㅓ/를 [ㅗ]로 발음하는 오류를 많이 보인다. '현재'를 '횬재'와 같이 /ㅕ/를 [ㅛ]로 발음하는 것도 이와 같은 맥락이다. /ㅓ/를 [ㅗ]로 발음하는 오류는 반대 방향(/ㅗ/를 [ㅓ]로 발음하는 것)으로는 나타나지 않으며, 어두와 어중에서 큰 차이를 보이지는 않는다.

〈표 11〉 일본어권 학습자의 단모음 오류(1): /ㅓ/, /ㅕ/

발음 오류의 유형	예
/ㅓ/ → [ㅗ]	어디 → 오디, 언제 → 온제, 거리 → 고리, 전화 → 존화, 커피잔 → 코피잔, 없는 → 옶는, 아버지 → 아보지, 위험 → 위홈, 완성 → 완송
/ㅕ/ → [ㅛ]	현재 → 횬재, 여행 → 요행, 연휴 → 욘휴, 여러분 → 요러분, 안경 → 안굥

또한 일본어권 학습자는 /ㅜ/와 /ㅡ/를 잘 구별하지 못한다. 이와 같은 오류는 어두보다는 어

중에서 두드러지게 나타나며 '야구 → 야그'과 같이 /ㅜ/를 [ㅡ]로 발음하는 오류와 '어느 → 어누'과 같이 /ㅡ/를 [ㅜ]로 발음하는 오류가 모두 나타난다.

〈표 12〉 일본어권 학습자의 단모음 오류(2): /ㅜ/, /ㅡ/

발음 오류의 유형	예
/ㅜ/ → [ㅡ]	수박 → 스박, 야구 → 야그, 가구 → 카그, 후추 → 후츠, 외국 → 외극
/ㅡ/ → [ㅜ]	그림 → 구림, 어느 → 어누, 하는데 → 하눈데

한국어의 단모음이 7모음 체계인 것과 달리 일본어의 단모음은 〈표 13〉과 같이 5모음 체계이다.

〈표 13〉 일본어의 모음 체계

	전설모음	후설모음	
	평순모음	평순모음	원순모음
고모음	i [i]	u [ɯ]	
중모음	e [e]		o [o]
저모음		a [a]	

일본어의 5모음 중 특징적인 것은 /u/와 /o/이다. 일본어의 /u/는 한국어의 /ㅜ/보다 덜 후설적이고 원순성이 매우 약하다. 또한 일본어의 /o/는 한국어 /ㅗ/에 비해 원순성이 다소 약하다.

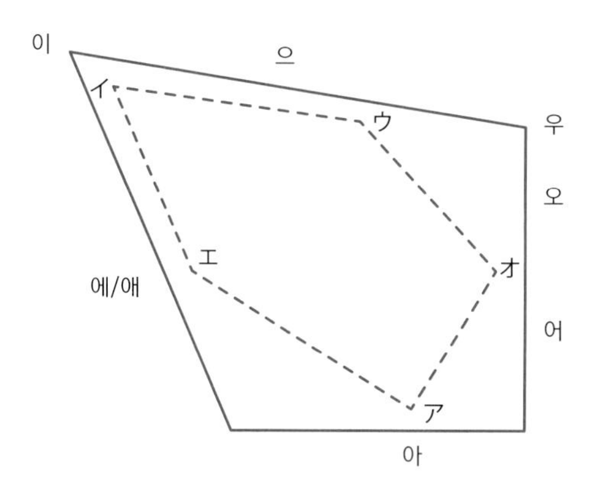

〈그림 3〉 한국어의 일본어의 모음 비교(민광준, 2006: 144)

일본어의 모음 체계를 한국어의 모음 체계와 비교해 보면 일본어권 학습자가 /ㅓ/와 /ㅗ/의 구별, /ㅡ/와 /ㅜ/의 구별을 특히 어려워하는 이유를 알 수 있다. 〈그림 3〉에서 제시한 바와 같이 일본어의 5모음 가운데 /イ(i)/, /エ(e)/, /ア(a)/는 한국어의 /ㅣ/, /ㅔ, ㅐ/, /ㅏ/와 유사하다. 하지만 /ウ(u)/는 한국어 /ㅡ/와 /ㅜ/, /オ(o)/는 한국어 /ㅗ/와 /ㅓ/의 중간적 속성이 있다. 따라서 이와 같은 모음 체계의 차이를 명확하게 설명하여 정확한 모음 발음을 할 수 있도록 해야 한다.

〈표 14〉 일본어권 학습자의 단모음 오류

한국어 모음	일본어 대응 모음과 그 특징	오류 유형
ㅓ	일본어의 /o/는 한국어 /ㅗ/와 /ㅓ/의 중간적 속성을 지닌다.	/ㅓ/를 [ㅗ]로 발음한다.
ㅡ/ㅜ	일본어의 /u/는 한국어 /ㅡ/와 /ㅜ/의 중간적 속성을 지닌다.	/ㅜ/를 [ㅡ]로 발음하거나 /ㅡ/를 [ㅜ]로 발음한다.

5.2.2 초성의 평음, 경음, 격음

한국어를 배우는 일본인이 가장 어려워하는 발음은 한국어 폐쇄음의 세 계열, 즉 평음, 경음, 격음의 구별이다(이경희·정명숙, 1999: 234). 위에서 제시한 평음 발음의 오류 외에 경음과 격음 발음에서도 오류를 보이는데, 일본어권 학습자의 특징은 매우 일관된 양상의 오류를 보인다는 것이다.

먼저 일본인 학습자에게서 나타나는 오류를 살펴보자.

〈표 15〉 일본어권 학습자의 평음, 경음, 격음 오류

환경	발음 오류의 유형	예
어두	평음 → 격음	가구 → 카구, 고리 → 코리, 다시 → 타시, 도서관 → 토서관, 바다 → 파다, 반지 → 판지, 집 → 칩, 잔디 → 찬디
	경음 → 격음	까만색 → 카만색, 꾀꼬리 → 쾨꼬리, 딸기 → 탈기, 빨대 → 팔대, 빨래 → 팔래, 짜다 → 차다
어중	평음 → 경음	개고기 → 개꼬기, 도망가다 → 도망까다, 방송 → 방쏭, 완성 → 완썽
	격음 → 경음	매부리코 → 매부리꼬, 않다[안타] → 안따, 아프다 → 아쁘다, 밤차 → 밤짜, 입학[이팍] → 이빡, 동창회 → 동짱회

먼저 어두에서는 주로 평음과 경음 발음에서 오류가 나타난다. 이때 '가구 → 카구'와 같이 평음을 격음으로 발음하거나, '까만색 → 카만색'과 같이 경음을 격음으로 발음하는 오류가 주로 나타난다. 어중에서는 주로 평음과 격음 발음에서 오류가 나타난다. 이때는 '방송 → 방쏭'과 같이 평음을 경음으로 발음하거나, '아프다 → 아쁘다'와 같이 격음을 경음으로 발음하는 오류가 나타난다.

이처럼 일본어권 학습자는 한국어 장애음의 평음, 경음, 격음의 구별에서 많은 오류를 보인다. 단어 내 위치에 따른 오류 유형을 살펴보면 어두에서는 평음이나 경음을 격음으로 발음하는 오류가, 어중에서는 평음이나 격음을 경음으로 발음하는 오류가 나타남을 확인할 수 있다.

2장에서 살펴본 바와 같이 한국어 장애음은 평음, 경음, 격음의 삼중 대립을 보인다. 그러나 일본어 장애음은 유성음과 무성음의 이중 대립을 보인다. 따라서 일본어권 학습자가 한국어 장애음의 평음, 경음, 격음을 구별하는 데 어려움을 겪을 것이라는 것을 쉽게 예상할 수 있다. 〈표 16〉은 일본어의 자음 음소와 변이음을 표로 나타낸 것이다. 이때 음영으로 표시한 부분은 무성음이고, 나머지는 유성음이다.[61]

〈표 16〉 일본어의 자음

	양순음		치경음		치경경구개음		경구개음	연구개음		성문음	구개수음
폐쇄음	p	b	t	d				k	g		
마찰음	[ɸ]		s	z	[ɕ]	[ʑ]	[ç]			h	
파찰음			[ʦ]	[ʣ]	[ʨ]	[ʥ]					
비음	m		n		[ɲ]			[ŋ]			[N]
탄설음			r[ɾ]								

일본어의 자음은 성대 진동의 유무, 조음 위치, 조음 방법의 세 가지 기준에 따라 분류할 수 있다. 일본어의 무성폐쇄음은 나타나는 위치에 따라 기식성의 정도에 차이가 있다. 어두에 오면 파열 직후에 [h]와 비슷한 숨소리가 들리며, 'た'[tʰa], 'か'[kʰa]와 같이 발음된다. 그러나 비어두 위치에서는 기식성이 거의 없이 실현된다. 그렇기 때문에 일본어 어두 음절의 폐쇄음은 한국어의 격음과 유사하고, 비어두 음절의 폐쇄음은 기식성이 없는 경음과 유사하다고 할 수

61) 〈표 16〉은 민광준(2006)의 제4장 '일본어의 자음' 부분에 제시된 일본어 자음 음소와 변이음을 필자가 표로 작성한 것이다. 더 상세한 내용은 민광준(2006: 67-133)을 참고하라.

있다. 따라서 일본어의 어두 음절에서는 한국어의 격음과 유사한 유기음이 주로 실현되므로 한국어의 평음과 경음을 어두에서 발음하는 것이 어렵고, 일본어의 비어두 음절에서는 한국어의 경음과 유사한 무기음이 주로 실현되므로 한국어의 '평음'과 '격음'을 어중에서 발음하는 것이 어렵다고 할 수 있다.[62]

〈표 17〉 일본어권 학습자의 초성 자음 오류

한국어 자음	일본어 대응 자음의 특징	오류 유형
평음-경음-격음의 구별이 있다.	무성폐쇄음이 어두에 오면 기식성이 강하게 나타난다.	어두에서 평음이나 경음을 격음으로 실현한다.
	무성폐쇄음이 비어두 위치에서는 기식성이 거의 없이 실현된다.	비어두에서 평음이나 격음을 경음으로 실현한다.

5.2.3 종성 자음

일본인 학습자의 가장 대표적인 오류로 꼽히는 것이 바로 종성의 발음이다. '갈비'를 '가루비', 김치를 '기무치'라고 하는 것을 들으면 '아, 저 사람은 일본 사람이구나!'라고 바로 생각하게 된다. 일본어권 학습자는 음절 말 자음을 발음하지 못하고 다음 음절의 초성으로 넘겨 '살았답니다 → 살았다무니다'와 같이 개음절화하는 오류를 가장 흔하게 보인다.[63] 이때 특히 종성이 어중에서 실현될 때 그러한 경향이 더욱 뚜렷하게 나타난다. 그리고 개음절화보다는 빈도가 낮지만 '씨앗 → 씨아'와 같이 음절 말 자음을 발음하지 않고 탈락시키는 오류도 나타난다. 또한 '전화'를 '정화'로 발음하는 것과 같이 [ㄴ]를 [ㅇ]으로 발음하는 오류나, '향수'를 '한수'로 발음하는 것과 같이 [ㅇ]을 [ㄴ]로 발음하는 대치 오류도 나타난다.

---

62) 이경희·정명숙(1999: 240)에서도 일본어 무성폐쇄음 중에서 어두 위치에서 강세를 받는 경우에는 한국어의 격음처럼 들리고, 강세를 받지 않는 경우에는 한국어의 평음처럼 들리며, 어중에서는 모두 한국어의 경음처럼 들린다고 하였다. 실제 현장에서 일본인 학습자에게 한국어의 평음, 경음, 격음을 일본어 무성폐쇄음의 변이음과 연결시켜 설명해 주었을 때 한국어 폐쇄음의 세 계열에 대한 일본인 학습자의 이해도가 훨씬 높았다고 하였다. 이에 대한 자세한 교육 방안은 5.4 음운 오류의 처치 방안에서 자세히 언급하도록 한다.

63) 이와 같은 현상을 우인혜(1998: 326)에서는 '받침 음절 덧붙임 오류'라고 지칭하고, '기숙사, 서울'을 '기수구사, 서우루'처럼 받침 /ㅁ/나 /ㄹ/를 한 음절로 더 늘려 발음하는 현상이라고 하였다. 일본어 음절 체계가 받침이 없는 CV 구성을 이루기 때문에 한국어의 CVC 음절 구조에서 종성에 모음을 덧붙여 C-V-C-V 체계로 바꾸는 습성을 보이는 것으로 보았다.

〈표 18〉 일본어권 학습자의 종성 자음 오류

환경	발음 오류의 유형	예
어중	개음절화	살았답니다 → 살았다무니다, 들어옵니다 → 들어오무니다, 일어납니다 → 일어나무니다, 갑니다 → 가무니다, 자랑합니다 → 자랑하무니다, 월급 → 워르급, 훨씬 → 훠르씬, 빨대 → 파르대, 일찍 → 이르직
	탈락	몰래 → 모래, 빨래 → 빠래
	대치	까만색 → 카망색, 현재 → 형재, 연휴 → 영휴, 전화 → 정화, 공짜 → 곤짜, 향수 → 한수, 동창회 → 돈찬회, 왕따 → 완따, 방송 → 반쏭, 상품 → 삼품
어말	개음절화	어느 날 → 어느 나르, 먹을 걸 → 먹우르 거르, 고양이를 → 고양이르르
	탈락	씨앗 → 씨아
	대치	귀신 → 귀싱, 도서관 → 도서광, 커피잔 → 코피장

한국어는 CVC 음절 구조이다. 그러나 일본어의 음절 구조는 기본적으로 CV의 구조이고, 음절 말에 오는 자음이 매우 제한적이다. 일본어에서 음절 말에 올 수 있는 음소는 촉음(っ/Q)[64]과 발음(ん/N)[65] 두 가지뿐이다. 특히 일본어에는 음절 말에 설측음이 없기 때문에 일본어권 학습자는 한국어의 음절 말 유음에서 많은 오류를 보인다.

그리고 비음 종성의 경우, 대치 현상이 주로 드러나는데, 이는 한국어와 일본어의 비음 종성 실현에 차이가 있기 때문이다. 한국어는 비음 종성 /ㄴ, ㅁ, ㅇ/이 모두 변별적으로 실현되지만 일본어의 비음 종성은 어말에 올 때 구개수 비음 [N]로 나타나고, 어중에 올 때도 받침의 제약이 있어 [n]는 후행 자음이 치경음일 때만 쓰이고, [m]는 후행 자음이 양순음일 때만 쓰이고, [ŋ]은 후행 자음이 연구개음이거나 후음일 때에만 제한적으로 쓰인다. 위의 예시에서도 '귀신 → 귀싱, 도서관 → 도서광, 커피잔 → 코피장'과 같이 어말에 오는 /ㄴ/는 대부분 [ㅇ]으로 발음되며, '향수, 방송', '왕따' 등과 같이 후행 자음이 치경음인 경우 [ㄴ]로 발음되고, '상품'과 같이

64) 촉음은 뒤에 오는 자음의 음성적 특성에 따라 [p], [t], [k], [s], [ɕ]의 다섯 가지 변이음으로 발음된다. 이 소리는 무성 자음 앞에 나타나는데, 뒤에 이어지는 자음의 발음 준비를 한 다음, 그 상태를 한 박자만큼 유지했다가 후속 자음의 발음으로 이동한다. 일본어의 촉음은 하나의 독립된 음소로서의 역할을 하기 때문에 촉음의 유무에 따라서 단어의 의미가 구별된다(민광준, 2006: 110).

65) 발음은 뒤에 오는 자음의 종류에 따라서 [m], [n], [ɲ], [ŋ], [N], [ṽ]의 여섯 가지 변이음으로 발음된다. 촉음과 마찬가지로 뒤에 오는 음의 종류에 따라서 그 음가가 결정된다(민광준, 2006: 123).

후행 자음이 양순음인 경우 [ㅁ]로 발음되는 현상이 나타난다. 이처럼 일본인 학습자는 비음 종성을 후행 자음의 조음 위치에 동화하여 실현하는 경향을 보인다.[66] 따라서 받침의 제약이 없는 한국어의 종성 /ㄴ, ㅁ, ㅇ/ 발음에 어려움을 겪는 것이다.

〈표 19〉 일본어권 학습자의 종성 실현 오류

한국어 종성	일본어 종성	오류 유형
CVC 음절 구조이며, 종성에 장애음 /ㄱ, ㄷ, ㅂ/, 비음 /ㄴ, ㅁ, ㅇ/, 설측음 /ㄹ/가 실현된다.	CV 음절 구조이며, 종성에는 촉음과 발음만 실현된다.	음절 말 자음을 발음하지 못하고 다음 음절의 초성으로 넘겨 개음절화하거나 탈락시킨다.
비음 종성 /ㄴ, ㅁ, ㅇ/이 모두 변별적으로 실현된다.	비음 종성의 실현에서 단어 내 위치나 후행 자음의 조음 위치에 따른 제약이 있다.	단어 내 위치나 후행 자음의 조음 위치에 영향을 받아 대치 오류를 보인다.

5.3 영어권 학습자의 오류

5.3.1 단모음

영어권 학습자의 한국어 단모음 발음에서 가장 많이 나타나는 오류는 /ㅓ/의 발음이다. '언제 → 온제', '아버지 → 아보지 등과 같이 /ㅓ/의 발음이 [ㅗ]에 가깝게 실현된다. 또한 '여행 → 요행'과 같이 /ㅕ/의 경우에도 [ㅛ]로 잘못 발음하는 현상이 나타난다.

〈표 20〉 영어권 학습자의 단모음 오류(1): /ㅓ/, /ㅕ/

발음 오류의 유형	예
/ㅓ/ → [ㅗ]	언제 → 온제, 아버지 → 아보지, 도서관 → 도소관, 위험 → 위홈, 완성 → 완송
/ㅕ/ → [ㅛ]	영희 → 용희, 여행 → 요행, 연휴 → 욘휴

66) 한국인 화자도 후행 자음의 조음 위치에 동화를 일으키는 수의적 위치 동화 현상을 보인다. 예를 들어 '친구'에서 종성 /ㄴ/를 후행 자음 /ㄱ/의 영향으로 [칭구]로 발음하기도 하고, '선물'에서 종성 /ㄴ/를 후행 자음 /ㅁ/의 영향으로 [섬물]로 발음하기도 한다. 이와 같은 한국어의 수의적 위치 동화는 치경음이 양순음이나 연구개음 앞에서 조음 위치 동화를 일으키는 현상으로 일본어의 위치 동화 현상과는 차이를 보인다. 한국어의 위치 동화는 치경음이 양순음이나 연구개음으로 바뀌기는 하지만, 반대 방향의 동화는 일어나지 않는다.

이 외에도 '고리 → 구리'와 같이 /ㅗ/를 [ㅜ]로 발음하는 현상이 일부 나타난다.

〈표 21〉 영어권 학습자의 단모음 오류(2): /ㅗ/

발음 오류의 유형	예
/ㅗ/ → [ㅜ]	고리 → 구리, 매부리코 → 매부리쿠

이는 영어의 [ɔ]와 한국어의 [ʌ] 발음의 차이에서 오는 것으로 판단된다. 영어권 학습자는 한국어 /ㅓ/를 발음할 때 영어의 /ɔ/와 같이 원순성을 강하게 발음하기 때문에 이 소리가 [ㅗ]에 가깝게 인지될 수 있다는 것이다. 이중모음의 발음에서도 /ㅕ/를 [ㅛ]와 같이 발음하는 현상은 이와 관련되어 있다.

이중모음의 발음에서도 일부 오류가 나타나는데, '쥐'를 [죄]나 [지]로 발음하거나 '잡으려고'를 [자브러고]와 같이 발음하는 현상이 관찰된다. 이중모음을 단모음으로 발음하거나 단모음에서 명확히 구별하지 못한 것이 이중모음의 발음에서도 영향을 미치는 것이다.

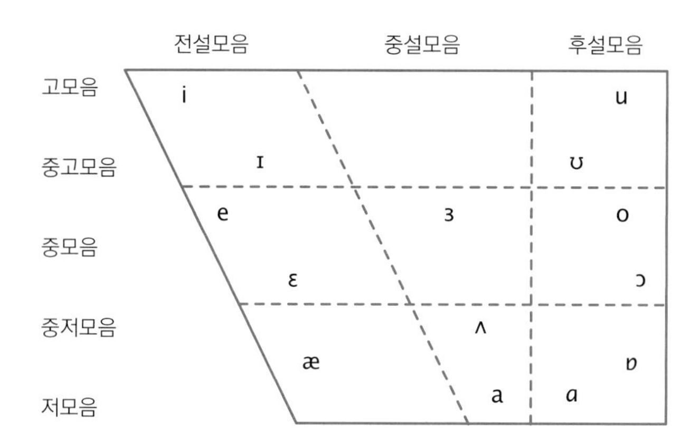

〈그림 4〉 영어의 모음체계(Ladefoged, 2001: 36)[67]

〈표 22〉 영어권 학습자의 단모음 오류

한국어 모음	영어 대응 모음과 그 특징	오류 유형
ㅓ	영어의 /ɔ/는 한국어의 /ʌ/에 비해 원순성이 강하다.	/ㅓ/를 [ㅗ]로 발음한다.

67) [e, a, o]는 이중모음의 첫 번째 부분에서 나타난다.

5.3.2 초성의 평음, 경음, 격음

영어권 학습자에게서 가장 많이 나타나는 분절음 오류도 역시 한국어 장애음의 평음, 경음, 격음의 구별이다. 먼저 어두에서는 '게으르다 → 께으르다'와 같이 평음을 경음으로 발음하거나, '가구 → 카구'와 같이 평음을 격음으로 발음하는 오류가 다수 나타난다. 이때 어두 평음을 경음 혹은 격음 중 어떤 것으로 발음하는 오류를 보이는가 하는 문제는 일관된 경향을 보이기보다는 학습자 개인별로 차이를 보인다.

〈표 23〉 영어권 학습자의 평음, 경음, 격음 오류

환경	발음 오류의 유형	예
어두	평음 → 경음	게으르다 → 께으르다, 비싸다 → 삐싸다, 다시 → 따시, 바다 → 빠다, 대학 → 때학, 동창회 → 똥창회, 반지 → 판지, 방송 → 빵송, 시장 → 씨장
	평음 → 격음	가구 → 카구, 김치 → 킴치, 귀신 → 퀴신, 공짜 → 콩짜, 동창회 → 통창회, 그림 → 크림, 고향 → 코향
어중	평음 → 경음	휴식 → 휴씩, 언제 → 언쩨, 까만색 → 까만쌕, 다시 → 다씨, 매부리코 → 매뿌리코, 현재 → 현째, 도서관 → 도써관
	평음 → 격음	야구 → 야쿠, 가구 → 카쿠, 월급 → 월큽, 사귀다 → 사퀴다, 안경 → 안켱
	경음 → 격음	학교[꾜] → 학쿄, 꾀꼬리 → 쾨코리, 빨래 → 팔래
	격음 → 경음	아프다 → 아쁘다, 밤차 → 밤짜

어중에서는 어두에 비해 오류의 수는 적으나, 어두와 마찬가지로 '휴식 → 휴씩'과 같이 평음을 경음으로 발음하거나, '야구 → 야쿠'와 같이 평음을 격음으로 발음하는 오류가 많이 나타난다. 일부 화자에게서는 '학교[하꾜/학꾜] → 학쿄'와 같이 경음을 격음으로 발음하거나, '아프다 → 아쁘다'와 같이 격음을 경음으로 발음하는 오류도 나타난다.

〈표 24〉는 영어의 자음 체계를 나타낸 것이다. 영어의 장애음은 일본어와 마찬가지로 유성성의 대립으로 유성음과 무성음의 두 가지 변별이 나타난다.

〈표 24〉 영어의 자음(Ladefoged, 2001: 35)[68]

	양순음	순치음	치음	치경음	경구개-치경음	구개수음	연구개음
비음 (폐쇄음)	m			n			ŋ
폐쇄음	p b			t d			k g
마찰음		f v	θ ð	s z	ʃ ʒ		
(중앙) 접근음	(w)			r		j	w
설측 (접근음)				l			

〈표 25〉는 Ladefoged(2001)에서 제시한 영어 폐쇄음의 변이음 목록이다. 영어 폐쇄음은 어두에서 유성성에 의한 대립(1, 2)을 보이고, 어말에서도 같은 대립을 보인다(4, 5). 그러나 어두의 유성음은 실제로 유성음으로 발음되는 경우가 많지 않으며, 대부분 기식의 양에 의해 무기음과 유기음의 대립으로 나타난다. 어말에서도 유성음과 무성음의 차이는 자음의 유성성에서 나는 것이 아니라 선행 모음의 길이 차이로 나타난다. 또한 3과 같이 무성음이 [s] 뒤에 오는 경우 유성음에 더 가까운 특성을 보인다고 하였다. 이처럼 영어의 폐쇄음은 유성성에 의한 이중 대립이며, 단어 내 위치에 따라 기식의 양 또는 선행 모음의 길이에 의해 변별됨을 확인할 수 있다.

〈표 25〉 영어 폐쇄음의 변이음(Ladefoged 2001: 44)

1	2	3	4	5
pie	buy	spy	nap	nab
tie	die	sty	mat	mad
kye	guy	sky	knack	nag

이처럼 유성성에 의해 유성음과 무성음을 구별하는 영어권 학습자는 유성음 없이 무성음에서만 평음, 경음, 격음의 변별을 보이는 한국어의 장애음을 발음하는 것이 어려울 것이다. 또한 영어권 학습자의 경우 한국어의 평음, 경음, 격음의 발음에서 오류를 보일 때 일관된 경향이 나타나지 않는다. 영어와 마찬가지로 유성성에 의해 두 가지로 변별되는 일본어를 모국어로 하는 학습자의 경우 어두와 어중에서 대체로 일관된 오류 양상을 보였던 것과는 차이를 보인다. 하

68) 한 칸에 두 개의 자음이 있는 경우, 왼쪽이 무성음을 나타내고 그 외 모든 소리는 유성음이다. 이 표에 표시하지는 않았지만 자음 [h]와 [ʧ, ʤ]가 있다.

지만 한국어에서 평음, 경음, 격음의 세 가지 변별을 정확히 구별하는 발음하는 것은 매우 중요한 문제이므로 기식성과 긴장성에 의한 한국어 장애음의 변별을 체계적으로 설명하여 정확하게 발음할 수 있도록 교육해야 한다.

5.3.3 종성 자음

영어권 학습자는 한국어와 영어의 서로 다른 음절 구조 때문에 오류를 보이기도 한다. 영어는 어두와 어말에 자음군을 허용하며, 종성에 오는 폐쇄음을 불파하거나 개방하는 것이 자유변이(free variation)[69]의 형태로 나타난다는 특성을 보인다. 어두와 어말에 한 개의 자음만 올 수 있고, 종성의 자음은 반드시 구강 폐쇄를 동반해야 한다는 한국어의 음절 특성과 차이를 보인다. 이 때문에 나타나는 영어권 학습자의 몇몇 오류를 관찰할 수 있다.

〈표 26〉 영어권 학습자의 종성 자음 오류

발음 오류의 유형	예
겹받침의 발음	없는 → 업쓰는
장애음 종성의 개방	휴식 → 휴시크, 까만색 → 까만쌔크, 수박 → 수바크, 대학 → 대하크, 외국 → 외구크, 익다 → 이크다, 씨앗 → 씨아쓰

먼저 어말 자음군을 모두 발음하려는 경향을 보인다는 점을 꼽을 수 있다. '없는'의 발음을 [업쓰는]과 같이 종성에 오는 [ㅂ]와 [ㅆ]를 모두 발음하기도 한다. 이와 같은 현상은 초급 학습자에게서 일부 나타난다. 영어는 한국어와 마찬가지로 음절 말에 종성을 허용하는 CVC 언어이다. 하지만 음절 초와 음절 말에 각각 하나씩의 자음만을 허용하는 한국어와 달리 음절 초에 최대 3개, 음절 말에 최대 4개의 자음군을 허용한다. 'screen[skrī:n]'과 같은 단어는 음절 초에 [s], [k], [r]의 3개의 자음이 오고, 'sixths[sɪksθs]'와 같은 단어는 음절 말에 [k], [s], [θ], [s]의 4개의 자음이 오는 것이 가능하다. 그렇기 때문에 '없는 → 업쓰는'과 같이 한국어에 있는 겹받침

69) 자유변이(free variation)는 같은 음성 환경에서 의미의 차이를 가져오지 않는 자유로운 소리 변화를 의미한다. 예를 들어 'tip'의 종성 /p/은 불파하여 [tɪp̚]으로 발음되거나, 개방하여 [tɪp]라고 발음될 수 있는데, 이 두 소리의 차이는 유의미한 차이를 가져오지 못한다. 이렇게 자유변이는 자유롭게 교체되어도 유의미한 차이를 가져오지 않는 변화를 의미한다.

등의 발음에서 철자에 적힌 그대로 겹받침을 모두 발음하려는 현상이 나타날 수 있다.[70]

이보다 더 자주 나타나는 오류는 장애음 종성을 불파음으로 발음하지 않고 개방하는 것이다. '휴식'과 같은 단어에서 종성에 오는 장애음 종성을 개방하여 발음하는 경우가 있는데, 한국어에서 개방의 국면을 가지는 장애음은 모두 초성으로 지각되므로 한국인에게는 이 단어의 발음이 [휴시크]와 같이 들리는 것이다.

영어는 음절 말에서 종성이 불파하거나 개방하는 것이 자유변이로 일어난다. 예를 들어 'book'이라는 단어를 [bʊk̚]와 같이 불파음으로 발음하든 [bʊk]와 같이 개방하여 발음하든 이 단어의 의미가 '책'이라는 데는 변함이 없다는 것이다. 그러나 앞서 언급한 바와 같이 한국어는 음절 말에 오는 자음을 반드시 불파음으로 발음해야 한다. 이와 같은 영어와 한국어의 음절 구조의 차이 때문에 영어권 화자가 특히 한국어의 음절 말 자음에서 많은 발음 오류를 보이게 되는 것이다.

〈표 27〉 영어권 학습자의 종성 실현 오류

한국어 종성	영어 종성	오류 유형
종성에는 하나의 자음만 허용한다.	종성에 최대 4개의 자음군을 허용한다.	겹받침을 모두 발음한다.
종성은 반드시 구강 폐쇄를 동반한다.	종성이 불파하거나 개방하는 것이 모두 가능하다.	장애음 종성을 개방하여 발음한다.

70) 여기서 예로 든 '없는'의 발음을 영어권 학습자가 '업쓰는'과 같이 하는 데는 영어의 -VCC 음절 구조에서 한 자음 뒤에 /s/가 연쇄되는 구조가 매우 흔하게 나타나는 음절 구조이기 때문인 이유도 있을 것이다. 영어에서는 'collapse[k□l□ps]'와 같이 모음 뒤에 [ps]가 나타나는 음절 구조가 허용된다.

5.4 음운 오류의 처치 방안

5.4.1 단모음

Ⅰ 중국어권 학습자 대상

■ 중국어권 학습자의 오류와 원인

① 한국어의 /ㅓ/를 [ㅗ]나 [ㅡ]로 발음한다. 이는 중국어에 한국어의 /ㅓ/와 정확하게 대응되는 소리가 없기 때문이다. 한국어 /ㅓ/와 같이 중모음에 해당하는 중국어 모음은 /ə/인데, 이것은 환경에 따라 [e, ə, ɤ, o]의 네 가지 변이음이 있다. 이들은 모두 한국어의 /ㅓ/에 비해 혀의 높이가 높다.

② 한국어의 /ㅗ/와 /ㅜ/를 잘 변별하지 못한다. 그 이유는 한국어의 /ㅗ/와 그 대응음인 중국어의 [o]가 혀 높이에서 차이가 나기 때문이다. 중국어의 변이음 [o]는 한국어의 /ㅗ/에 비해 더 저모음이고 원순성도 덜해 한국어의 /ㅗ/와 /ㅓ/의 중간적인 속성의 소리이다. 한국어의 /ㅗ/는 중국어의 [o]에 비해 입을 덜 벌리고 발음하기 때문에 한국어의 /ㅗ/와 /ㅜ/는 중국어에 비해 개구도 차이가 적어 변별하기 어려운 것이다.

중국어에는 한국어 /ㅓ/에 대응되는 모음이 없기 때문에 중국어권 학습자는 한국어의 /ㅓ/를 중국어 /ə/의 변이음 [o], 혹은 [ə]에 대응시키는 오류를 보인다. 중국어의 [o]는 한국어의 /ㅗ/에 비해 혀의 높이가 더 낮고 원순성도 덜한 소리이다. 이 때문에 중국어권 학습자가 한국어의 /ㅓ/를 중국어의 [o]에 대응시킨다. 하지만 이때 중국어권 학습자의 입모양을 관찰해 보면 한국어의 /ㅗ/와 다르게 입술의 돌출을 동반하지 않고 발음하는 것을 발견할 수 있다.

또한 '언제 → 은제'와 같이 /ㅓ/에 종성 자음이 후행하는 경우에는 이를 중국어의 [ə]에 대응시키는데, 이는 중국어 변이음 [ə]의 분포 때문으로 추정된다. [ə]가 중국어의 [ən]과 같은 음절 구조에서 나타나는 변이음이므로, 중국어권 학습자는 한국어에서도 /ㅓ/ 뒤에 종성이 오는 경우에는 [ə]로 대응시키는 것이다. 이처럼 중국어권 학습자가 한국어의 /ㅓ/를 중국어의 [o] 혹은 [ə]에 대응시키므로 /ㅓ/의 오류 수정은 이들 모음과의 변별성에 초점을 두고 교수-학습이 이루어져야 한다.

한편 중국어권 학습자는 한국어의 /ㅗ/와 /ㅜ/도 잘 변별하지 못하는데, 이것은 한국어의 /ㅗ/와 중국어의 [o]가 혀의 고저와 입술의 돌출 정도에서 차이가 나기 때문이다. 중국어의 변이음 [o]는 한국어의 /ㅗ/에 비해 더 저모음이고 원순성도 덜한, 한국어 /ㅗ/와 /ㅓ/의 중간적인 속성의 소리이다. 한국어의 /ㅗ/와 /ㅜ/는 중국어에 비해 혀의 고저에서 큰 차이가 나지 않으므로 중국어권 학습자는 한국어의 /ㅗ/와 /ㅜ/를 변별하기 어려운 것이다. 따라서 /ㅗ/와 /ㅜ/의 오류는 개구도의 차이를 비교해 줌으로써 수정할 수 있다.

중국어권 학습자는 /ㅓ/와 /ㅗ/를 혼동하므로, 두 음운을 비교하여 설명해 주는 것이 좋다. 먼저 /ㅓ/는 /ㅗ/보다 입이 더 벌어진다고 설명한다. 입이 벌어지는 정도는 턱이 내려가는 것으로 설명한다. 또한 한국어 /ㅓ/와 /ㅗ/를 구별해 주는 또 하나의 중요한 표지는 원순성이므로 이에 대한 설명도 필요하다. /ㅗ/는 /ㅓ/에 비해 턱이 올라갈 뿐만 아니라 입술이 모아지며 돌출되는데, 중국어권 학습자는 한국어 /ㅗ/를 발음할 때 입술을 잘 돌출시키지 않으므로 이 부분을 강조해야 한다.

/ㅓ/와 /ㅗ/의 원순성 차이는 다양한 방법으로 인지시킬 수 있다. 먼저 집게손가락을 입술 1㎝ 앞에 세로로 대 보게 하는 방법이 있다. 이 상태로 /ㅓ/와 /ㅗ/를 각각 발음하면 /ㅓ/를 발음할 때는 손가락이 입술에 닿지 않지만 /ㅗ/를 발음할 때는 손가락이 입술에 닿는다. 또 다른 방법은 손거울을 이용하는 것이다. 교사가 먼저 /ㅗ/ 발음을 시범해 보이면서 입술이 둥글게 모아져 돌출되는 모습을 손가락으로 가리킨다. 이 부분이 중요함을 강조하고 학습자에게 입술을 내밀어 발음해 보라고 한다. 그리고 손거울을 보며 교사의 입 모양과 자신의 입 모양을 비교하게 한다. 이렇게 한다면 학습자는 자신의 입 모양에 어떤 문제가 있는지 쉽게 발견할 수 있다.

집게손가락을 입술 1㎝ 앞에 세로로 댄 후 /ㅓ/와 /ㅗ/를 발음하는 모습

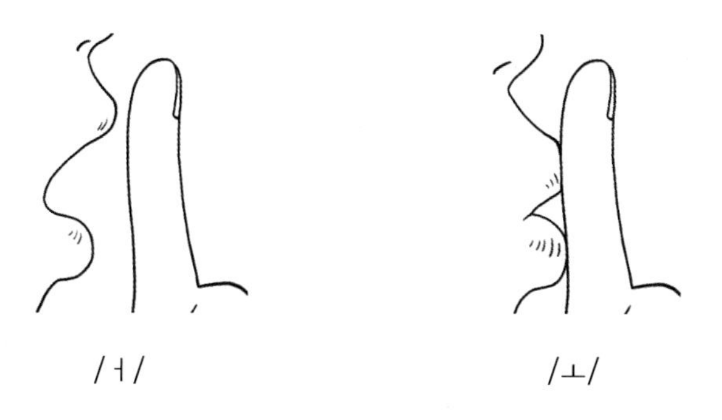

/ㅗ/와 /ㅜ/를 혼동하는 오류도 두 음운을 비교하여 설명하는 것이 효과적이다. 두 음운의 변별적 자질은 개구도에 있으므로 턱이 올라가고 내려가는 정도의 차이로 두 음운의 차이점을 설명한다. /ㅜ/는 /ㅗ/보다 턱을 더 올리고 입술을 더 많이 내밀어야 한다고 설명한다. 이때 /ㅜ/와 /ㅗ/의 개구도 차이도 다양한 방법으로 설명할 수 있다. 턱 밑에 손등을 가로로 대고 /ㅜ/와 /ㅗ/를 발음해 보면, /ㅜ/를 발음할 때 움직이지 않던 손이 /ㅗ/를 발음할 때 턱에 밀려 아래로 내려가는 것을 관찰할 수 있다. 또 다른 방법은 입술에 손가락을 가로로 대어 관찰하는 방법이다. 먼저 /ㅗ/를 발음하면서 손가락을 입술 사이에 두면 윗입술, 아랫입술이 모두 손가락에 닿게 된다. 이어서 이 상태로 /ㅜ/를 발음해 보면 손가락이 아랫입술에만 닿고 윗입술에는 닿지 않는다.

턱 밑에 손등을 가로로 대고 /ㅗ/와 /ㅜ/를 발음한 모습

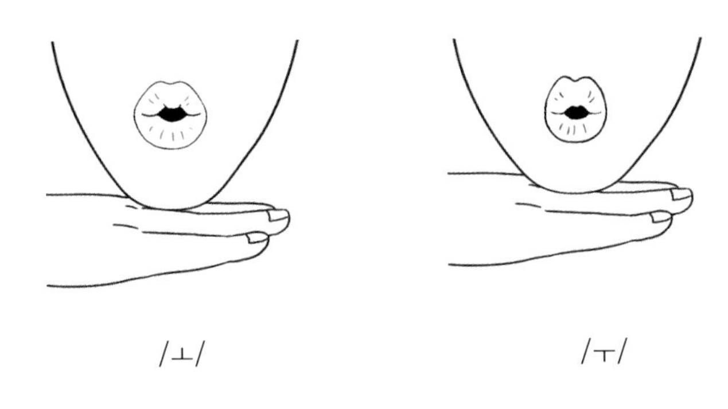

입술에 손가락을 가로로 대어 /ㅗ/와 /ㅜ/를 발음한 모습

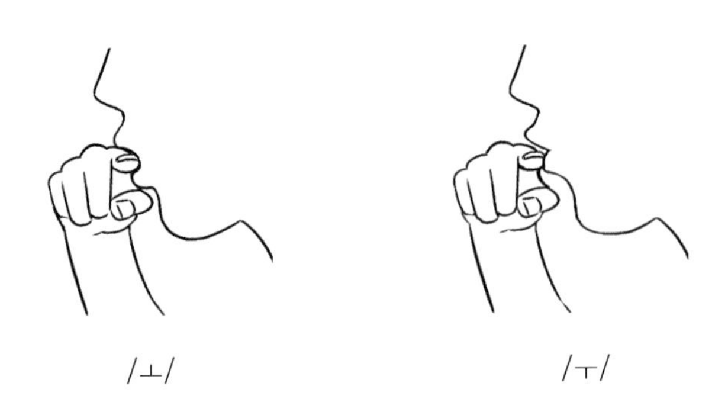

2 일본어권 학습자 대상

■ 일본어권 학습자의 오류와 원인

① 한국어의 /ㅓ/를 [ㅗ]로 발음한다. 일본어의 5모음, /イ(i), エ(e), ウ(u), オ(o), ア(a)/ 중 한국어의 /ㅓ/와 일치하는 모음은 존재하지 않는다. 따라서 일본어권 학습자는 일본어 모음 중 한국어의 /ㅓ/에 가장 가까운 모음인 [o]에 대응하여 발음하는 것이다. 일본어의 /オ(o)/는 한국어의 /ㅗ/와 같은 모음이 아니며 한국어 /ㅗ/와 /ㅓ/의 중간적 속성의 모음이다.

② 한국어의 /ㅡ/와 /ㅜ/를 잘 구별하지 못한다. 일본어의 /ウ(u)/는 한국어의 /u/에 비해 덜 후설적이고 원순성도 약하다. 한국어 /ㅡ/와 /ㅜ/의 중간적 속성을 가지고 있어 일본어권 학습자가 한국어의 /ㅡ/와 /ㅜ/의 구별에 어려움을 겪는 것이다.

일본어권 학습자는 한국어의 /ㅓ/를 일본어의 /o/에 대응시켜 발음하는데 한국어의 /ㅗ/와 일본어의 /オ(o)/는 동일한 모음이 아니다. 일본어의 /オ(o)/는 후설 원순모음이긴 하지만 한국어의 /ㅗ/에 비해 원순성이 다소 약하다. 즉 한국어 /ㅗ/와 /ㅓ/의 중간적 속성이 있다고 할 수 있다. 따라서 한국어 /ㅓ/와 /ㅗ/의 차이를 정확히 구별해 주는 것이 중요하다.

일본어 /o/를 기준으로 한국어의 /ㅓ/와 /ㅗ/를 개구도와 원순성 면에서 비교해 준다. 한국어의 /ㅓ/는 일본어의 /o/보다 입을 더 벌려야 하고, 한국어의 /ㅗ/는 일본어의 /o/에 비해 턱이 올라가고 입술이 더 둥글게 되고 돌출된다고 설명한다. 일본어 모음과 비교하지 않고 한국어의 /ㅓ/와 /ㅗ/만을 대상으로 그 차이점을 설명해도 된다. 이때 설명 방법은 앞서 제시한 중국어권 학습자에게 사용한 방법을 이용할 수 있다.

/ㅡ/와 /ㅜ/의 구별 오류는 일본어의 /ウ(u)/가 한국어 /ㅡ/와 /ㅜ/의 중간적 속성이 있기 때문에 발생한다. 일본어의 /u/는 한국어의 /ㅜ/와 달리 덜 후설적이고 원순성이 매우 약할 뿐만 아니라 선행하는 자음에 따라 두 개의 변이음으로 실현된다.[71] 따라서 한국어 /ㅡ/와 /ㅜ/는 두 음운의 변별자질인 원순성을 통해 구체적으로 구별해 주어야 한다.

---

71) 민광준(2006: 149)에서 일본어 /u/는 앞에 오는 자음의 종류에 따라서 두 가지로 발음된다. 즉 일본어의 오십음 중에서 'う, く, ぐ, ぬ, ふ, ぶ, ぷ, る'의 모음은 [ɯ]로, 'す, ず, つ' 의 모음은 [ɯ]보다 중설화한 [ɯ̈]로 발음된다. [ɯ]는 한국어의 /ㅜ/와 /ㅡ/의 중간적인 음이고 [ɯ̈]는 한국어의 /ㅡ/와 매우 비슷하다. 그러나 최근 젊은 층을 중심으로 [ɯ̈]를 [ɯ]로 발음하는 경향이 강해지고 있다.

/ㅜ/는 입술이 둥글고 앞으로 돌출되지만 /ㅡ/는 입술이 돌출되지 않는다. 입술의 돌출 여부는 집게손가락을 입술 1㎝ 앞에 세로로 댄 후 /ㅡ/와 /ㅜ/를 발음함으로써 관찰할 수 있다. /ㅜ/를 발음할 때는 입술이 손가락에 닿지만 /ㅡ/를 발음할 때는 입술이 손가락에 닿지 않는다.

한편 /ㅡ/ 발음 교육 시 입을 양 옆으로 벌리는 것도 강조해야 한다. /ㅣ/처럼 입을 양옆으로 하되 혀의 전후 위치는 /ㅜ/와 같다고 설명한다. 학습자에게 /ㅡ/와 /ㅜ/를 번갈아 발음해 보게 하면 입이 옆으로 벌어졌다가 다시 앞으로 돌출되는 모양이 반복됨을 관찰할 수 있다. 이때 턱의 움직임은 없다는 사실을 부연 설명한다.

3 영어권 학습자 대상

■ 영어권 학습자의 오류와 원인

영어권 학습자는 한국어 /ㅓ/의 발음에서 오류를 보인다. 이는 영어권 학습자가 한국어 /ㅓ/를 발음할 때 영어의 /ɔ/에 가깝게 발음하기 때문이다. 영어의 /ɔ/는 원순성이 있는 모음이기 때문에 한국어의 /ㅓ/를 영어의 /ɔ/로 발음할 경우 한국인에게는 이 소리가 [ㅗ]에 가깝게 인지된다.

/ㅓ/에 대해 한국어 모어 화자는 [ʌ]로, 영어권 학습자는 [ɔ]로 발음한다. IPA 모음도에서 보인 바와 같이 [ʌ]와 [ɔ]는 혀의 고저와 전후 위치에서는 차이가 없는 모음이다. 두 모음의 차이는 원순성에서만 나타난다.[72]

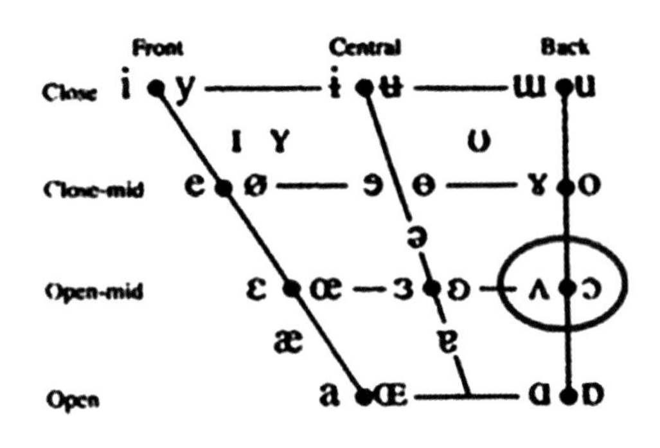

〈그림 5〉 IPA 모음도

72) 축의 점을 기준으로 왼쪽에 표시된 모음은 입술의 돌출이 동반되지 않고 나는 평순모음이고, 오른쪽에 표시된 모음은 입술의 돌출이 동반되면서 나는 원순모음이다.

영어의 /ɔ/와 한국어의 원순모음 /ㅗ/를 비교해 보면 두 모음 모두 원순모음이긴 하지만, 영어의 /ɔ/는 한국어의 /ㅗ/보다 저모음이기 때문에 /ㅗ/보다 입술을 세로로 길게 늘인 느낌으로 발음한다. 즉 입술의 원순성은 유지하되 입을 더 벌려 내는 소리이다. 한국어의 /ㅓ/는 평순모음이기 때문에 입술의 원순성을 유지할 필요가 없다.

5.4.2 초성의 평음, 경음, 격음

한국어 폐쇄음의 세 계열인 '평음-경음-격음' 변별 오류는 중국어권, 일본어권, 영어권 학습자 외에도 대부분의 언어권 학습자에게 보편적으로 나타나는 오류이다. 이는 한국어 폐쇄음 체계의 특수성에서 기인한다. 한국어 폐쇄음의 '평음, 경음, 격음' 대립은 언어 보편성의 관점에서 보면 매우 특이한 대립으로, 다른 외국어의 자음 체계에서는 거의 나타나지 않는 대립 체계이다. 학습자의 모국어에 없을 뿐만 아니라 보편적인 음운 대립 체계도 아니므로 많은 외국인 학습자가 한국어의 '평음, 경음, 격음'을 구별하지 못하는 오류가 발생한다.

1 중국어권 학습자 대상

■ 중국어권 학습자의 오류와 원인

한국어의 장애음은 기식성과 긴장성의 유무에 따라 평음, 경음, 격음의 3가지 대립을, 중국어는 기식성의 차이로 무기음과 유기음의 2가지 대립을 이룬다. 중국어의 무기음은 한국어의 경음과 비슷하고 유기음은 한국어의 격음과 비슷하다. 그런데 한국어의 경우 평음이나 격음 모두 기식성이 있고, 기식성의 강약으로 격음과 평음이 변별되기 때문에, 중국어에는 한국어 평음에 대응되는 자음이 없다. 이 때문에 중국어권 학습자가 한국어의 평음을 경음이나 격음으로 잘못 발음하는 오류가 나타난다.

중국어 폐쇄음 중 무기음은 한국어의 경음과 비슷하고 유기음은 한국어의 격음과 비슷하다. 따라서 한국어의 경음은 중국어의 무성폐쇄음에, 격음은 유기폐쇄음에 대응시켜 인지시킨다. 실제로 중국어권 학습자는 한국어의 격음과 경음 발음에 대해서는 크게 어려움을 겪지 않는다.

한국어	중국어
ㅃ, ㄸ, ㄲ	/b, d, g/
ㅍ, ㅌ, ㅋ	/p, t, k/

그런데 한국어 평음의 경우 이에 대응하는 중국어 자음이 없기 때문에 별도로 교수-학습이 이루어져야 한다. 평음을 인지시키는 가장 좋은 방법은 평음과 격음의 기식성 차이를 비교해 주는 것이다. 기식성의 정도란 조음 시 공기가 폐쇄되었다가 개방되면서 터져 나오는 정도를 말하는 것인데, 평음보다 격음의 기식성이 크다. 격음과 평음의 차이는 내뿜는 공기의 양에서 비롯되므로 학습자가 이를 이해할 수 있도록 얇은 티슈를 이용한다. 티슈를 앞에 두고 교사가 격음과 평음을 각각 발음함으로써 기류의 세기 차이를 학습자에게 보여 주는데, 기식성의 차이가 '경음 〈 평음 〈 격음'의 순이므로 티슈의 흔들림도 기식성에 비례해 나타난다.

교사를 위한 도움말

폐쇄음에 대한 교수-학습을 위해서는 교사가 한국어 폐쇄음의 구체적인 음성 특성을 이해해야 하는데, 이는 결국 '평음-경음-격음'의 변별 자질을 이해하는 것을 의미한다. 한국어의 폐쇄음은 기식성(aspirated) 및 긴장성(tense)에 의한 3중 대립을 이룬다. 기식성의 정도란 조음 시 공기가 폐쇄되었다가 개방되면서 터져 나오는 정도를 말하는 것인데, 그 정도는 격음이 가장 크고 경음이 가장 적다. 입 앞에 손바닥을 대고 격음, 평음, 경음을 차례로 발음해 보면 기류의 세기 차이를 느낄 수 있다. 긴장성은 성대의 긴장 정도를 말하는데, 경음의 긴장도가 가장 높다. 결론적으로 평음은 기식성도 약하고 조음 기관의 긴장성도 없는 데 반해, 격음은 기식성도 강하고 성대의 긴장성도 동반된다. 경음은 기식성이 거의 없고 성대 부근 근육이 크게 긴장된다.

기식성: 경음 〈 평음 〈 격음
긴장성: 평음 〈 격음 〈 경음

崔金丹(2010: 268-267)에서는 중국어 2음절 첩어를 이용해 초성의 평음을 교육하는 방안을 제시하였다. 중국어에는 단음절 명사 혹은 동사가 첩어를 이루면 그 단어의 두 번째 음절은 경성으로[73] 변하고 초성 자음이 약화되는 현상이 있다.

爸爸/bàba/ - 아버지
弟爸/dìdi/ - 남동생
哥哥/gēge/ - 형, 오빠

위 단어에서 비강세 음절인 두 번째 음절의 [b, d, g]는 자음 약화가 일어나 한국어의 평음 발음과 유사하게 실현된다. 따라서 이 변이음을 관찰하게 해 한국어의 평음을 인식하게 할 수 있다.

2 일본어권 학습자 대상

■ 일본어권 학습자의 오류와 원인

한국어 장애음은 평음, 경음, 격음의 삼중 대립인 데 반해 일본어 장애음은 유성음과 무성음의 이중 대립이다. 일본어의 무성 폐쇄음은 나타나는 위치에 따라 기식성의 정도 차이가 있다. 어두에 오면 파열 직후에 [h]와 비슷한 숨소리가 들리며, ‘た’[t^ha], ‘か’[k^ha]

73) 경성은 특정한 조건에서 짧고 가볍게 발음하는 것을 말한다. 선행 성조에 따라 유동적으로 변한다.

와 같이 발음된다. 그러나 비어두 위치에서는 기식성이 거의 없이 실현된다. 이 때문에 일본어 어두 음절의 폐쇄음은 한국어의 격음과 유사하고, 비어두 음절의 폐쇄음은 기식성이 없는 경음과 유사하다고 할 수 있다. 따라서 일본어의 어두 위치에서는 한국어의 격음과 유사한 유기음이 주로 실현되므로 한국어의 평음과 경음을 어두에서 발음하는 것이 어렵고, 일본어의 비어두 위치에서는 한국어의 경음과 유사한 무기음이 주로 실현되므로 한국어의 평음과 격음을 어중에서 발음하는 것이 어렵다.

일본어권 학습자는 어두 위치에서는 한국어의 평음과 경음을, 어중에서는 한국어의 평음과 격음을 어려워하므로 이 두 환경을 구분하여 교수-학습할 필요가 있다.

가 어두 위치의 평음과 격음

ㄱ. 평음

한국어의 평음 교육은 역시 격음과의 기류 세기 차이로 설명하는 것이 가장 좋다. 따라서 앞 중국어권 학습자 대상 교육에서 사용한 것과 같이 얇은 티슈를 이용하는 방법을 사용할 수 있다. 이 외에도 일본어의 변이음을 이용한 방법도 사용할 수 있다. 이경희·정명숙(1999)에서는 일본어 무성폐쇄음은 강세와 위치에 따라 달리 실현되는데, 무성폐쇄음이 어두 위치에서 강세를 받는 경우에는 한국어의 격음과, 강세를 받지 않는 경우에는 한국어의 평음과 유사하게 실현된다고 하였다. 따라서 한국어의 격음은 강세를 주어서 발음하도록 하고 한국어의 평음은 강세를 주지 않고 발음하도록 지도하는 것이 좋다.

ㄴ. 경음

한국어의 경음은 일본어의 변이음을 활용해 교육할 수 있다.[74] 일본어의 어중에 오는 무성폐쇄음은 한국어의 경음과 유사한 음향적 특성이 있으므로 한국어의 경음을 발음할 때는 앞에 음절이 하나 더 있다고 생각하며 발음하도록 지도한다. 예를 들어 학습자에게 'ばった/batta/, さんた/santa/'와 같은 일본어 단어를 제시하고 어중에 오는 자음이 한국어의 경음 /ㄸ/와 유사하

74) 여기에서 제시한 방법은 이경희·정명숙(1999: 249-250)에서 인용한 것이다.

다고 설명하는 것이다.

나 비어두 위치의 평음과 격음

비어두 위치에서는 평음과 격음 발음 자체가 이루어지지 못하므로 주의하여 교수할 필요가 있다. 이경희·정명숙(1999)에서는 한국어 폐쇄음의 음향적 특성을 활용하여 가르치는 방안을 제시하였는데 이를 정리해 보면 다음과 같다.

① 한국어의 평음이 어중에 올 때는 자음의 폐쇄 지속 시간이 격음이나 경음에 비해 매우 짧게 실현되므로 강세를 주지 않고(음높이를 낮게) 짧게 하여 빨리 발음하도록 한다.
② 한국어의 경음은 평음과 마찬가지로 음높이가 낮지만 폐쇄 지속 시간이 매우 길다는 것이 특징이다. 이는 일본어의 어중에 오는 무성폐쇄음과 유사하므로 일본어의 어중에 오는 무성폐쇄음처럼 발음하도록 한다.
③ 어중에 오는 한국어의 격음은 음높이가 높고 기식이 많은 것이 특징이다. 따라서 일본어권 학습자에게 어중에 오는 격음을 발음할 때는 강세를 주고(음높이를 높게), 강한 기식을 넣어서 발음하도록 한다.

3 영어권 학습자 대상

■ 영어권 학습자의 오류와 원인

영어의 폐쇄음은 유성음과 무성음의 대립이 나타나는데, 이러한 대립은 어두 및 어말에서 모두 나타난다. 그러나 어두의 유성음은 실제로 유성음으로 발음되는 경우가 많지 않으며, 대부분 기식의 양에 의해 무기음과 유기음의 대립으로 나타난다. 어말에서도 유성음과 무성음의 차이는 자음의 유성성에서 나는 것이 아니라 선행 모음의 길이 차이로 나타난다. 이처럼 영어의 폐쇄음은 유무성에 의한 이중 대립이며, 단어 내 위치에 따라 기식의 양 또는 선행 모음의 길이에 의해 변별된다. 따라서 무성음에서만 평음, 경음, 격음의 삼중 변별이 나타나는 한국어의 장애음을 변별하는 것이 어렵다.

가 평음과 격음의 구별

평음과 격음의 차이는 내뿜는 공기의 양에서 비롯됨을 가시적으로 보여 준다. 앞서 중국어권, 일본어권 학습자 대상 교육에서 사용한 방법을 그대로 이용할 수 있다. 얇은 티슈를 앞에 두고 교사가 발음함으로써 공기의 움직임을 학습자에게 관찰하게 한다. 또한 짝 활동으로 서로의 휴지가 움직이는 것을 봐 주면서 정확한 발음을 연습하는 활동을 진행하는 것도 좋다.

나 경음의 인지 및 변별

한국어의 경음 발음은 영어의 변이음을 활용해 교육할 수 있다. 영어는 어두에 장애음이 세 개까지 출현할 수 있는데, 세 자음이 올 경우 첫 자음은 /s/, 두 번째 자음은 /p, t, k/류가 된다. 이때 /s/ 다음에 오는 /p, t, k/는 한국어의 경음과 유사하다. 'spy, stay, sky'의 /p/, /t/, /k/는 각각 한국어의 /ㅃ/, /ㄸ/, /ㄲ/와 가까운 소리로 발음되므로 이를 이용하여 경음을 가르친다.

5.4.3 유음 /ㄹ/

유음 오류는 주로 중국어권 학습자에게서 나타난다.[75] 중국어권 학습자의 유음 오류와 그 원인을 다시 상기해 보자.

■ 중국어권 학습자의 오류와 원인

중국어권 학습자는 모음과 모음 사이에 /ㄹ/가 오면 마치 앞 음절 종성에 [ㄹ]를 삽입한 것과 같이 발음한다. 또한 음절 말에 오는 /ㄹ/의 경우 어중 종성에서는 대부분 권설음에 가깝게 발음하고, 어말 종성의 경우 권설음에 가깝게 발음하거나 탈락시키는 오류를 보인다. 이러한 오류는 한국어와 중국어 유음 목록의 차이에서 비롯된다. 한국어의 유음 /ㄹ/는 한

75) 일본어권 학습자나 영어권 학습자도 유음 오류를 일으키나 한국인들이 인식하는 데 장애가 될 정도는 아니다. 따라서 여기서는 중국어권 학습자 대상 유음 교육에 대해서만 다룬다.

국어 모어 화자에게는 하나의 소리로 인식되지만, 초성이나 어중 초성에서는 탄설음 /ɾ/로 실현되고, 음절 종성이나 /ㄹ/ 뒤의 초성 위치에서는 설측음 /l/로 난다. 이에 비해 중국어의 유음에는 설측음 /l/와 권설음 /ɹ/가 있는데, 음절 초 위치에서는 설측음과 권설음이, 음절 말 위치에서는 권설음이 나타난다.

이상과 같이 한국어 유음의 변이음인 탄설음과 설측음을 중국어권 학습자는 설측음과 권설음으로 각각 대치하여 발음해 오류가 발생한다. 한국어 '나라'에서 [ㄹ]는 탄설음으로 실현되는데 비해 중국어에서는 이 환경에서 설측음이 실현되므로, 중국어권 학습자는 '나라'의 [ㄹ]를 설측음으로 발음한다. 한국어 '달'에서 종성의 [ㄹ]는 설측음으로 실현되는데 중국어에서는 권설음이 실현되므로, 중국어권 학습자는 '달'의 [ㄹ]를 권설음으로 발음한다. 따라서 중국어권 학습자 대상 유음 교육은 단순히 하나의 음운으로 교육하기 어렵고 환경에 따른 변이음으로 구분하여 교육해야 한다. 특히 탄설음과 설측음은 음향적으로 상당히 다른 두 개의 소리이므로 각 소리의 조음에 대해 구체적으로 설명해 줄 필요가 있다.

가 초성 또는 어중 초성의 탄설음

초성에 나타나는 /ㄹ/를 교육할 때는 조음 방법과 조음 위치를 이용하여 설명해 주는 것이 좋다. '라면'이나 '라디오'에서 '라'의 [ㄹ]는 혀끝으로 윗니 뒷부분을 한 번 살짝 치는 음인데, 교사는 실제 발음 동작을 보여 주면서 음을 설명하고 학습자에게 따라해 보도록 한다. 이때 혀의 긴장도와 /ㄹ/ 소리의 길이에 대해 추가적으로 설명해 주면 도움이 된다. 중국어권 학습자는 초성의 /ㄹ/를 발음하면서 설측음 [l]를 발음할 때처럼 혀를 긴장시키므로 먼저 혀의 긴장을 풀도록 해야 한다. 그리고 /ㄹ/ 소리의 길이에도 주의하도록 해야 한다. 범류(2006)에 따르면 중국어권 학습자가 초성 환경에 있는 /ㄹ/를 발음할 때 한국인 화자보다 길게 발음한다. 따라서 길이를 아주 짧게 발음하도록 유도해야 한다. 이때 '라, 라, 라, 라, …'를 계속 빠르게 발음하도록 하면서 혀의 긴장도도 풀어 주고 /ㄹ/의 길이도 짧게 발음하도록 유도하는 방법이 효과적이다.

나 음절 종성이나 /ㄹ/ 뒤 초성 위치의 설측음

중국어권 학습자는 /ㄹ/ 종성을 중국어의 兒化운, 즉 권설음으로 대치하여 발음하는 경우가 많다. 범류(2006)에 따르면 한국인보다 중국어권 학습자가 혀가 낮은 위치에서, 즉 혀가 충분히 구개로 올라가지 않은 상태에서 /ㄹ/를 조음하고, 구강의 뒤쪽 위치에서, 즉 혀가 충분히 앞으로 가지 않은 상태에서 발음한다. 이 결과를 보면 중국어권 학습자가 /ㄹ/를 발음할 때 한국인보다 입을 덜 벌리고 혀가 구강의 뒤쪽으로 더 간다는 것인데, 이는 권설음으로 대치하는 것을 의미한다.

음절 말 종성 /ㄹ/ 교육에서는 학습자에게 입이 벌어지는 정도와 혀의 위치를 이용하여 설명해 주는 것이 좋다. 한국어의 음절 말 /ㄹ/는 중국어의 권설음을 발음할 때보다 입이 더 벌어지고, 혀끝이 윗잇몸에 붙는 소리임을 이해시킨다. 중국어권 학습자는 한국어의 음절 말 /ㄹ/를 권설음처럼 발음하므로 혀끝을 윗잇몸에 대는 것에 대해 특별히 강조할 필요가 있다. 실제 '알'과 같은 음절을 발음하면서 혀끝을 윗잇몸에 붙이고 양 옆으로 기류가 흐르는 것을 보여 준다. 그리고 학습자에게 '알'을 발음하게 한 후 거울로 자신의 입 안의 혀와 입 모양을 관찰하게 하여 교사의 것과 어떤 차이가 나는지 비교해 보게 한다.

5.4.4 종성 자음

종성 자음의 오류는 언어권별로 다양하게 나타난다. 중국어권 학습자는 장애음 종성을 탈락시키거나 다른 자음으로 대치하는 오류를, 일본어권 학습자는 음절 말 자음을 발음하지 못하고 다음 음절의 초성으로 넘겨 개음절화하는 오류를 가장 흔하게 보인다. 영어권 학습자의 경우 장애음 종성을 불파음으로 발음하지 않고 개방하는 오류와 어말 자음군을 모두 발음하는 오류를 보인다.

한국어의 자음은 음절 구조의 종성 위치에서 특정한 제약을 받기 때문에 이를 고려하여 종성 교육이 이루어져야 한다. 우리말의 음절 구조 제약 중 종성에 대한 제약에는 다음 두 가지가 있다.

① 〈제약 1〉 - 음절 말에 오는 모든 자음은 불파음으로 실현되어야 한다. 이 제약은 평 폐쇄음화의 동인이 된다.

② 〈제약 2〉 - 음절 종성에 자음군이 올 수 없다. 이것은 자음군 단순화 규칙의 동인이 된다.

〈제약 1〉은 우리말 자음이 초성에서는 외파음으로 실현되지만 종성에서는 불파음으로 실현된다는 것이다. 파열음은 '폐쇄 → 지속 → 개방'의 국면을 거치며 생성되는 소리인데, 우리말의 초성에 오는 /ㄱ, ㄷ, ㅂ/는 바로 이 세 국면을 거쳐 생성되는 소리이다. 그런데 /ㄱ, ㄷ, ㅂ/가 종성에 위치할 때는 소리가 터지지 않은 채 발음된다. 즉 개방의 국면이 결여된 채 폐쇄와 지속만이 일어나는 것이다. 그래서 초성에 오는 파열음은 외파음이라고 하고, 종성에 오는 파열음은 불파음이라고 한다. 음절의 종성은 불파음으로 실현되어야 하므로 한국어 종성에는 /ㄱ, ㄴ, ㄷ, ㄹ, ㅁ, ㅂ, ㅇ/ 7개의 소리만이 날 수 있다.[76]

〈제약 2〉는 음절 종성에 하나의 자음만이 허락되므로, 음절 말음이 두 개의 음운으로 이루어졌을 때 두 자음 중 반드시 하나는 탈락하게 된다는 것이다. 예를 들어 '값[갑], 흙[흑]' 등은 자음군 단순화의 결과이다.

학습자가 나타내는 종성 오류를 볼 때, 중국어권 학습자나 일본어권 학습자 대상 교육에서는 〈제약 1〉을, 영어권 학습자 대상 교육에서는 〈제약 1, 2〉를 바탕으로 교수-학습이 이루어져야 한다.

1 중국어권 학습자 대상

■ 중국어권 학습자의 오류와 원인

장애음 종성 /ㄱ, ㄷ, ㅂ/를 탈락시키거나, 다른 자음으로 대치하는 오류가 나타난다. 중국어의 경우 종성에 [n], [ŋ], [ɹ]밖에 올 수 없기 때문에 한국어의 7종성 가운데 장애음 종성인 /ㄱ, ㄷ, ㅂ/와 비음 종성 가운데 /ㅁ/의 발음을 어려워하는 것이다.

76) 종성 자음 교육에서는 불파음화, 음절 말 평폐쇄음화, 자음군 단순화 현상이 모두 다루어져야 한다. 하지만 여기에서는 학습자의 언어권별 종성 오류에 대한 처치 방안을 모색하는 데 목적을 두므로 이와 관련된 것만을 다룬다. 따라서 불파음화가 동인이 되어 일어나는 음절 말 평 폐쇄음화(종성에 쓰이는 16개 자음이 7개로 중화되어 나타나는 현상)에 대해서는 다루지 않는다.

가 종성 /ㄱ, ㄷ, ㅂ/

중국어권 학습자는 한국어의 '악, 앋, 압'을 종성을 생략한 채 '아'로 발음하는데, 이러한 오류는 중국어의 음절 구조에서 운미에 /n/, /ŋ/만을 허용하기 때문에 발생한다. 한국어는 음절 말 종성에 /ㄱ, ㄴ, ㄷ, ㄹ, ㅁ, ㅂ, ㅇ/ 7개의 자음이 허용되는 데 비해 중국어는 /n/, /ŋ/ 두 개만 허용되기 때문에 둘을 제외한 나머지 종성 발음은 인지가 안 되는 것이다.

종성의 폐쇄음 /ㅂ, ㄷ, ㄱ/의 오류는 〈제약 1〉을 바탕으로 교육해야 한다. 폐쇄음은 조음 위치에서 공기의 흐름을 완전히 막았다가 터트려 발음하는 소리로, '폐쇄 → 지속 → 개방'의 국면을 거치며 생성된다. 우리말의 초성에 오는 /ㄱ, ㄷ, ㅂ/는 바로 이 세 국면을 거쳐 생성되는 소리이다. 그런데 종성에 /ㄱ, ㄷ, ㅂ/가 위치할 때는 소리가 터지지 않은 채 발음된다. 즉 파열음의 개방의 국면이 결여된 채 '폐쇄와 지속'만이 일어나는 것이다.

종성의 폐쇄음을 교육하는 방법은 '밥'과 '바'를 발음하면서 학습자가 교사의 입술 모양을 관찰하도록 하는 것이 좋다. '밥'의 경우 입술을 벌렸다 다물지만, '바'는 벌린 상태로 끝난다. /ㄷ/와 /ㄱ/도 같은 방법을 이용하여 가르칠 수 있다. 교사의 입 모양을 관찰한 후에 학습자가 직접 거울을 보며 연습해 보도록 한다. 이때 받침이 있는 것과 없는 것을 반복해서 발음하도록 하는 훈련을 하면 좋다.

나 종성 /ㅁ/

비음 /ㅁ/에 대해 학습자에게 입을 다물고 공기를 코로 내보내는 소리라고 설명한다면, 학습자는 이를 쉽게 이해하지 못할 것이다. 따라서 비음 종성의 조음 특징을 구체적으로 느끼고 이해할 수 있도록 지도해야 한다. 먼저 초성 /ㅁ/가 들어가는 음절 '마'를 발음시켜 /ㅁ/ 발음 시 연구개가 내려오고 공기가 코로 흐른다는 사실을 이해하게 한다. 이때 '마'와 '바'를 번갈아 발음해 보면 학습자가 공기의 흐름 차이를 좀 더 구체적으로 느낄 수 있을 것이다. 이어 '마'와 '맘'을 칠판에 판서하고 학습자가 교사의 입술 모양을 관찰하도록 한다. 이를 통해 '맘'의 경우 입술을 벌렸다 다물지만, '마'는 벌린 상태로 끝난다는 사실을 알게 한다.

2 일본어권 학습자 대상

■ 일본어권 학습자의 오류와 원인

한국어는 CVC 음절 구조인 데 비해 일본어는 기본적으로 CV의 구조이고, 음절 말에 오는 자음이 매우 제한적이다. 일본어에서 음절 말에 올 수 있는 음소는 촉음(っ/Q)과 발음(ん/N) 두 가지뿐이어서 일본어권 학습자는 한국어의 폐쇄음 종성과 비음 종성 발음에 오류를 보인다.

가 종성 /ㄱ, ㄷ, ㅂ/

한국어의 음절 종성 폐쇄음은 불파음으로 실현된다는 사실을 인지시키는 것이 중요하다. 일본어는 CV 음절 구조이므로, 일본어권 학습자는 '밥'과 같은 단어를 [바뿌]와 같이 발음한다. 칠판에 '밥'을 써 놓고 일본어권 학습자에게 발음해 보라고 하면 [바뿌]와 같이 발음할 것이다. 이때 학습자의 입 모양과 [밥]이라고 발음한 한국어 교사의 입 모양을 관찰하게 한다. 일본어권 학습자는 종성의 /ㅂ/를 다음 음절의 초성으로 발음하므로 파열이 이루어져 공기의 통로가 열린다. 이것을 입을 폐쇄한 상태로 끝나는 한국어 종성의 입 모양와 비교해 주면 효과적이다.

일본어의 촉음 /っ/를 이용하여 가르치는 방안도 있다. 일본어의 촉음은 다음과 같이 후행하는 자음에 동화되어 다양한 폐쇄음의 변이음으로 실현된다.

がっか [gakka] - 각
いったい [ittai] - 읻
いっぱい [ippai] - 입

위 단어에서 촉음은 각각 후행하는 자음에 동화되어 변이음 [k], [t], [p]로 실현된다. 칠판에 위 일본어 단어를 쓰고 옆에 한국어 발음 '각, 읻, 입'을 써 준다. 발음 차이에 신경 쓰면서 읽어 보도록 한 후 세 받침 발음의 차이에 대해 설명해 준다.

나 종성 /ㄴ, ㅁ, ㅇ/

일본어권 학습자의 비음 종성 오류는 두 가지 방향으로 나타난다. '김치 – 기무치'와 같이 종성 비음을 다음 음절의 초성으로 보내 발음하는 오류와 '향수'를 '햔수'로 대치해 발음하는 오류이다. 첫 번째 오류는 음절 구조의 문제에서 발생하는 것이므로 앞 /ㄱ, ㄷ, ㅂ/ 오류처럼 종성 불파음의 특징을 중심으로 설명하면 된다. 두 번째 오류는 일본어 발음 /ん/의 변이음 실현 때문에 일어나는 것이므로 이를 바탕으로 교수해야 한다.

두 번째 오류의 교수 방안에 대해 좀 더 살펴보자. 일본어의 발음 /ん/은 후행하는 자음의 조음 위치에 따라 변이음 /n, m, ŋ/으로 나타난다. 이 변이음이 우리의 비음 종성 /ㄴ, ㅁ, ㅇ/과 유사하므로 이들을 이용하여 세 음운의 차이를 설명할 수 있다. 칠판에 변이음 /n, m, ŋ/이 나타나는 단어를 제시하고 이들의 발음을 한국어로 적는다. /ん/이 환경에 따라 /n, m, ŋ/으로 발음되더라도 학습자는 하나의 음운으로 인식하므로 이들 음운이 실제 조음 방법에서 차이가 남을 인지시켜야 한다. 학습자에게 칠판에 제시된 단어를 읽으면서 조음 방법이 어떻게 다른지 관찰해 보도록 하게 한다. 이어 /ん/과 한국어의 /ㄴ, ㅁ, ㅇ/을 연결한다.

あんない[annai]	さんま[samma]	でんき[de□ki]
안나이	삼마	뎅기

3 영어권 학습자 대상

■ 영어권 학습자의 오류와 원인

한국어는 어두와 어말에 한 개의 자음만 올 수 있고, 종성의 자음은 반드시 구강 폐쇄를 동반해야 한다는 특징이 있다. 이에 비해 영어는 어두와 어말에 자음군을 허용하며, 종성에 오는 폐쇄음을 불파하거나 개방하는 것이 자유 변이의 형태로 나타난다. 이 때문에 영어권 학습자의 종성 오류가 나타난다.

영어권 학습자는 종성의 폐쇄음을 파열시키는 오류를 자주 보이므로 어말 장애음이 반드시 폐쇄로 끝남을 강조해 주어야 한다. 이는 앞에 제시된 중국어권, 일본어권 학습자 대상의 교육 방안을 활용할 수 있다. 또 하나는 양순임(2005:507)에서 제시한 방법이다. 영어에서도 'cat people'과 같은 경우 한국어처럼 종성에서 불파음이 실현된다. 따라서 아래와 같이 영어 단어를 제시하여 음가에 대한 이해를 도울 수 있다.

back door	hot dog	kept
/k/	/t/	/p/

〈참고 문헌〉

김서형 · 전나영 · 장향실 · 차재은(2014), 〈사랑해요 대한민국(일본어권)〉 발음편 동영상 개발 자료 국립국어원.

민광준(2006), 『일본어 음성학 입문』, 서울: 건국대학교 출판부.

박지연(2010), "중국어권 한국어 학습자의 한국어 단모음 지각과 산출 관계 연구", 고려대학교 석사학위논문.

범류(2006), "중국인 한국어 학습자와 한국인의 'ㄹ' 발음의 길이와 포먼트에 대한 연구", 『말소리』 57, 대한음성학회.

신지영(2011), 『한국어의 말소리』, 서울: 지식과 교양.

양순임(2005), "한국어 음절 종성의 발음 교육", 『국어 교육』 117, 한국어교육학회.

우인혜(1998), "한일 언어 비교를 통한 발음 교수법", 『이중언어학』 15, 이중언어학회

이경희·정명숙(1999), "일본인을 위한 한국어 파열음의 발음 및 인지 교육", 『한국어 교육』 10-2, 국제한국어교육학회.

장향실(2002), "중국어 모국어 화자의 한국어 학습시 나타나는 발음상의 오류와 그 교육 방안", 『한국어학』 15, 한국어학회.

장향실(2009), "중국인 학습자의 한국어 음절 오류와 교육 방안", 『우리어문연구』 34, 우리어문학회.

장혜진(2012), "국어 어두 장애음의 음향적 특성과 지각 단서", 고려대학교 박사학위논문.

장혜진(2014), "숙달도에 따른 중국인 학습자의 한국어 어두 폐쇄음 지각", 『언어과학』 68, 언어과학회.

전상범(2005), 『영어 음성학 개론』, 서울: 을유 문화사.

정명숙(2008), "한국어 학습자를 위한 전략적 발음 교육: 중국인 학습자를 중심으로", 『한국어학』 38, 한국어학회.

崔金丹(2010), "중국어의 자음을 역으로 활용한 중국어권 학습자의 한국어 자음의 발음 교정 방법에 대하여", 『언어와 문화』 6-3, 한국언어문화교육학회.

한재영 외(2003), 『한국어 발음 교육』, 서울: 한림.

Chen, Li-mei, Kuan-Yi Chao and Jui-Feng Peng(2007), "VOT productions of word-initial stops in Mandarin and English: A cross-language study." *The Association for Computational Linguistics and Chinese Language Processing.*

Ladefoged, Peter(2001), *A course in phonetics*(fourth edition), Fort Worth: Harcourt College Publishers.

Lin, Yen-Hwei(2007), *The Sounds of Chinese*, Cambridge, UK; New York: Cambridge University Press.

Vance, Timothy J.(2008), *The Sounds of Japanese*, Cambridge, UK; New York: Cambridge University Press.

제6장
한국어 학습자의 발음 오류 및 처지 방안(Ⅱ): 억양 오류

어느 날 김 교사가 연구실에 있는데, 한 중국인 학습자가 노크를 하고 들어 와서 "선생님, 내일 시험 있어요."라고 말했다. 김 교사는 이 학습자는 왜 자기에게 와서 내일 시험이 있다고 말하는 것일까 매우 의아했다. 일단 "아, 네."라고 대답했는데 그 학습자가 다시 "내일 시험 있어요."라고 말했다. 그때 김 교사는 중국인 학습자가 내일 시험이 있는지 물어보고 있다는 것을 깨달았다. 김 교사는 다음 수업 시간에 의문문에서는 문장의 끝을 올려야 한다는 내용을 더욱 강조해서 가르쳐야겠다고 생각했다.

위의 예시는 억양의 중요성을 보여 준다. 중국인 학습자는 김 교사에게 내일 시험이 있는지를 묻고 싶었던 것이다. 그러나 중국인 학습자의 발화는 김 교사에게 "내일 시험이 있어요?"라는 의문문이 아니라 "내일 시험이 있어요."라는 평서문으로 인식되었다. 이는 중국인 학습자가 한국어 의문문의 상승 억양을 제대로 실현하지 못하여 발생한 문제이다. 이처럼 학습자의 발화에서 억양 오류가 발생했을 때 의사소통에 문제가 있을 수 있다는 것을 알 수 있다. 이 장에서는 억양 오류의 유형과 그 처치 방안에 대해 알아볼 것이다. 5장과 마찬가지로 한국어를 배우는 대표적인 외국인 학습자인 중국어권, 일본어권, 영어권 학습자로 나누어 억양 오류를 살피기로 한다.

6.1 중국어권 학습자의 오류

6.1.1 음운구

억양은 한국인 화자와 유사한 수준의 한국어를 구사하고자 하는 외국인 학습자에게 가장 어려운 항목이다. 문장의 서법을 결정하는 발화 말 억양의 경우에는 학습자의 발음 오류 때문에 의사소통의 장애를 가져오기도 하며, 그 밖에도 '이상하다, 어색하다, 외국어 같다'와 같은 느낌을 주는 문제이기 때문이다. 이와 같은 억양을 정확하게 분석하고 기술하여 학습시키는 것은 매우 어려운 일이다. 2장에서 살펴본 바와 같이 한국어의 운율 단위는 '음절-음운 단어-음운구-억양구-발화'의 구조를 이룬다.[77] 이 가운데 음운구와 억양구에서 나타나는 중국어권 학습자의 오류 유형을 관찰해 보자.

먼저 '고양이와 쥐가 한 집에 살았답니다.'와 같은 문장을 소리 내어 읽어 보고, 운율 단위가 어떻게 실현되었는지 생각해 보자. 일반적으로 한국인 화자는 이 문장을 4개의 음운구, 1~2개의 억양구로 발화한다. 이를 문장에 표시해 보면 (1), (2)와 같다.[78] 실제로 한국인 화자 10명에게 이 문장을 발화하게 하였을 때 7명은 (1), 3명은 (2)와 같이 발화하였다.

(1) 고양이와/ 쥐가/ 한 집에/ 살았답니다// [음운구 4개, 억양구 1개]
(2) 고양이와/ 쥐가// 한 집에/ 살았답니다// [음운구 4개, 억양구 2개]

그렇다면 중국어권 학습자는 같은 문장을 어떻게 발화할까? 중국어권 초급 학습자 10명이 같은 문장을 발화한 결과는 (3)과 같다.

(3) 고양(/)이와// 쥐가// 한/(/) 집에// 살았/(/) 답(/)니다//

한국인 화자와 비교해 보면 중국어권 학습자는 운율구 경계를 훨씬 더 자주 실현한다. 특히 중국어권 초급 학습자의 경우는 대부분의 경계를 억양구로 실현하며, 한국인 화자가 경계를 넣지 않는 자리(고양/이와, 한/ 집에, 살았/답/니다 등)에 운율구 경계를 삽입하는 경우도 빈번하다.[79] 중국어권 초급 학습자 10명이 이 문장을 발화한 결과 음운구 경계는 평균 6.3개, 억양구

77) 28쪽, 2.2 한국어의 운율 단위를 참고하라.

78) 음운구는 /로, 억양구는 //로 표시하였다.

79) 중국어권 초급 학습자 10명이 문장을 발화하였을 때 10명 모두 '살았'과 '답니다' 사이에 운율구 경계를 삽입하였으며, 1명은 '고양/이와'에, 2명은 '답/니다'에 운율구 경계를 삽입하였다. 정명숙(2008: 353)에서는 중국어권 학습자의 발화에서 매우 특징적인 억양으로 두 음절씩 끊어서 발음하는 것을 꼽았다. 예를 들어 '학습자들에게'라는 말을 할 때 '학습/자들/에게'와 같이 끊어 읽기를 한다는 것이다. 이에 대하여 중국어 단어가 대부분 2음절로 구성되어 있기 때문에 나타나는 현상이라고 하였다.

경계는 평균 4.7개가 실현되었다. 한국인 화자의 음운구 경계가 평균 4개, 억양구 경계가 1.4개인 것과 비교해 볼 때 운율구 경계를 훨씬 더 자주 실현한다는 것을 알 수 있다.

한국어의 기본적인 음운구의 음높이 유형은 4음절을 기준으로 '성조(T)+고(H)+저(L)+고(H)'이다. 이때 성조는 음운구 첫 음절의 초성이 경음(ㄲ, ㄸ, ㅃ, ㅆ, ㅉ), 격음(ㅋ, ㅌ, ㅍ, ㅊ), 마찰음(ㅅ, ㅎ)인 경우에는 고조(H)로, 그 외의 자음이나 모음으로 시작하는 경우에는 저조(L)로 실현된다. 그리고 음운구의 끝 음절의 음높이는 고조로 실현되는 것이 일반적이지만 저조로 실현되는 경우도 있다.

한국인 화자가 (1)의 문장을 발화할 때 대체로 (4)와 같은 음운구 음높이 유형이 나타난다.[80]

(4) 고양이와/ 쥐가/ 한 집에/ 살았답니다
LHLHa LHa HLHa HHLHa

이와 달리 중국어권 초급 학습자가 이 문장에서 실현한 음운구의 음높이 유형은 대체로 (5)와 같다.

(5) 고양이와/ 쥐가/ 한/ 집에/ 살았/답니다
LHLHa LHa Ha LHa LHa HLHa

한국인 화자와 중국어권 학습자의 음운구 음높이 유형을 비교해 보면 '살았답니다'에서 차이를 보인다. '살았'의 경우 음운구 첫 음절이 마찰음으로 시작하기 때문에 'H'로 시작해야 하지만 많은 학습자가 이를 'L'로 실현하는 오류를 보였다. 중국어에는 한국어와 같은 음운구 규칙이 없기 때문에 이와 같은 한국어의 운율을 습득하는 데 어려움을 겪는 것으로 보인다.

음운구 첫 음절의 음높이 실현에서 나타나는 오류는 중국어권 학습자의 발화에서 매우 빈번하게 나타나는 오류 유형이다.[81] 다음 예시는 중국어권 초급 학습자 2인의 역할극 대화에서 나타난 음운구의 음높이 유형 오류를 나타낸 것이다.

80) '한 집에'와 같이 3음절로 이루어진 음운구는 HLHa, HLLa. HHa 등 다양한 음높이 유형으로 나타날 수 있다.

81) 초급 학습자의 경우 대부분 어절 단위로 억양구를 실현하는 경향을 보인다. 여기에서는 억양구와 억양구 경계 성조를 따로 표시하지 않고 제시하였으며, 띄어쓰기는 음운구 경계를 나타낸다.

중국 어디에 있어요?
HLa LLHa LLHa

하얼빈 에서 동쪽으로 삼백 삼십 킬로미터쯤 떨어져 있어요.
HLHa LHa LHLHa LHa LHa LLHLa LHLa HLLa

제 고향은 중국 대련이에요.
Ha LLHa HLa LHLLa

베이징에서 동쪽으로 떨어져 있어요.
HHLHa HHLHa LLHa LLa

○○씨 고향은 얼음으로 만든 불이 유명해요?
LHLa HLLa LHLLa HLa HLa LHLLa

위 대화문에서 '고향은(HLLa), 동쪽으로(HHLHa), 만든(HLa), 베이징에서(HHLHa), 불이(HLa), 있어요(HLLa), 중국(HLa), 제(Ha)' 등은 음운구 첫 음절의 초성이 각각 /ㄱ, ㄷ, ㅁ, ㅂ, ∅, ㅈ/이다. 이와 같이 음운구 첫 음절의 초성이 평음이거나 초성 없이 모음으로 시작하는 경우 국어의 음운구 규칙에 따르면 저조(L)로 시작하여야 한다. 그러나 중국어권 학습자는 이와 같은 음운구를 고조(H)로 시작하는 오류를 자주 보인다. 또한 '삼백(LHa), 삼십(LHa), 킬로미터쯤(LLHLa), 떨어져(LLHa)'와 같이 고조로 실현해야 하는 음운구 첫 음절을 저조(L)로 실현하였다. 이 예들은 음운구 첫 음절의 초성이 /ㅅ, ㅋ, ㄸ/와 같이 마찰음, 격음, 경음이기 때문에 고조(H)로 실현하여야 하는데, 이를 저조(L)로 실현하여 오류를 보인 것이다. 이때 고조(H)를 저조(L)로 잘못 실현한 오류가 저조(L)를 고조(H)로 잘못 실현한 오류보다 높은 비율로 나타난다.[82]

82) 중국어권 초급 학습자 4명이 수행한 역할극 대화를 분석한 결과, 음운구 첫 음절의 음높이 오류는 다음과 같은 비율로 나타났다.

	남성(2명)	여성(2명)	합계	오류율
L를 L로	44	71	115	16/131 (12.2%)
L를 H로 〈오류〉	9	7	16	
H를 H로	4	17	21	17/38 (44.7%)
H를 L로 〈오류〉	7	10	17	

중국어는 한국어와 달리 성조가 있다. 성조는 단어의 음높이 변화가 단어의 의미를 변화시킬 수 있는 요소이다. 성조는 음의 높낮이와 음높이 변화의 유형에 따라 분류된다. 중국어에는 네 가지 성조가 있는데, 1성(높은 수평조, 55), 2성(높오름조, 35), 3성(낮내리오름조, 214), 4성(높내림조, 51)이다.[83] 이처럼 중국어는 음높이가 단어의 의미를 변별하는 기능을 하는 성조가 있기 때문에 비성조 언어인 한국어를 학습할 때 음운구 음높이 규칙을 습득하는 데 어려움을 겪게 된다. 이후 억양구 실현 양상에서도 살펴보겠지만 성조가 있는 언어에서는 성조와 억양의 음높이가 충돌하거나, 억양에 의한 음높이 실현이 성조의 혼동을 일으킬 수 있기 때문에 성조가 없는 언어와 억양의 실현 양상이 다르게 나타난다. 이와 같은 차이에 대한 명확한 설명이 필요하고, 이에 따른 억양 습득 훈련이 필요하다.

6.1.2 억양구

6장을 시작할 때 '내일 시험이 있는지 묻고 싶었던' 중국인 학습자의 발화를 한번에 알아듣지 못한 김 교사의 사례를 살펴보았다. 이 예시에서 중국어권 학습자가 발화한 의문문은 한국인 화자에게 의문문이 아니라 평서문으로 지각되는데, 이는 의문문의 끝을 하강 억양으로 발화하였기 때문이다. 이처럼 한국어는 발화 말 억양구의 경계 성조가 문장의 서법을 결정하는 문법적인 기능을 하는데, 중국어에는 이와 같은 기능이 없기 때문에 중국어권 학습자가 이와 같은 억양의 실현에 어려움을 겪는다.

중국어권 학습자가 발화한 평서문의 억양구 말 경계 성조를 살펴보면, 대체로 L%로 실현함을 알 수 있다. 이와 달리 한국인 화자들은 평서문에서 일반적으로 HL%를 사용한다. 앞서 살펴본 '고양이와 쥐가 한 집에 살았답니다.'와 같은 평서문 문장을 발화하였을 때 한국인 화자는 10명 가운데 9명이 발화 말 경계 성조를 HL%로 실현한 반면, 중국어권 학습자는 6명이 L%로 실현하였다. 이는 의사소통의 장애를 가져오는 정도의 오류는 아니지만 '한국어스럽지 않은' 인상을 주거나 퉁명스럽고 무뚝뚝한 느낌을 주게 된다. 억양은 문법적인 기능 외에 정서적인 기능도 함께 하기 때문이다. 한국인 화자는 특히 발화 말에서 평탄조보다는 HL%, LH%, LHL%와

83) 음높이 값을 나타내는 각 숫자는 상대적인 음높이 정도와 관련되는데, 1에서 5까지 다섯 단계가 있고, 1이 가장 낮고 5가 가장 높은 음높이를 나타낸다.

같은 굴곡 성조를 많이 사용하기 때문에 중국어권 학습자의 평탄조는 자연스러운 한국어 억양으로 느껴지지 않을 수 있다.

이와 같은 평서문의 문제 외에 의문문의 억양에 대해서도 언급할 수 있다. 한국어는 억양에 의해 서법을 구별하기 때문에 모국어에 이러한 특성이 없는 중국어권 학습자는 억양 습득에 어려움을 겪을 수 있다. 또한 상승 억양을 습득하더라도 그 상승이 한국인의 억양과 다른 운율로 나타나 어색하게 들리는 경우가 있다. 정명숙(2003: 238)에서는 한국인은 의문문을 발화할 때 의문문의 끝에서 두 번째 음절이 낮고, 끝 음절에서 상승조가 실현되는 데 반해 중국어권 학습자는 끝 음절을 높이더라도 끝에서 두 번째 음절을 낮게 발화하지 않기 때문에 어색하게 들린다고 하였다.

한국어의 억양은 주로 발화의 마지막 음절에 얹히는 음높이에 의해 설명되지만, 중국어의 억양은 주로 발화 전체의 음높이 정도의 변화로 표현된다(Shen, 1989). 예를 들어 의문문의 전체적인 음높이는 동일한 단어로 구성된 평서문보다 높다는 것이다. 평서문과 의문문의 주요 차이는 시작 음높이가 의문문이 평서문보다 높고, 전반적인 음높이 또한 의문문이 평서문보다 높다는 데 있다. 따라서 중국어권 학습자가 한국어의 억양을 습득하기 위해서는 중국어와 한국어의 이러한 차이를 정확하게 인지할 필요가 있다.

〈표 1〉 한국어와 중국어의 발화 말 억양구 비교

한국어	중국어
평서문의 발화 말 억양구 경계 성조를 HL% 등의 굴곡 성조로 실현하는 경우가 많다.	평서문의 발화 말 억양구 경계 성조를 주로 L%와 같은 평탄조로 실현한다.
의문문은 상승의 경계 성조를 보인다.	의문문에서 상승의 경계 성조를 실현하지 못하거나, 실현하여도 한국인 화자와 달리 끝에서 두 번째 음절을 낮게 발화하지 않는다.

경계 성조 이외에 억양구와 관련하여 살펴볼 부분은 억양구 말 장음화이다. 한국어에서 억양구는 마지막 음절의 장음화에 의해 특징지어진다. 〈그림 1〉에서 한국인 화자와 중국어권 학습자의 억양구 말 음절 길이를 비교해 볼 수 있다. 한국인 화자는 억양구 마지막 음절의 길이를 다른 음절의 평균 길이보다 2배 이상 길게 실현한다('다'의 길이: 334ms, 그 외 음절의 평균: 138ms). 그러나 중국어권 학습자의 경우 억양구 마지막 음절의 길이가 다른 음절의 평균 길이

와 차이를 보이지 않는다('다'의 길이: 328ms, 그 외 음절의 평균: 346ms). 발화 말 억양구의 길이가 짧게 실현되면 경계 성조가 평탄조로 실현되었을 때와 마찬가지로 퉁명스러운 느낌을 주게 되며, 자연스러운 한국어의 억양으로 느껴지지 않기 때문에 이와 같은 길이의 문제도 발음 교육에 포함하여야 할 부분이다.

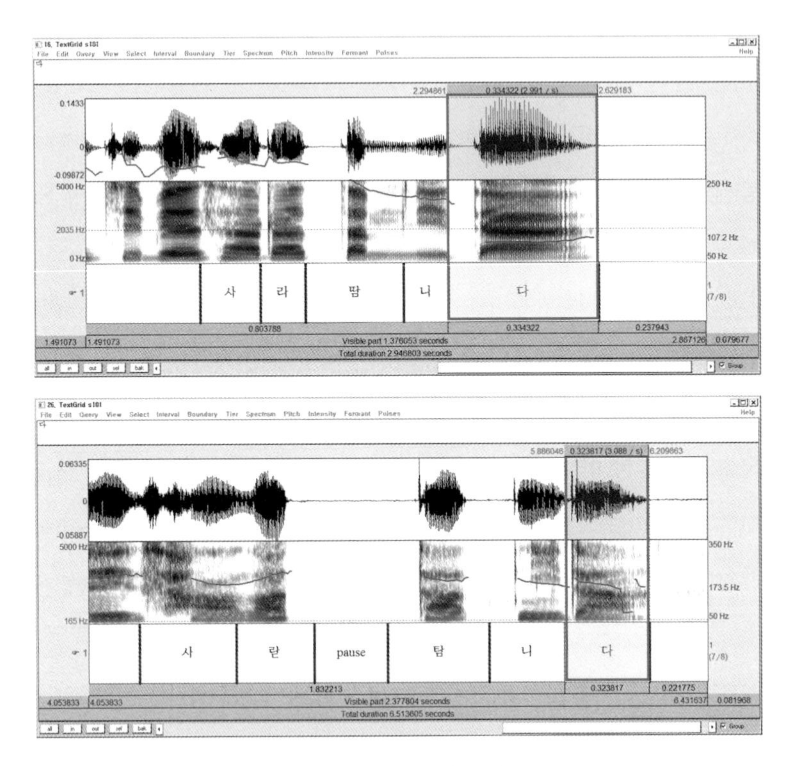

〈그림 1〉 한국인 화자(위)와 중국어권 학습자(아래)의 억양구 말 음절 길이 비교

6.2 일본어권 학습자의 오류

6.2.1 음운구

한국인 화자와 일본어권 학습자가 발화한 문장의 음운구 실현 양상을 비교하기 위해 (6)과 (7)의 두 문장을 관찰해 보자. 일본어권 학습자의 발화는 초급 학습자 10명의 발화를 관찰하여 자주 나타나는 유형을 제시한 것이다.

(6) 한국인 화자　　　　고양이와/ 쥐가/ 한 집에/ 살았답니다//

　　　　　　　　　　LHLHa　LHa　HLHa　HHLHa

일본어권 학습자　　　고양이와// 쥐가// 한/ 집에// 살았/ 답니다//

　　　　　　　　　　HLLa　LHa　Ha　HLa　LHa HLa

(7) 한국인 화자　　　　언니/ 오늘/ 뭐 해요?//

　　　　　　　　　　LHa　LHa　LLHa

일본어권 학습자　　　언니// 오늘// 뭐 해요?//

　　　　　　　　　　HLa　HLa　HLLa

한국인 화자와 비교해 보면 일본어권 학습자가 음운구 경계를 더 자주 실현함을 알 수 있다. 대체로 어절 단위로 음운구를 실현하며, '살았답니다'의 경우에는 '살았'과 '답니다' 사이에 음운구 경계를 실현하는 경우가 자주 나타났다. 일본어권 초급 학습자 10명이 이 문장을 발화한 결과 음운구 경계는 평균 5.4개로 나타났다. 한국인 화자가 평균적으로 음운구 4개로 실현하였던 것과 비교해 볼 때 일본어권 학습자가 음운구 경계를 더 자주 실현한다는 것을 알 수 있다.

음운구의 음높이 유형을 관찰해 보면 한국인 화자가 LHLHa로 실현한 '고양이와'를 고조(H)로 시작하는 오류가 나타나며, 한국인 화자가 HHLHa로 실현하는 '살았답니다'는 저조(L)로 시작하는 오류가 나타난다. '언니 오늘 뭐 해요?'와 같은 문장에서는 한국인 화자는 모든 음운구를 저조(L)로 시작하지만, 일본어권 학습자는 많은 경우에 모든 음운구의 시작을 고조(H)로 높게 하는 경향을 보인다. 한국어는 평음이나 모음인 경우 저조(L)로 시작하고, 경음, 격음, 마찰음인 경우 고조(H)로 시작하는 음운구 실현 양상을 보인다. 그러나 일본어에는 이와 같은 음운구 규칙이 존재하지 않기 때문에 일본어권 학습자가 이와 같이 음운구 시작 음높이를 습득하는 데 어려움을 겪는다. 이때 특히 한국어에서 저조(L)로 시작해야 하는 음운구를 고조(H)로 시작하는 오류가 자주 나타난다.

일본어는 강세가 있는 언어이다. 일본어의 강세는 소리의 음높이에 의해 표현된다. 일본어의 'あめ[ame]'라는 단어는 1음절에 강세가 오면 '비'를 뜻하지만, 2음절에 강세가 오면 '사탕'을 뜻한다. 이처럼 일본어의 강세는 단어의 뜻을 구별하는 기능을 한다. 일본어 명사의 경우, 단어의 첫 음절이 낮으면 다음 음절은 반드시 높고, 첫 음절이 높으면 다음 음절은 반드시 낮으며,

한번 낮아지고 나면 다시 높아지지 않는다. 이는 한국어의 음운구 기본 음높이 유형인 LHLHa, HHLHa를 실현하기 어려운 이유를 설명해 준다. LHLHa의 경우 세 번째 음절에서 한번 낮아진 후 네 번째 음절이 다시 높아지기 어려우며, HHLHa의 경우 'HH'를 연이어 실현하기가 어렵다. 따라서 일본어의 강세 유형과 한국어 음운구의 음높이 실현에서 차이를 보이는 부분을 중심으로 오류를 개선하기 위해 노력해야 한다.

6.2.2 억양구

한국어는 억양구의 경계 성조에 의해 서법이 실현되는 경우가 많으며, 그 경계 성조의 유형도 H%, L%와 같은 평탄조와 함께 HL%, LH%, LHL% 등의 굴곡 성조가 매우 다양하게 나타난다. 그러나 일본어는 주로 조사에 의해 서법이 결정되고, 억양이 문법적 기능을 하기도 하지만 그 기능에 제한이 있다.

먼저 한국인 화자와 일본어권 학습자의 억양구 실현 양상을 비교해 보자. '고양이와 쥐' 문장을 예를 들어 보면 앞서 제시한 바와 같이 일반적으로 한국인 화자들은 이 문장을 1~2개의 억양구로 발화한다(평균 1.4개). 일본어권 초급 학습자 10명이 같은 문장을 발화한 결과는 (9)와 같다.

(8) 한국인 화자

고양이와/ 쥐가/ 한 집에/ 살았답니다//

고양이와/ 쥐가// 한 집에/ 살았답니다//

(9) 일본어권 학습자

고양이와// 쥐가// 한 집에// 살았(//) 답니다//

일본어권 학습자는 평균 4.1개의 억양구 경계를 실현하였다. 한국인 화자가 평균적으로 억양구 1.4개를 실현한 것과 비교해 볼 때 억양구 경계를 훨씬 더 자주 실현한다는 것을 알 수 있다. 중국어권 초급 학습자와 마찬가지로 일본어권 초급 학습자도 대부분의 경계를 억양구로 실현한다.

억양구 경계 성조에서도 한국인 화자와 차이를 보인다. 위의 발화에서 한국인 화자는 대체로 발화 말 억양구 경계 성조를 HL%로 실현하였으며, '고양이와 쥐가' 다음에 억양구 경계를 삽입한 일부 화자는 억양구 내 경계 성조로 주로 H%를 실현하였다. 그러나 일본어권 학습자는 발화 내 억양구와 발화 말 억양구 모두 경계 성조로 L%가 가장 많이 실현되었다. 특히 발화 말 억양구 경계 성조는 10명 가운데 9명의 화자가 L%를 실현하였다.

일본어에서도 억양은 문장의 문법적 의미를 표시해 주는 기능을 한다. 하지만 한국어와 달리 발화 말 경계 성조가 단순한 형태로 나타나기 때문에 한국어의 억양구 경계 성조 실현에서 어려움을 겪는다. 특히 평서문의 경계 성조 실현에서 오류가 많이 나타나는데, 한국어에서 평서문의 억양이 HL%, LH%, H%, L% 등으로 다양하게 나타나는 데 반해 일본어권 학습자는 평서문의 억양을 주로 L%로만 실현하는 경향을 보인다.

〈표 2〉 한국어와 일본어의 발화 말 억양구 비교

한국어	일본어
발화 말 억양구 경계 성조가 다양하게 나타나고, 특히 HL%, LH% 등의 굴곡 성조로 실현하는 경우가 많다.	발화 말 억양구 경계 성조를 단순한 형태로 실현하며, 굴곡 성조를 잘 사용하지 않는다.

또한 억양구 마지막 음절의 길이와 관련하여서도 한국인 화자와 일본어권 학습자 간에 차이가 드러난다. 앞서 살펴본 바와 같이 한국인 화자는 억양구 마지막 음절의 길이가 다른 음절에 비해 길어지는 장음화 현상이 나타나며, 특히 발화 말 억양구 마지막 음절의 길이가 같은 발화 내 다음 음절에 비해 길게 나타난다. 그러나 일본어권 학습자는 이와 같은 억양구 말 장음화가 잘 실현되지 않는다.

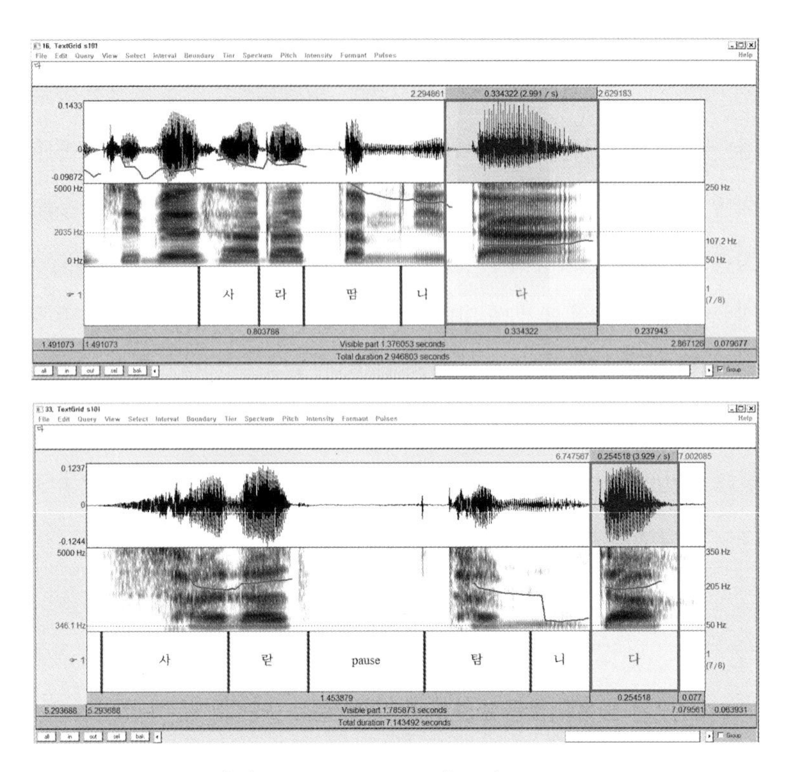

〈그림 2〉 한국인 화자(위)와 일본어권 학습자(아래)의 억양구 말 음절 길이 비교

〈그림 2〉에서 일본어권 학습자의 억양구 마지막 음절 '다'의 길이는 다른 음절의 평균 길이에 비해 오히려 짧게 실현되는 모습을 보인다('다'의 길이: 259ms, 그 외 음절의 평균 길이: 396ms). 이 때문에 일본어권 학습자의 발화가 한국인과 차이가 있는 것으로 인식된다. 그리고 이와 같이 음절의 길이가 짧기 때문에 그에 얹히는 경계 성조도 차이가 있는 것으로 인식될 수 있다. 비슷한 음높이 차이가 나타나더라도 길이가 짧으면 그 기울기가 급격하게 나타나기 때문에 지각적으로 차이를 가져올 수 있다.[84] 이와 같이 한국어와 일본어의 억양 실현 양상에 차이가 나기 때문에 일본어권 학습자가 한국어 억양을 습득하는 데 어려움을 겪는 것이다.

84) 정명숙(2003: 245)에서는 한국인 화자는 의문문의 마지막 음절에서 주로 LH% 유형의 경계 성조를 실현하는 데 반해 일본어권 학습자가 한국어의 의문문 발화에서 마지막 음절이 급격한 상승을 이루어 H% 유형으로 실현한다고 하였다. 일본어의 의문문에서도 마지막 음절에 LH%가 얹힘에도 불구하고 한국어에서 이를 잘 실현하지 못하는 이유는 일본어권 학습자가 한국어 의문문은 일본어보다 마지막 음절의 상승이 매우 급격하다는 인식을 갖고 있기 때문인 것으로 보았다. 그러나 본문에서 언급한 바와 같이 일본어권 학습자가 의문문의 마지막 음절에서 보이는 급격한 움직임의 억양은 발화 말 음절의 길이가 한국인에 비해 매우 짧게 실현되기 때문에 나타난 현상인 것으로 보인다. 이에 대해서는 추가적인 고찰이 필요할 것이다.

6.3 영어권 학습자의 오류

6.3.1 음운구

한국인 화자는 '고양이와 쥐가 한 집에 살았답니다.'라는 문장을 발화할 때 대체로 4개의 음운구로 구성하여 발화한다는 것을 앞서 살펴보았다. 그러나 영어권 초급 학습자 10명은 같은 문장을 대체로 6개의 음운구로 구성하여 발화하였다. 어절 단위, 즉 띄어쓰기 단위를 그대로 운율구 경계로 삽입하는 경우가 많고, '살았답니다'와 같이 한 어절이 5음절 이상으로 긴 경우에는 한 어절 내에 운율구 경계를 삽입하여 실현하는 경향을 보인다. 또한 초급 학습자의 경우는 대체로 음운구가 억양구와 일치한다.[85]

(10) 한국인 화자

고양이와/ 쥐가/ 한 집에/ 살았답니다//

고양이와/ 쥐가// 한 집에/ 살았답니다//

(11) 영어권 학습자

고양이와// 쥐가// 한// 집에// 살았// 답니다//

또한 한국인 화자는 음운구의 첫 음절 초성이 평음으로 시작하면 저조(L), 경음이나 격음, 마찰음으로 시작하면 고조(H)로 시작하는 음운구 유형을 나타낸다. 그러나 영어권 학습자는 이와 같은 한국어 음운구 규칙을 습득하지 못하여 음운구 첫 음절의 음높이 오류를 다수 보인다.

(12) 한국인 화자

고양이와/ 쥐가/ 한 집에/ 살았답니다

LHLHa LHa HLHa HHLHa

---

85) Kim(2006: 82)에서는 음운구 마지막 음절에서 H를 실현하는 비율이 '한국인 화자(83.2%) 〉 고급 학습자(57.9%) 〉 중급 학습자(45.4%)'의 순으로 나타난다고 하였다. 이 연구에서도 초급 학습자의 경우 음운구가 대체로 억양구로 실현되어 음운구 마지막 음절의 음높이 실현 양상을 관찰하기 어렵다고 하였다.

(13) 영어권 학습자

고양이와// 쥐가// 한// 집에// 살았// 답니다//

LHLHa LHa Ha LHa LHa LLHa

HLLHa HLHa

LLHLa

위의 문장에서 '고양이가'의 경우, 한국인 화자는 모두 LHLHa로 발화하였으나, 영어권 학습자는 이를 고조(H)로 시작하는 음운구 음높이 유형으로 실현하거나, 첫 음절을 저조(L)로 맞게 실현했다 하더라도 한국인과 달리 LLHLa와 같이 음운구의 세 번째 음절이 높아지는 경우가 있다. 가장 많은 오류는 '살았'에서 나타났는데, 한국인 화자는 /ㅅ/로 시작하는 음운구이므로 HLa로 실현하는 데 반해 영어권 초급 학습자는 이를 대부분 LHa로 실현하였다.[86] 이처럼 음운구의 첫 번째 음절의 초성에 의해 L 혹은 H로 실현되는 특성을 습득하지 못하여 나타나는 오류가 빈번함을 확인할 수 있다.

또한 음운구의 음절별 음높이 차이를 관찰해 보면 한국인에 비해 영어권 학습자가 상대적으로 음높이 차이가 크게 나타난다. '고양이와'와 같은 음운구는 한국인 화자의 경우 LHLHa의 음높이 유형을 보이면서 첫 번째 L가 두 번째 L보다 더 낮고 전체적으로 완만한 음높이 움직임을 보인다. 그러나 영어권 화자의 경우 이를 H로 시작하는 오류를 보이는 것 외에 LHLHa로 실현했다 하더라도 한국인 화자와는 달리 매우 어색하게 들린다. 그 이유는 한국인 화자와 달리 음절별 음높이가 큰 폭의 차이를 보이기 때문인데, 음운구의 음높이 유형 자체는 맞게 실현하였지만 자연스럽게 실현하였다고 보기는 어렵다.

영어는 강세가 있는 언어이다. 강세는 상대적인 개념으로, 강세를 받은 음절은 대체로 강세를 받지 않은 음절에 비해 더 크고, 더 높고, 더 길다. 영어는 강세 박자 언어(stress-timed language)이다. 이는 문장 강세가 일정한 시간적 간격을 두고 반복됨을 의미한다. 즉 강세를 받은 음절 사이의 시간 간격이 그 사이에 놓이는 음절의 수에 상관없이 일정하다는 의미이다. (14)의 문장에서 대문자로 표시한 음절들이 문장 강세를 받은 단어들의 강세 음절인데, 이들 사

86) Kim(2006: 80)에서는 L로 시작하는 음운구의 정확도가 초급(61.3%), 중급(81.4%), 고급(92.4%), H로 시작하는 음운구의 정확도가 초급(78.2%), 중급(52.2%), 고급(90.6%)으로 나타난다고 하였다.

이의 시간 간격은 그 사이에 놓이는 단어나 음절 수에 관계없이 일정하다.

(14) The DOCtor's a SURgeon.
The DOCtor's a good SURgeon.
The DOCtor's a very good SURgeon.
The DOCtor's not a very good SURgeon. (전상범, 2005: 367)

영어는 어떤 문장을 발음할 때 문장을 구성하는 모든 단어에 강세를 두어 발음하는 것이 아니라 특정 단어에만 강세를 두어 발음한다. 예를 들어 'I will see you on Monday.'라는 문장에서 보통 'see'와 'Monday'만 대강세를 받고 나머지는 소강세를 받게 된다. 이처럼 한 문장을 단위로 하여 부여하는 강세를 문장 강세라고 한다. 대체로 문장 강세는 내용어에 놓이고, 기능어에는 놓이지 않는다(전상범, 2005: 418-419). 이처럼 영어는 강세가 있는 언어이기 때문에 문장의 발화에서 나타나는 운율에 강세가 큰 영향을 미친다. 이처럼 강세가 있는 영어권 학습자가 강세가 없는 한국어를 습득하면서 한국어의 음운구 유형의 실현에서 많은 오류를 보이게 되는 것이다.

6.3.2 억양구

영어권 학습자는 한국인 화자에 비해 억양구 경계를 훨씬 더 자주 실현한다. '고양이와 쥐가 한 집에 살았답니다.'라는 문장에 대하여 한국인 화자들은 일반적으로 전체를 하나의 억양구로 발화하거나 '고양이와 쥐가// 한 집에 살았답니다//'와 같이 2개의 억양구로 발화한다. 그러나 영어권 학습자는 대체로 '고양이와// 쥐가// 한 집에// 살았// 답니다//'와 같이 띄어쓰기 단위에 모두 억양구 경계를 삽입하였으며, '살았답니다'와 같이 어절의 길이가 긴 경우 한 어절 내에도 억양구 경계를 삽입하는 양상을 보인다. 한국인 화자가 해당 문장을 발화할 때 평균 1.4개의 억양구를 실현하는 데 비해 영어권 학습자는 평균 5.3개의 억양구를 실현하여 큰 차이를 보인다.

또한 한국인 화자는 평서문의 발화 말 경계 성조를 주로 HL%로 실현하였다. 그리고 발화 내에서 억양구 경계 성조가 형성되는 경우 H%나 HL%의 경계 성조를 실현하였다. 반면 영어권 학습자는 발화 말 경계 성조를 주로 L%로 실현하였다. 발화 내 억양구 경계 성조의 경우는 H%,

L%, HL%, LH% 등이 다양하게 나타났다는 점에서 한국인 화자와 차이를 보였다.[87)]

신지영(2011: 263)에서는 영어 화자의 모국어 운율 전이 현상을 가장 두드러지게 관찰할 수 있는 것은 한국어 가부 의문문의 실현이라고 하였다. 영어의 가부 의문문과 한국어의 가부 의문문은 발화의 끝을 올린다는 공통점이 있다. 하지만 끝을 올리는 단위가 같지 않다. 영어에서 끝을 올린다 함은 강세를 받는 마지막 단어의 강세 음절 이하의 모든 음절의 음높이를 모두 올리는 것을 말하는데, 한국어에서 끝을 올린다 함은 발화의 마지막 음절만을 올리는 것을 말한다. 이러한 차이로 영어권 화자가 한국어 의문문을 실현할 때 발화의 마지막 음절을 높이는 대신 마지막 단어의 둘째 음절 이하를 모두 높이는 현상이 관찰된다.

영어의 억양은 한국어와 매우 다르다. 앞서 언급한 바와 같이 영어는 강세가 있는 언어라는 점에서 한국어와 큰 차이를 보이는데, 억양에서도 차이를 보인다. 전상범(2005: 486)에서는 영어를 영어답게 발음하는 데 가장 중요한 것은 억양이고, 그 다음으로 중요한 것이 강세이며, 분절음 개개의 발음이 그 다음으로 중요하다고 하였다. 즉 억양이 정확하면 분절음 개개의 발음이 틀리더라도 알아들을 수 있으나, 억양이 틀리거나 강세가 틀리면 분절음의 발음이 정확하더라도 아무 소용이 없다는 것이다. 이처럼 억양은 매우 중요한 기능을 하기 때문에 외국어 학습에서도 중요하게 다루어질 필요가 있다.

문장의 억양은 음높이 변화의 유형을 말한다. 영어는 억양구 내에서 강세를 받은 음절이 높게 실현된다. Ladefoged(2000: 103)에서는 'Amelia'라는 이름에 얹히는 여러 가지 억양으로 인해 변별되는 의미의 차이로 억양의 차이점을 설명한다.

---

87) Kim(2006: 84)은 발화 내 억양구와 발화 말 억양구로 나누어 한국인 화자와 영어권 초급, 중급, 고급 학습자의 경계 성조 실현 양상을 다음과 같이 보고하였다.

	Sentence Medial				Sentence Final		
	L%	HL%	H%	LH%	L%	HL%	LH%
Native	3	15	9	0	21	9	0
Beginning	178	1	44	27	26	0	4
Intermediate	69	4	62	4	28	2	0
Advanced	20	2	32	2	26	4	4

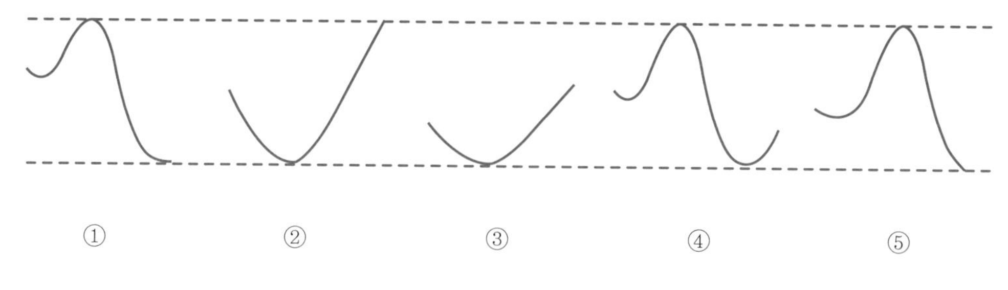

〈그림 3〉 영어에서 억양으로 인해 변별되는 의미의 차이

①은 단순한 평서문이다. "그녀의 이름은 Amelia야."와 같은 의미이다. ②는 의문문으로 "그녀의 이름이 Amelia야?"와 같은 의미이다. ③은 서서히 올라가는 억양을 말하는데, Amelia를 소개하면서 그녀가 말할 차례임을 가리키는 등의 의미를 나타낸다. ④는 놀람을 표현하는 의문으로, "그걸 한 사람이 정말 Amelia야?"와 같은 의미이다. ⑤는 질책과 같은 강한 반응을 보이는 것이다(Ladefoged, 2001: 103). 여기서 제시한 바와 같이 영어의 일반적인 평서문 억양은 ①과 같이 하강하는 모습을 보인다. 영어권 학습자가 평서문의 발화 말 경계 성조를 주로 L%로 실현한 것을 이와 관련하여 생각해 볼 수 있다. Jun(2005: 439)에서는 HL% 경계 성조가 일본어와 한국어에서는 억양구의 끝을 나타낼 수 있지만 영어나 독일어, 그리스어에서는 그렇지 않다는 점을 차이점으로 꼽았다. 이 때문에 한국인 화자가 평서문에서 HL%를 주로 실현하는 것과 달리 영어권 학습자는 영어의 억양구 경계 성조로 실현 가능한 L%를 주로 사용하는 것으로 보인다.

억양구 마지막 음절의 장음화 실현 여부에서도 영어권 학습자는 한국인 화자와 큰 차이를 보인다. 앞서 제시한 바와 같이 한국인 화자는 발화 내와 발화 말 억양구의 마지막 음절에서 길이가 상당히 길어지는 현상을 보인다. 그러나 영어권 학습자는 발화 내 억양구 마지막 음절의 길이는 평균 음절 길이보다 길게 나타났으나 발화 말 억양구 마지막 음절의 길이는 평균 음절 길이와 큰 차이를 보이지 않았다. 일부 학습자는 발화 말 억양구 마지막 음절의 길이가 평균 음절 길이보다 오히려 짧게 실현되기도 하였다.

6.4 억양 오류의 처치 방안

6.4.1 끊어 말하기

앞서 외국인 학습자의 억양 오류 유형을 살펴본 결과, 중국어권, 일본어권, 영어권 학습자 모두 한국인 화자에 비해 운율구 경계를 훨씬 더 자주 실현함을 확인하였다. '고양이와 쥐가 한 집에 살았답니다.'와 같은 문장을 한국인 화자는 음운구 4개, 억양구 1~2개로 발화하는 데 반해 외국인 학습자는 음운구 5~6개, 억양구 4~5개 정도로 발화하고 있음을 확인하였다. 이때 '고양/이와, 한/ 집에, 살았/답/니다'와 같이 한국인 화자는 운율구 경계를 삽입하지 않는 자리에 운율구 경계를 삽입하여 부자연스러운 억양을 구사하는 경우가 많고, 음운구 경계를 억양구 경계로 대체하는 경우도 자주 나타났다.

한국어 교육에서 끊어 말하기 혹은 끊어 읽기에 대한 교육은 억양 교육에서 중요한 부분을 차지한다. 그러나 이에 대한 구체적인 교육 방안이 제시된 경우는 거의 없다. 김서형(2008)에서는 한국어의 의미 단위와 휴지를 관련지어 휴지를 두어야 할 한국어의 의미 단위를 설정하고, 이를 초급과 중·고급 단계로 나누어 학습자에게 제시할 수 있다고 하였다(김서형, 2008: 88-90). 이때 휴지를 둔다는 것은 억양구 단위를 주어 발화하여야 함을 의미한다. 한국어에서 억양구는 경계 성조와 뒤따르는 휴지 및 장음화로 정의되기 때문이다.

〈표 3〉 초급과 중·고급 단계 학습자의 끊어 읽기 교육(김서형, 2008)

초급 단계	중 · 고급 단계
가. 주어부, 술어부 나. 수식 관형어(구)와 피수식 체언 다. 수량 단위나 나열구 라. 독립어 마. 주제어, 초점, 강조의 표현 어구 바. 접속 어미	가. 부사(화) 삽입구 나. 인용 보문 다. 상위절에서 의미적으로 분간되는 큰 단위의 하위절

끊어 말하기는 앞서 제시한 바와 같이 어디에서 끊어 말할 것인가 하는 문제도 중요하지만, 어디에서 끊어 말하면 어색한가에 대한 문제도 함께 다루어져야 한다. 학습자는 대체로 띄어쓰기 단위대로 끊어 말하거나(예: 한/ 집에), 음절 수가 길어지면 가운데를 끊어 말하는(예: 살았/

답니다) 경향을 보이는데, 이와 같이 발화하지 않도록 지도하는 것도 필요하다. 또한 음운구 단위의 끊어 말하기와 억양구 단위의 끊어 말하기의 차이점을 인지하게 하는 것도 중요하다.

끊어 말하기 지도를 위해서는 '나영이는/ 노래하고,// 미영이는/ 춤을 춰요.//', '그것은/ 내가/ 할 수 없는/ 일이에요.//'와 같이 끊어 말하기를 표시한 문장을 반복해서 연습하게 하고, 끊어 말해야 하거나 끊어 말하지 않아야 하는 부분의 원인을 설명해 주는 방법을 활용할 수 있다. 이때 먼저 학습자 스스로가 읽은 대로 끊어 말하기를 표시하게 하고, 이를 한국인 화자의 발화에서 나타나는 끊어 말하기와 비교하게 함으로써 스스로 차이점을 발견하게 하는 방법도 도움이 될 것이다.

6.4.2 음운구

음운구의 실현에서 세 언어권 학습자는 모두 음운구 경계와 음운구 성조 유형의 실현에서 오류를 보였다. 한국인 화자가 음운구 경계를 두고 발화하는 자리에 억양구 경계를 실현하는 오류, 음운구 시작 음높이 실현의 오류가 대표적으로 나타났다. 이 절에서는 자연스러운 음운구 성조 유형의 실현을 위한 처치 방안을 알아본다.

[1] 중국어권 학습자 대상

■ 중국어권 학습자의 오류와 원인

중국어권 학습자는 음운구 시작 음높이의 실현에서 자주 오류를 보인다. 이때 고조(H)를 저조(L)로 잘못 실현한 오류가 저조(L)를 고조(H)로 잘못 실현한 오류보다 높은 비율로 나타난다. 이는 중국어에 있는 성조의 영향으로 볼 수 있다. 중국어는 음높이가 단어의 의미를 변별하는 기능을 하는 성조가 있기 때문에 비성조 언어인 한국어를 학습할 때 음운구 음높이 규칙을 습득하는 데 어려움을 겪게 된다.

한국어의 기본적인 성조 음운구는 '성조(T)+고(H)+저(L)+고(H)'이다. 이때 음운구 첫 음절의 초성이 경음, 격음, 마찰음인 경우에는 고조(H)로, 그 외의 자음이나 모음으로 시작하는 경우에는 저조(L)로 실현된다. 즉 음운구 시작 음높이는 음운구 시작 음절의 초성 유형에 따라 결정된다.

가. 저조로 시작하는 유형: ㄱ, ㄷ, ㅂ, ㅈ / ㄴ, ㅁ, ㄹ / 모든 모음
나. 고조로 시작하는 유형: ㄲ, ㄸ, ㅃ, ㅆ, ㅉ / ㅋ, ㅌ, ㅍ, ㅊ / ㅅ, ㅎ

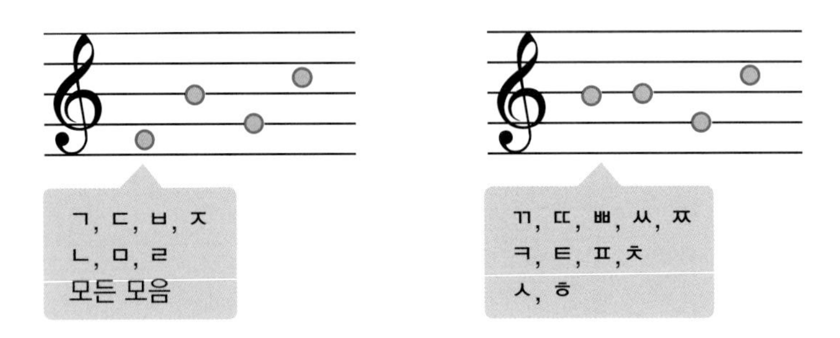

따라서 음운구 시작 음절의 초성에 따른 음높이 실현을 설명하고, 단어나 문장 수준에서 이를 연습하게 하여 억양 실현에 익숙해지게 한다. 이때 음높이를 시각적으로 제시하는 것과 함께 학습자가 직접 손가락으로 음높이를 짚어가며 따라하게 하면 보다 효과적이다.

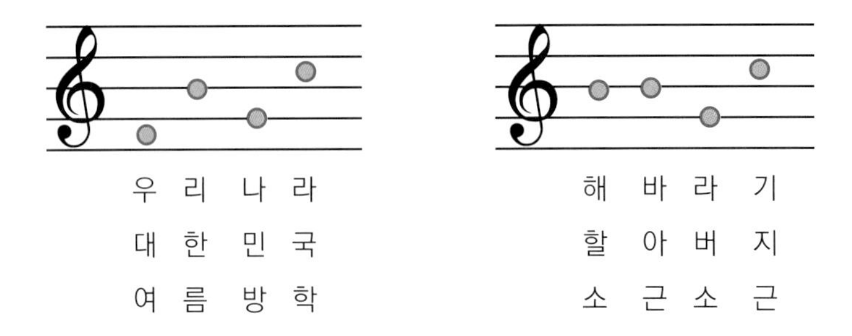

아래 제시한 것과 같이 'LHLH 유형의 음운구가 연속해서 나타나는 문장', 'HHLH 유형의 음운구가 연속해서 나타나는 문장', 'LHLH 유형과 HHLH 유형의 음운구가 번갈아 나타나는 문장'을 가지고 그 차이를 인지하면서 연습하게 하는 방법도 사용할 수 있다.

• LHLH 유형의 음운구가 연속해서 나타나는 문장

미영이가 노래해요.

미영이는 아버지를 좋아해요.

영만이네 어머니는 나영이를 미워해요.

• HHLH 유형의 음운구가 연속해서 나타나는 문장

시영이가 소리쳐요.

사영이는 할머니를 사랑해요.

소담이네 할머니는 수민이를 싫어해요.

• LHLH 유형과 HHLH 유형의 음운구가 번갈아 나타나는 문장

아침에는 친구들과 학교에서 놀았어요.

여름에는 수영장에 가족들과 함께 가요.

고양이와 강아지가 싸우면서 지나가요.

이때 시작 음높이가 저조이냐 고조이냐의 차이가 어느 정도인지 구체적으로 알려 줄 필요가 있는데, 학습자에게 친숙한 음정을 활용했을 때, 평음이 '도'에 해당한다고 하면 경음은 '미', 격음은 '파'에 해당하는 정도의 음높이라고 설명할 수 있다. 이를 기타나 피아노와 같은 친숙한 악기에 대입하여 설명해 주면 학습자가 음운구 시작 음높이의 정도를 인지하는 데 도움이 될 것이다.

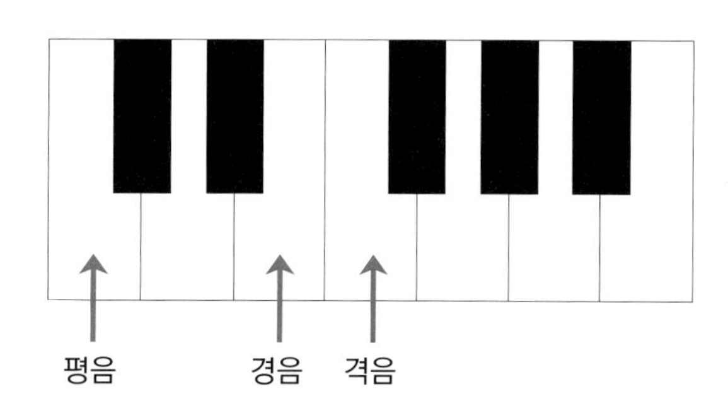

2 일본어권 학습자 대상

■ 일본어권 학습자의 오류와 원인

일본어권 학습자도 음운구 시작 음높이의 실현에서 자주 오류를 보인다. 또한 한국어의 음운구 기본 유형인 LHLH, HHLH를 실현하는 데 어려움을 겪는다. 특히 LHLH와 HHLH에서 세 번째 음절에서 음높이가 낮아진 후 네 번째 음절을 다시 높이는 것과, HHLH에서 첫 두 음절을 모두 고조로 유지하는 것을 어려워한다. 이는 일본어 강세의 특징과 관련이 있다. 일본어의 강세는 단어의 시작이 낮으면 다음 소리는 반드시 높고, 시작이 높으면 그 다음이 반드시 낮아지며, 한번 낮아진 후에 다시 음높이가 높아지지 않는다. 이러한 특징 때문에 한국어 음운구의 성조 유형을 실현하는 데 어려움을 겪는다.

일본어권 학습자 역시 중국어권 학습자와 마찬가지로 음운구 시작 음높이 오류를 자주 보인다. 따라서 중국어권 학습자와 같은 방법으로 이를 인지시킬 수 있다. 일본어권 학습자는 LHLH와 HHLH에서 세 번째 음절에서 음높이가 낮아진 후 네 번째 음절을 다시 높이는 것과, 고조로 시작하는 음운구의 성조 유형인 'HHLH' 유형에서 'HH'를 연쇄하여 실현하지 못하는 오류를 보인다. 이는 일본어 강세의 특징에서 그 원인을 찾을 수 있는데, 일본어는 단어의 시작이 높으면 그 다음이 반드시 낮아져야 하고, 한번 낮아진 후에는 다시 음높이가 높아지지 않는다는 특징이 있기 때문이다.

일본어권 학습자가 오류를 보이는 음운구 네 번째 음절의 음높이 상승과 HHLH 유형에서 첫 두 음절을 고조로 유지시키는 부분을 다음과 같은 시각 자료를 통해 제시하여 교수-학습을 용이하게 할 수 있다.

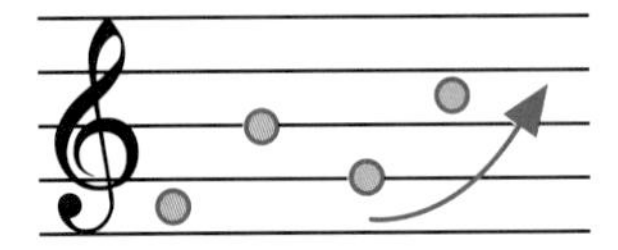
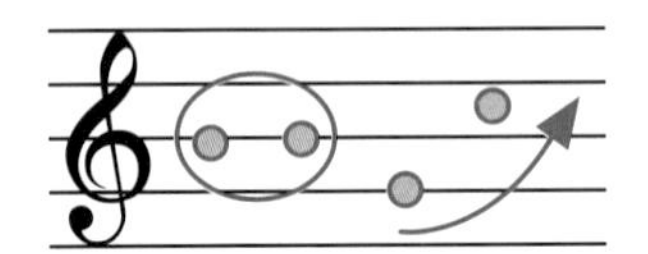

3 영어권 학습자 대상

■ 영어권 학습자의 오류와 원인

영어권 학습자는 음운구의 첫 음절의 높낮이에서 자주 오류를 보이고, 또 음운구 안에서 음절마다 나타나는 음높이의 차이를 한국인에 비해 큰 폭으로 실현시킨다는 특징이 있다. 영어는 강세 박자 언어로 문장 강세가 일정한 시간 간격으로 반복되며 문장 단위에서 나타나는 강세가 발화에서 큰 영향을 차지한다. 따라서 영어의 강세와 차이를 보이는 한국어 음운구의 음높이 실현 양상을 영어권 화자가 학습하는 데 어려움이 있다.

영어권 학습자도 앞서 살펴본 중국어권, 일본어권 학습자와 마찬가지로 음운구 시작 음높이에서 잦은 오류를 보인다. 음운구 시작 음높이는 앞서 제시한 중국어권, 일본어권 학습자와 동일하게 교수-학습할 수 있다. 그리고 영어권 학습자는 각 음들의 음높이가 한국인 모어 화자에 비해 상대적으로 큰 폭의 차이를 보이므로, 한국인 화자의 자연스러운 음운구의 음높이 실현을 시각적으로 제시하고, 이를 유념하여 억양을 실현하도록 교육한다.

6.4.3 억양구

억양구 실현에 있어 세 언어권 학습자 모두 한국인 화자에 비해 억양구 경계를 더 자주 실현한다. 또한 한국인 화자의 억양구는 마지막 음절이 장음화된다는 특징이 있지만, 한국어 학습자는 이를 잘 실현하지 못한다는 공통된 오류도 나타났다. 이 절에서는 이러한 언어권별 학습자의 억양구 오류 양상에 따른 자연스러운 억양구 실현을 위한 처치 방안에 대하여 알아본다.

1 중국어권 학습자 대상

중국어권 학습자는 평서문의 발화 말 억양구 경계 성조를 주로 *L%*와 같은 평탄조로 실현하므로 이는 발화 말에 주로 굴곡 성조를 실현하는 한국인에게 어색하게 들린다. 그리고 의문문에서도 하강의 경계 성조를 실현하는 오류를 보인다. 한국어는 발화 말 억양구의 경계 성조가 문장의 서법을 결정하는 문법적인 기능을 하는데, 중국어에는 이와 같은 기능이 없기 때문에 중국어권 학습자가 이와 같은 억양의 실현에 어려움을 겪는 것으로 보인다. 이 외에도 억양구 마지막 음절을 한국어 모어 화자에 비해 짧게 발화하는 오류를 보이는데, 역시 한국어와 중국어와의 차이에서 비롯되는 오류이다.

중국어권 학습자가 1) 평서문 발화 말 억양구 경계 성조를 굴곡 성조로, 2) 억양구의 마지막 음절을 장음화하여 실현하게 하기 위해서 다음과 같은 시각적 자료를 제시할 수 있다. '아침을 먹었어요.'와 같은 발화에서 마지막 음절 '요'를 HL%의 굴곡 성조로 실현시키면서 다른 음절에 비해 길이를 길게 발화할 수 있도록 교육한다.

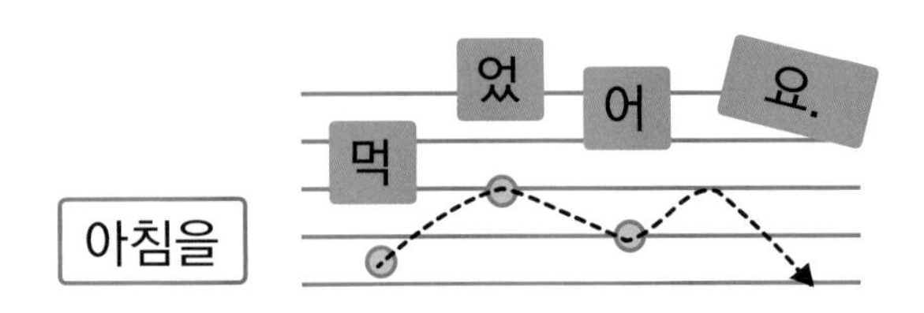

또한 의문문에서는 발화 말 억양구 경계 성조를 상승하여 발화해야 한다는 것을 알려 주면서 역시 마지막 음절의 길이를 길게 발화할 수 있도록 지도한다. 이때 의문문의 끝에서 두 번째 음절이 낮아졌다가 마지막 음절에서 높아지는 것이 자연스러운 억양인데, 중국어권 학습자는 끝에서 두 번째 음절을 낮추지 않고 계속해서 높은 음높이를 유지하는 경향이 있다. 끝에서 두 번째 음절을 낮추는 것은 한국어 음운구의 음높이 유형에 따른 특성이지만, 의문문에서 특히 오류가 자주 나타나므로, 의문문의 억양에 대한 교육에서 이를 다시 짚어 줄 필요가 있다.

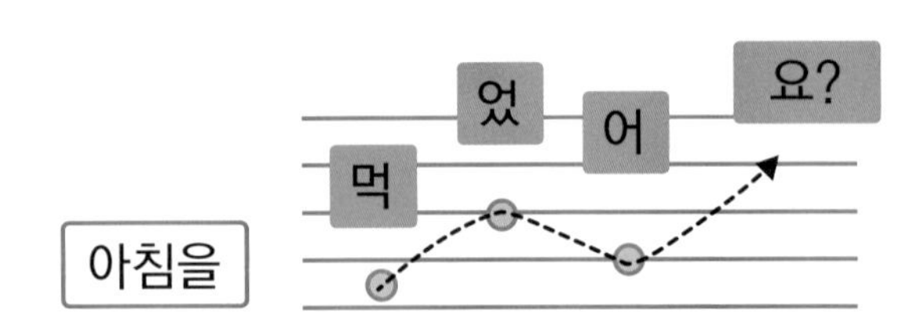

2 일본어권 학습자 대상

일본어권 학습자는 발화 말 억양구 경계 성조를 단순하게 실현한다. 평서문은 L%, 의문문은 H%로 주로 평탄조로 단순하게 실현되므로, 이를 다양한 굴곡 성조로 표현할 수 있도록 지도한다. 다음과 같은 시각 자료를 함께 제시하여 억양구 경계 성조에 대한 이해를 돕는다.

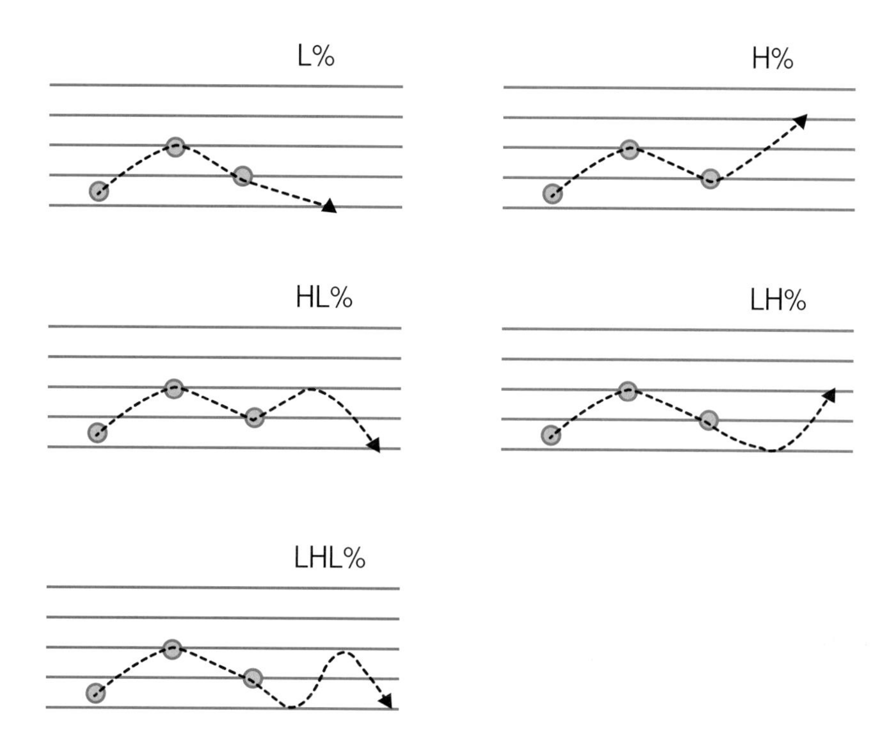

또한 일본어권 학습자는 억양구 말 장음화를 잘 실현하지 못한다. 따라서 억양구 말 장음화 현상을 인지하도록 교육한다. 억양구 말 장음화 현상은 자연스러운 한국어 구사를 위해 필수적인 특성이다. 억양구 말 장음화는 다음 그림에서에 보인 바와 같이 Celce-Murcia et al.(2010)에서 사용한 방법을 참조하여 시각적으로 나타낼 수 있다. 여기서는 강세 받은 음절의 길이가 길어지는 것을 표현하기 위해 해당 부분의 장평을 넓혀 긴 길이를 시각적으로 드러내었다. 이와 같은 방법을 활용하여 억양구 말 장음화 현상을 억양 교육 항목에 포함하여야 한다.

〈그림 6〉 Celce-Murcia et al.(2010: 200)

3 영어권 학습자 대상

영어권 학습자는 앞서 살펴본 중국어권, 일본어권 학습자와 마찬가지로 경계 성조의 실현 양상이 주로 평탄조로 나타난다. 따라서 앞서 제시한 것과 같은 방식으로 한국어 억양구에서 주로 실현되는 굴곡 성조에 익숙해지도록 한다.

또한 영어권 학습자는 상승 억양에서 상승을 실현하는 범위에서 한국어 모어 화자와 차이를 보인다. 앞서 영어에서는 상승 억양이 강세를 받은 마지막 단어의 강세 음절 이하 모든 음절의 음높이를 올리는 것을 의미한다고 설명하였다. 이 때문에 한국어에서 '아침 먹었어요?'와 같은 의문문을 발화할 때 '먹었어요'의 마지막 음절 '요'만을 높이는 대신 마지막 단어의 둘째 음절 이하를 모두 높이는 현상이 관찰된다. 이때 한국어 음운구 음높이 유형에 따라 LHLH 유형으로 실현하여 첫 번째 음절과 끝에서 두 번째 음절의 음높이가 낮음을 설명하고, 억양구 마지막 음절만을 올려 상승 억양을 실현하도록 지도하여야 한다.

영어권 학습자에게서도 억양구 말 장음화 현상이 잘 관찰되지 않으므로, 앞서 중국어권, 일본어권 학습자를 대상으로 제시한 방법을 동일하게 활용하여 음절의 길이에 대한 교육을 수행해야 한다.

〈참고 문헌〉

김서형(2008), "의미 단위 지도를 통한 한국어 읽기 능력 신장 방안", 『이중언어학』 38, 이중언어학회.

민광준(2006), 『일본어 음성학 입문』, 서울: 건국대학교 출판부.

신지영(2011), 『한국어의 말소리』, 서울: 지식과 교양.

장향실(2002), "중국어 모국어 화자의 한국어 학습시 나타나는 발음상의 오류와 그 교육 방안", 『한국어학』 15, 한국어학회.

장혜진(2012), "국어 어두 장애음의 음향적 특성과 지각 단서", 고려대학교 박사학위논문.

장혜진(2015), "한국어 교육을 위한 억양 교육 항목에 대하여", 『한국어학』 67, 한국어학회.

전상범(2005), 『영어 음성학 개론』, 서울: 을유 문화사.

정명숙(2003), "일본인과 중국인의 한국어 억양", 『한국어 교육』 14-1, 국제한국어교육학회.

정명숙(2008), "한국어 학습자를 위한 전략적 발음 교육: 일본어권 학습자를 중심으로", 『한국어학』 38, 한국어학회.

Celce-Murcia, Marianne, Donna Brinton, and Janet M. Goodwin(2010) *Teaching pronunciation: a course book and reference guide(2nd ed)*, New York: Cambridge University Press.

Jun, Sun-Ah(ed.)(2005), *Prosodic Typology: the phonology of intonation and phrasing*, Oxford; New York: Oxford University Press.

Kim, Hee-sun(2006), "Learning and Teaching Korean Intonation: A Case Study of English-Speaking Learners", 『한국어 교육』 17-2, 국제한국어교육학회.

Ladefoged, Peter(2001), *A course in phonetics(fourth edition)*, Fort Worth: Harcourt College Publishers.

Lin, Yen-Hwei(2007), *The Sounds of Chinese*, Cambridge, UK; New York: Cambridge University Press.

Shen, Susan Xiao-nan(1989), *The Prosody of Mandarin Chinese*, Berkeley: University of California Press.

Vance, Timothy J.(2008), *The Sounds of Japanese*, Cambridge, UK; New York: Cambridge University Press.

제7장
발음 교육 강의안의 실제

7.1 강의안 작성의 필요성 및 내용

이 장에서는 한국어 발음 교육 강의안의 몇 가지 예를 제시하고자 한다. 강의안은 수업에서 무엇을, 어떤 순서로, 어떻게 가르칠 것인지에 대해 미리 작성해 놓은 교수 활동 계획서이다. 강의안 작성은 성공적인 수업을 위해 반드시 필요하다. 아무리 강의 경험이 풍부한 교사라 하더라도 강의안 작성이 선행되지 않는다면, 제한된 시간 내에 효과적으로 수업을 이끌기 어렵다. 강의안은 효율적인 수업 운영을 위해 필요하지만 교사가 수업이 끝난 후 자신의 수업에 대해 평가하고 이를 개선하는 데에도 도움이 된다. 수업 후에 수정·보완이 필요한 사항을 강의안에 반영하여 다음 수업에서 좀 더 나은 수업을 진행할 수 있기 때문이다.

강의안 작성 시 교사는 학습자들이 학습 목표에 도달할 수 있도록 수업 계획을 구체적으로 세워야 한다. 강의안은 교수-학습의 상황에 따라, 그리고 교사의 창의성 발휘 정도에 따라 다르게 작성될 수 있지만, 강의안에 공통으로 요구되는 내용과 틀이 있다. 바로 수업에서 도달해야 할 학습 목표가 설정되어 있어야 하고, 교수-학습의 절차 및 내용, 방법 등이 제시되어야 한다는 것이다.

학습 목표는 학습자가 학습 목적에 도달하기 위해 과정에서 이루어 내야 하는 단기적인 지향점을 말하는데, 추상적인 기술을 지양하고 구체적으로 기술한다. 수업의 절차는 4장에서 보았듯이 '도입(Warm-up) → 제시 · 설명(Presentation) → 연습(Practice) → 사용(Use) → 마무리(Follow Up)'의 단계가 일반적이다. 단계별 교수 내용과 방법, 학습자 활동 등은 4장의 내용을 참고할 수 있다. 제시·설명의 구체적 내용은 이 책의 2장~6장의 내용을 참고할 수 있는데, 제시 순서는 3장, 설명 내용 및 방법은 2장, 3장, 5장, 6장의 내용을 활용할 수 있다. 연습과 사용 단계의 다양한 활동은 4장의 내용을 참고할 수 있다.

이 책에서는 단모음 교육, 자음 중 초성의 폐쇄음 교육, 종성 자음 교육, 유음화 규칙 교육, 의문문 억양 교육을 위한 강의안을 제시한다. 이는 발음 교육의 내용 요소인 음운, 음운규칙, 억양 영역에서 가장 대표적인 항목을 뽑은 것이다. 여기에서 제시하는 강의안은 하나의 본보기일 뿐이므로 교사들은 이 강의안을 바탕으로 교수-학습의 환경에 따라, 그리고 자신의 창의성을 더 발휘하여 강의안을 수정·보완하여 이용하는 것이 바람직하다.

7.2 영역별 강의안의 실제

7.2.1 단모음

주제	단모음
교육 대상	중국어권 학습자
선수 학습 내용	한글 자모에 대해 학습함. (자모 단계의 교수-학습에서는 모음의 소리보다는 한글 자모를 정확하게 쓰는 데 초점을 맞춘다. 따라서 발음 교육에서는 단모음이 교수-학습의 첫 대상이 된다.)
학습 목표	한국어 단모음의 음성적 차이를 이해하고 구별하여 듣고 발음할 수 있다.
학습 내용	한국어의 단모음 : ㅏ, ㅓ, ㅗ, ㅜ, ㅡ, ㅣ, ㅔ(ㅐ)
학습자의 주요 오류	/ㅓ/ → /ㅗ/ 예) 거리[거리] → [고리], 아버지[아버지] → [아보지] /ㅓ/ → /ㅡ/ 예) 언제[언제] → [은제] /ㅗ/ ⇄ /ㅜ/ 예) 이발소[이발소] → [이발수], 방송[방송] → [방숭], 하루[하루] → [하로], 기분[기분] → [기본]

항목 / 순서	내용	지도상 유의점
도입	1. 학습자에게 메모지를 나눠 준 후 교사가 '아이', '오이', '아우' 등을 불러 주고 써 보게 한다. 2. 짝과 함께 비교하게 한 후 답을 확인시켜 준다. 무엇이 틀렸는지 물어본다. 3. 학습자의 대답을 바탕으로 한국어의 단모음을 판서한다. 4. 교사가 칠판에 쓴 단모음을 가리키며 모음 발음을 정확하게 듣고 발음하는 것이 중요하다고 말한다. 이어 오늘의 학습 목표는 단모음을 정확하게 듣고 발음하는 것임을 제시한다. 5. 칠판에 한국어의 단모음을 모두 제시한다. ■ 제시 순서: ㅏ → ㅓ → ㅗ → ㅜ → ㅡ → ㅣ → ㅔ(ㅐ)	▶ 학습자가 자모를 학습했지만, 본격적인 발음 교육은 이제 시작하는 것이므로 모음만으로 이루어진 단어를 제시한다. 음운은 '중성 모음 → 초성 자음 → 종성 자음'의 순으로 교수하는 것이 효율적이기 때문이다.

제시 · 설명	1. 먼저 칠판에 제시된 모음을 가리키며 순서대로 들려준다. 2. 제시된 모음을 순서대로 읽어 주며 따라 발음하게 한다. 3. 각 모음을 칠판에 제시된 순서대로 설명한다.	▶ 단모음 제시 순서의 원리는 4장을 참고할 것 ▶ 이 수업의 목표는 글자와 소리를 연결시키는 것이 아니라 단모음을 구별하는 것에 있음을 주의해야 한다.
	1) /ㅏ/ 교사는 '아'를 발음하고 따라하도록 한다. /ㅏ/는 학습자가 별로 어려워하지 않는 모음이다. 	▶ 학습자가 어려워할 때는 옆에서 어깨를 때리거나 꼬집었을 때 나오는 '아!'로 설명할 수 있다.
	2) /ㅓ/ 'ㅏ'를 기준으로 설명한다. /ㅓ/는 /ㅏ/보다 입을 조금 덜 벌리는 소리라고 설명한다. 턱이 조금 올라간다는 것을 보여 주며 설명한다. 교사는 집게손가락으로 개구도 차이를 보여줄 수 있다. 이때 입술이 조금이라도 앞으로 돌출되지 않도록 한다. 입술의 힘을 빼도록 하면 돌출을 막을 수 있다. 학습자에게 거울을 보며 발음해 보라고 한다. 교사의 입 모양과 자신의 입 모양을 비교하며 발음해 보게 한다. 	▶ 개구도는 학습자가 이해하기 쉽게 손가락을 이용하여 입이 위아래로 벌어진 정도로 설명한다.

제시 · 설명

3) /ㅗ/

㉠ /ㅗ/는 /ㅓ/ 위치에서 입술을 동그랗게 모아 내미는 모음이라고 설명한다.

㉡ 교사가 먼저 /ㅗ/ 발음을 시범으로 보이면서 입술이 둥글게 모아져 돌출되는 모습을 손가락으로 가리킨다. 이때 한국어 모어 화자의 /ㅗ/ 발음 사진과 중국어권 학습자의 /ㅗ/ 발음 오류 사진을 보여 주며 비교해 보게 한다. 이를 통해 학습자는 중국어권 학습자가 한국어 /ㅗ/를 발음할 때 입술을 잘 내밀지 않는다는 것을 알게 될 것이다.

㉢ 이어 학습자에게 손거울을 보며 교사의 입 모양과 자신의 입 모양을 비교하게 한다. 이렇게 하면 학습자는 자신의 입 모양에 문제가 있음을 발견하게 된다.

☞ 학습자가 /ㅓ/와 /ㅗ/의 원순성 차이를 잘 구별해 내지 못한다면 다음과 같은 방법으로 설명할 수 있다.

먼저 집게손가락을 입술 1㎝ 앞에 세로로 대 보게 한다. 이 상태로 /ㅓ/와 /ㅗ/를 각각 발음하게 한다. /ㅓ/를 발음할 때는 손가락이 입술에 닿지 않지만 /ㅗ/를 발음할 때는 손가락이 입술에 닿는다.

4) /ㅜ/

입술을 내민 상태의 /ㅗ/에서 턱을 위로 올리도록 한다. 교사가 턱 밑에 손등을 가로로 대고 /ㅜ/와 /ㅗ/를 발음하면서 학습자에게 교사의 손에 집중하라고 한다. 이를 통해 학습자는 /ㅜ/를 발음할 때 움직이지 않던 손이 /ㅗ/를 발음할 때 턱에 밀려 아래로 내려가는 것을 관찰할 수 있다. 이어 /ㅜ/는 /ㅗ/보다 입술을 더 많이 내밀어야 한다고 설명한다.

▶ 중국어권 학습자는 /ㅗ/와 /ㅜ/를 잘 변별하지 못하므로 /ㅗ/와 /ㅜ/의 차이를 강조해 줄 필요가 있다.

제시 · 설명

5) /ㅡ/

/ㅜ/에서 내밀었던 입술의 힘을 빼고 입 꼬리를 양옆으로 당기면서 /ㅡ/를 발음하도록 한다. 어금니가 서로 맞물리도록 입을 다물고 입술을 양 옆으로 벌려 발음하도록 한다.

6) /ㅣ/

/ㅡ/에서 입모양은 그대로 두고 혀를 앞으로 쭉 밀면 /ㅣ/를 발음할 수 있다. /ㅣ/는 대체로 대부분의 언어에 있는 모음이기 때문에 학습자에게 /ㅣ/ 모음을 들려주고 따라하라고 하면 쉽게 발음한다.

7) /ㅔ/, /ㅐ/

/ㅔ/, /ㅐ/는 /ㅣ/에서 턱만 아래로 내리고 발음하도록 한다.

▶ /ㅔ/와 /ㅐ/는한국인들도 대부분 구별하지 못하는 음운이므로 같은 소리로 가르친다.

4. 'ㅏ → ㅓ → ㅗ → ㅜ → ㅡ → ㅣ → ㅔ/ㅐ' 순으로 교사가 발음하며 하나씩 따라해 보도록 한다. 이때 거울을 통해 자신의 입모양을 관찰하면서 발음하도록 한다.

연습	■ 듣기 연습 〈연습 유형 1〉 소리 듣고 단모음 카드 고르기 학습자에게 단모음 카드를 나눠 준다. 교사의 발음을 듣고 교사가 발음한 소리를 고르도록 한다. 각각의 소리를 두 번씩 반복한다. 교사: 잘 들으세요. 1번, 아. 아. 2번, 오. 오. …… 〈연습 유형 2〉 소리 듣고 표시하기 듣고 소리가 같은 것에 ○표 하도록 한다. 1) 오이 / 어이 4) 거기 / 고기 2) 머리 / 모리 5) 그만 / 거만 3) 오리 / 우리 6) 세수 / 사수 ※ 이 외에도 '들은 소리와 같으면 ○, 다르면 × 하는 활동' 등 다양한 듣기 연습 활동을 할 수 있다.	
	■ 발음 연습 〈연습 유형 1〉 교사의 발음을 듣고 따라하기 교사는 아래와 같이 단모음 2개를 반복하여 따라하도록 한다. 여기에서 서로 다른 단모음의 차이를 연습할 수 있다. 1) 아어아어 4) 이에이에 2) 우오우오 5) 우으우으 3) 오어오어 6) 어아어아 〈연습 유형 2〉 단어 읽어 보기 학습자에게 단어를 제시하고 읽어보도록 한다. 1) 오이 / 어이 5) 그만 / 거만 2) 머리 / 모리 6) 세수 / 사수 3) 오리 / 우리 …… 4) 거기 / 고기 (더 많은 연습 단어 제시) - 위 단어를 이용하여 '듣고 따라하기' 활동을 해도 좋다.	▶ 본래 발음 연습은 다음의 단계를 모두 포함해야 한다. 음절 → 단어 → 구 · 절 → 문장 → 담화 하지만 '단모음'은 발음 수업 단계 중 첫 교수항목으로, 학습자는 한글 자모에 대해서만 선수 학습한 상태이므로 문장이나 담화 수준의 연습까지 나아가기는 어렵다. 따라서 이 단계에서는 소리를 변별하는 것에 초점을 맞추어 단어 수준까지만 연습시키는 것이 좋다. ▶ 아직 자음 발음에 대해 배우지 않은 단계이므로 단어 연습도 모음으로 이루어진 단어만을 대상으로 하는 것이 이상적이다.

연습		하지만 그럴 경우 연습 단어가 너무 제한적일 뿐만 아니라 모음이 자음과 결합하여 음절을 이룰 때 발생하는 오류에 대한 교정 기회가 충분히 주어지기 어려우므로 자음을 포함한 단어 연습을 시키는 것도 필요하다. 다만 이때의 연습은 자음보다는 모음의 정확성에 초점을 둔다.
사용		▶ 한국어 수업에서 '사용' 단계는 실제적인 의사소통 활동을 해 보는 단계이므로 매우 중요하다. 그렇지만 '단모음 발음 수업'은 발음 수업의 첫 항목이므로, 이 단계는 생략한다.
마무리	학습자에게 친구의 발음을 듣고 받아쓰는 활동을 해 보도록 하며 오늘 학습한 교육 내용을 정리한다. 이때 오류가 있다면 수정해 준다.	

7.2.2 초성의 폐쇄음

주제	초성의 폐쇄음(/ㅂ, ㅍ, ㅃ/, /ㄷ, ㅌ, ㄸ/, /ㄱ, ㅋ, ㄲ/)
교육 대상	일본어권 학습자
선수 학습 내용	1) 한글 자모에 대해 학습함. 2) 모음 발음에 대해 학습함. 3) 자음 중 비음(ㅁ, ㄴ)과 유음(ㄹ) 발음에 대해 학습함.
학습 목표	한국어 폐쇄음의 발음 특성을 이해하고 구별해서 듣고 발음할 수 있다. 특히 폐쇄음의 평음, 경음, 격음을 구별해서 듣고 발음할 수 있다.
학습 내용	한국어의 폐쇄음 - 양순 폐쇄음(/ㅂ/, /ㅍ/, /ㅃ/), 치경 폐쇄음(/ㄷ/, /ㅌ/, /ㄸ/), 연구개 폐쇄음(/ㄱ/, /ㅋ/, /ㄲ/)

학습자의 주요 오류	1) 어두 ① 평음 → 격음 예) 가구 → 카구, 다시 → 타시 ② 경음 → 격음 예) 까만색 → 카만색, 딸기 → 탈기 2) 어중 ① 평음 → 경음 예) 도망가다 → 도망까다 ② 격음 → 경음 예) 아프다 → 아쁘다

순서 \ 항목	내용	지도상 유의점
도입	1. 교사가 발음하는 자음을 듣고 같은 것을 고르도록 한다. 〈다다〉 ① 다다 ② 따다 ③ 타다 〈아빠〉 ① 아바 ② 아빠 ③ 아파 2. 짝과 함께 비교하게 한 후 답을 확인시켜 준다. 무엇이 틀렸는지 물어본다. 3. 학습자의 대답을 바탕으로 한국어의 폐쇄음을 칠판에 쓴다. 4. 교사가 판서한 내용을 가리키며 정확하게 듣고 발음하는 것이 중요하다고 말한다. 이어 칠판에 제시된 폐쇄음을 가리키며 오늘의 학습 목표는 이 자음들을 정확하게 듣고 발음하는 것임을 제시한다. 5. 칠판에 한국어의 폐쇄 자음을 모두 제시한다. ■ 제시 순서: 양순 폐쇄음(/ㅂ/, /ㅍ/, /ㅃ/) → 치경 폐쇄음(/ㄷ/, /ㅌ/, /ㄸ/) → 연구개 폐쇄음(/ㄱ/, /ㅋ/, /ㄲ/)	▶ 폐쇄음의 평음, 경음, 격음 변별 오류는 초급부터 중급, 고급 학습자에게서 많이 나타나는 오류이고, 한 차례의 수업으로 발음 오류를 고칠 수 없으므로 교육 과정 안에서 순환 학습이 필요하다.
제시 · 설명	1. 칠판에 제시된 폐쇄음을 가리키며 순서대로 발음을 들려준다. 2. 제시된 자음을 순서대로 읽어 주며 따라 발음하도록 한다. 3. 각 자음을 칠판에 제시된 순서대로 설명한다.	▶ 일본어권 학습자는 어두 위치에서는 한국어의 평음과 경음을, 어중에서는 한국어의 평음과 격음을 어려워하므로 두 환경을 구별하여 교수-학습할 필요가 있다. 하지만 첫 단계에서는 우선 한국어의 조음적 특성에 기반하여 /ㅂ/, /ㅍ/, /ㅃ/를 설명한다. 그리고 이어 환경에 따른 발음 교육을 진행한다.

1) /ㅂ/, /ㅍ/, /ㅃ/

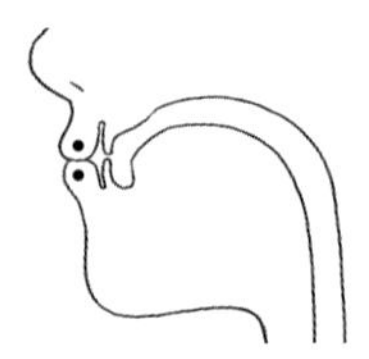
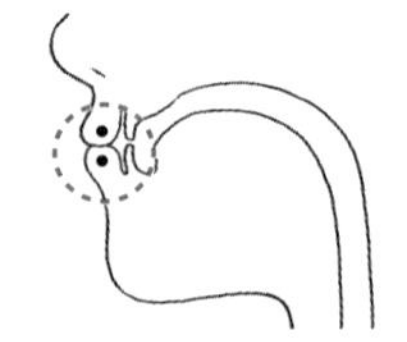

▶ 한국어에서 자음은 홀로 발음될 수 없으므로 모음과 결합시켜 발음해야 한다. 자음 설명 시 결합시키기 가장 적절한 모음은 /ㅏ/이다. /ㅣ, ㅏ, ㅜ/ 모두 무표적인 모음이기 때문에 자음과 결합하여 제시하는 데 무리가 없지만, /ㅣ/나 /ㅜ/는 결합 시 선행 자음의 음가를 변화시키는 경우가 있으므로, /ㅏ/를 결합시켜 발음해 주는 것이 더 좋다.

제시 · 설명

① 기본

㉠ 교사는 '바'를 발음한다. /ㅂ/는 두 입술을 붙였다가 떼며 내는 소리라고 설명한다. 위의 그림에서 입술 부분을 가리키면서 발음하고 따라하도록 한다. 양순음의 조음은 학습자가 별로 어려워하지 않는다.

㉡ 그림에서 입술 부분을 가리키면서 '바'와 '파'를 반복해서 발음한다. 학습자의 소리를 들어본 후 교사는 준비한 티슈를 입 앞에 두고 '바'와 '파'를 발음하는데, 이를 통해 '바'는 티슈가 살짝 움직이고 '파'는 티슈가 세게 움직이는 것을 보여 준다. 학습자에게 티슈를 나누어 주고 해 보도록 한다.

㉢ 그림에서 입술 부분을 가리키면서 '바'와 '빠'를 반복해서 발음한다. /ㅃ/는 두 입술에 힘을 주어 /ㅂ/보다 조금 더 오래 두 입술을 막았다가 떼면서 내는 소리라고 설명한다. 그리고 이때 목에 힘을 줘야 한다는 사실도 강조한다. 학습자에게 목에 손을 대고 '바'와 '빠'를 발음해 보도록 한다.

② 심화

가. 어두 위치

㉠ '바'와 '파'를 읽어 보게 한다. '바'는 강세를 주지 않고 발음하도록 하고 '파'는 강세를 주어서 발음하도록 지도한다.

㉡ '바'와 '빠'를 읽어 보게 한다. 일본어 단어 いっぱい /ippai/를 제시하고 어두에 오는 자음이 한국어의 /ㅃ/와 유사하다고 설명한다.

나. 어중 위치

▶ 어중 위치에서는 평음과 격음 발음을 하지 못하므로 이를 중심으로 교수한다.

㉠ '아바'를 발음하도록 한다. 강세를 주지 않고(음높이를 낮게) 짧게 하여 빨리 읽도록 한다.

㉡ '아파'를 발음하도록 한다. 어중에 오는 격음을 발음할 때는 강한 기식을 넣어서 발음하도록 한다.

제시 · 설명

2) /ㄷ/, /ㅌ/, /ㄸ/

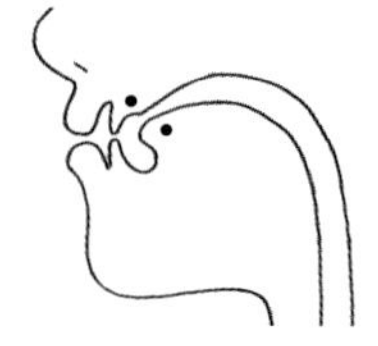
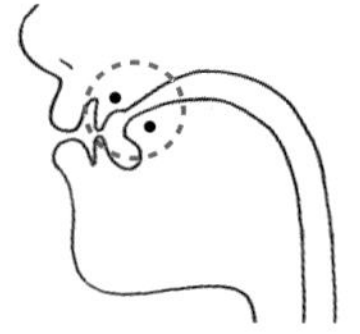

① 기본

㉠ 교사는 '다'를 발음한다. /ㄷ/는 혀끝으로 윗니의 뒤쪽을 가볍게 막았다가 떼는 소리라고 설명한다. 위 그림의 동그라미 친 부분을 가리키며 다시 '다'를 발음한다. 교사는 '다' 소리를 여러 번 반복해서 들려주고 따라하게 한다.

㉡ 그림에서 동그라미 친 부분을 가리키면서 '다'와 '타'를 반복해서 발음한다. 교사는 준비한 티슈를 입 앞에 두고 '다'와 '타'를 발음하여 '다'는 티슈가 살짝 움직이고 '타'는 티슈가 세게 움직이는 것을 보여 준다. 학습자에게 티슈를 입 앞에 두고 발음해 보도록 한다.

㉢ 그림에서 동그라미 친 부분을 가리키면서 '다'와 '따'를 반복해서 발음한다. /ㄸ/는 혀끝으로 윗니의 뒤쪽을 /ㄷ/보다 오래 힘주어 막았다가 떼면서 내는 소리라고 설명한다. 그리고 이때 목에 힘을 줘야 한다는 사실도 강조한다. 학습자에게 목에 손을 대고 '다'와 '따'를 발음해 보도록 한다.

② 심화

앞 /ㅂ/, /ㅍ/,/ㅃ/와 같은 원리로 교육한다.

3) /ㄱ/, /ㅋ/, /ㄲ/

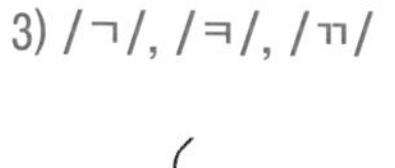
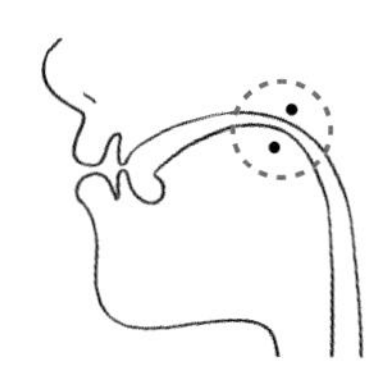

① 기본

㉠ 교사는 '가'를 발음한다. /ㄱ/는 혀의 뒤쪽으로 입천장 뒤쪽을 막았다가 떼면서 내는 소리라고 설명한다. 위 그림의 동그라미 친 부분을 가리키며 다시 '가'를 발음한다. 교사는 '가' 소리를 여러 번 반복해서 들려주고 따라하게 한다.

ⓒ 그림에서 동그라미 친 부분을 가리키면서 '가'와 '카'를 반복해서 발음한다. 교사는 준비한 티슈를 입 앞에 두고 '가'와 '카'를 발음하여 '가'는 티슈가 살짝 움직이고 '카'는 티슈가 세게 움직이는 것을 보여 준다. 학습자에게 티슈를 입 앞에 두고 발음해 보도록 한다.
ⓒ 그림에서 동그라미 친 부분을 가리키면서 '가'와 '까'를 반복해서 발음한다. /ㄲ/는 혀 뒤쪽으로 입천장 뒤쪽을 오래 힘주어 막았다가 떼면서 내는 소리라고 설명한다. 그리고 이때 목에 힘을 줘야 한다는 사실도 강조한다. 학습자에게 목에 손을 대고 '가'와 '까'를 발음해 보도록 한다.

② 심화

앞 /ㅂ/, /ㅍ/, /ㅃ/와 같은 원리로 가르친다.

4. /ㅂ/, /ㅍ/, /ㅃ/ → /ㄷ/, /ㅌ/, /ㄸ/ → /ㄱ/, /ㅋ/, /ㄲ/의 순으로 교사가 발음하며 하나씩 따라해 보도록 한다. 모음에 변화를 주며 발음해 보는 것도 좋다. '바, 버, 보, 부,…'

연습

■ 듣기 연습

〈연습 유형 1〉 듣고 받아쓰기

교사: 잘 들으세요.
1번, 부부, 부부
2번, 꼬고, 꼬고
3번, 타다, 타다
……

〈연습 유형 2〉 듣고 맞는 것에 ○ 표시하기

1) 비 / 피
2) 가지 / 까지
3) 다기 / 타기
4) 꺼요 / 커요
5) 아파 / 아빠
6) 아가 / 아까
7) 기다 / 기타
8) 바다 / 바따

〈연습 유형 3〉 대화를 듣고 대답하기

가: 어서 오세요. 뭘 드릴까요?
나: 두부 주세요.

1) 무엇을 사요?
① 두부 ② 투부 ③ 두뿌 ④ 투뿌

연습

■ 발음 연습

〈연습 유형 1〉 듣고 따라 읽기

1) 보도 / 포도	7) 아비 / 아피 / 아삐
2) 도끼 / 토끼	8) 아도 / 아토 / 아또
3) 고기 / 코기	9) 아구 / 아쿠 / 아꾸
4) 배요 / 빼요 / 패요	10) 나비 / 고토 / 오빠
5) 대요 / 때요 / 태요	11) 기도 / 기타 / 어깨
6) 개요 / 깨요 / 캐요	12) 고기 / 하키 / 토끼

▶ 학습자가 아직 한글 자모와 모음밖에 배우지 않았으므로 연습에서는 주로 CV 구조로 된 단어를 이용하는 것이 좋다.

〈연습 유형 2〉 들은 순서대로 선 연결하기

* 교사 읽기 : 보도 - 포도 - 가구 - 고기 - 깨요 - 캐요- 개요

보도 포도 가구

깨요 고기

캐요 개요

〈연습 유형 3〉 문장 듣고 따라하기

1) 이불을 개요.
잠을 깨요.
고구마를 캐요.

2) 배가 고파요.
모두 버스에 타요.
가구가 커요.

3) 우리 아빠는 바빠요.
뜨거우니까 조심하세요.
불을 끄니 무서워요.

사용	〈연습 유형 4〉 유의적인 맥락에서 연습하기 가: 어서 오세요. 뭘 드릴까요? 나: 커피 주세요. 〈제시 어휘〉 비누, 배, 포도, 두부, 고기, 카드	▶ 한국어 수업에서 '사용' 단계는 실제적인 의사소통 활동을 해 보는 단계이므로 매우 중요하다. 그렇지만 학습자가 모음과 폐쇄음 정도만 배운 상태이기 때문에 이 단계는 생략한다.
마무리	배운 내용을 이해했는지 확인한다. 또한 학습자의 발음에 대해 칭찬과 격려를 해 주고 수업 시간에 배운 내용과 관련된 숙제를 내준다.	

7.2.3 비음 종성

주제	비음 종성
교육 대상	일본어권 학습자
선수 학습 내용	모음과 초성 자음 발음에 대해 학습함.
학습 목표	한국어의 비음 종성을 구별해서 듣고 발음할 수 있다.
학습 내용	종성 위치에 있는 비음 /ㄴ, ㅁ, ㅇ/
학습자의 주요 오류	/ㄴ/ → /ㅇ/ 예) 까만색 [까만색] → [까망색] 현재 [현재] → [형재] /ㅇ/ → /ㄴ/ 예) 공짜 [공짜] → [곤짜] 동창회 [동창회] → [돈찬회] /ㅇ/ → /ㅁ/ 예) 상품 [상품] → [삼품]

항목 순서	내용	지도상 유의점
도입	1. 한 학습자에게 다음의 문장을 읽도록 하고 나머지 학습자에게 받아쓰도록 한다. ① 생일 선물로 향수도 받고 화장품도 받았어요. ② 지난주 명동에 관광객이 정말 많았어요. 2. 칠판에 답을 써 주며 짝과 답을 확인하도록 한다. 틀린 부분에 주목하도록 한다. 3. 칠판에 판서한 내용 중 비음 종성에 동그라미를 치며 오늘 이 발음을 연습하자고 하며 학습 목표를 제시한다.	▶ 비음 종성 단어가 많이 사용된 문장(학습자의 수준에 맞는 문장이어야 함)을 교사가 만들어서 제시한다.

■ 제시 순서: 양순 비음/ㅁ/ → 치경 비음/ㄴ/ → 연구개 비음/ㅇ/

제시 · 설명

1. 칠판에 '암, 안, 앙'을 쓰고, 각 음절을 가리키며 발음을 들려준다.

2. 읽고 따라하게 한다. 교사의 입모양을 가리키며 천천히 발음해 주고 다시 따라하도록 한다.

3. 종성 자음을 칠판에 제시된 순서대로 설명한다.

1) 종성 /ㅁ/

① 기본

- 교사가 먼저 '암'을 발음하여 소리를 들려준다. 입술 부분을 가리키면서 발음해 주고 학습자들이 따라하도록 한다. 교사는 발음을 들어 보고 두 입술이 확실히 붙어 있는지 확인한다. 이어서 교사는 '마-암'을 발음하여 소리를 들려주고 따라하도록 한다. 이때 두 입술이 붙었다가 떨어지는 것을 확인시켜 준다.

▶ 한국어에서 자음은 홀로 발음될 수 없으므로 모음과 결합시켜 발음해야 한다. 자음 설명 시 결합시키기 가장 적절한 모음은 /ㅏ/이므로 이를 중심으로 교수한다.

② 심화

- 일본어의 발음 /ん/이 후행하는 자음의 조음 위치에 따라 변이음 /m, n, ŋ/으로 나타나는 예를 통해 설명한다. 칠판에 변이음 /m/가 나타나는 단어를 제시하고 이들의 발음을 한국어로 적는다.

さんま	こんばんは
삼마	곰방와

- 'ㅁ'에 동그라미를 치고, 한국어 종성의 /ㅁ/가 이 발음과 같다고 설명한다. 이때 거울을 보며 발음해 보도록 한다.

2) 종성 /ㄴ/

① 기본

- 교사가 먼저 '안'을 발음하여 소리를 들려준다. 소리를 내면서 교사의 입모양을 보여 주고 따라하도록 한다. 교사는 '나'를 발음하며 혀끝의 위치를 확인해 준다. 혀끝이 '나'와 같은 위치에 있지만 혀가 떨어지지 않는다고 설명한다. 거울을 보며 '나-안'을 발음하되 혀의 위치에 집중하여 발음하도록 한다.

② 심화

- 칠판에 /ん/이 /n/로 나타나는 예를 제시하고 이들의 발음을 한국어로 적는다.

あんない　　　　こんど
안나이　　　　　콘도

- 'ㄴ'에 동그라미를 치고, 한국어 종성의 /ㄴ/가 이 발음과 같다고 설명한다. 이때 거울을 보며 'さんま(삼마)'의 발음과 비교해 보도록 한다.

3) 종성 /ㅇ/

① 기본

- 교사가 먼저 '앙'을 발음하여 소리를 들려준다. 소리를 내면서 교사의 입모양을 보여 주고 따라하도록 한다. 이어서 교사는 '가-앙'를 발음하여 들려주고 따라하도록 한다.

제시 · 설명

② 심화

- 칠판에 /ん/이 변이음 /ŋ/으로 나타나는 예를 통해 설명한다.

でんき　　　　げんき
뎅기　　　　　겡기

- /ん/이 환경에 따라 /m, n, ŋ/으로 발음되더라도 학습자는 이를 하나의 음운으로 인식하므로 이들을 다시 비교해 주는 것도 필요하다.

さんま[samma]　　　　でんき[deŋki]
삼마　　　　　　　　　뎅기

あんない[annai]
안나이

- 학습자에게 거울을 보며 칠판에 제시된 단어를 읽어 보도록 한다. 조음 위치가 어떻게 다른지 관찰해 보도록 하게 한다.

연습	■ 듣기 연습 〈연습 유형 1〉 소리를 듣고 빈칸에 쓰기 1) 강 □ 4) 수영 수□ 2) 좀 □ 5) 상품 상□ 3) 돈 □ 6) 작년 작□ 〈연습 유형 2〉 듣고 따라하기 1) 마음만 받을게요. 2) 이름 좀 말해 주세요. 3) 안녕히 가세요. 4) 중요한 거예요. 5) 휴일에는 보통 집에서 쉬어요. 6) 저는 등산도 좋아해요. 〈연습 유형 3〉 듣고 종성 부분 쓰기 아래와 같이 단어에 종성 자리를 비운 단어를 보여 준다. 교사가 단어를 불러 주면 발음을 듣고 종성을 쓰게 한다. 1) ㅂㅏㄹㅏ 2) ㅅㅣㅎㅓ 3) ㅁㅓㅈㅓ 4) ㄱㅏㅂㅏ 5) ㅎㅏㄲㅔ 6) ㄱㅣㅂㅏ 〈정답〉 1) ㅂㅏㄹㅏ 2) ㅅㅣㅎㅓ 3) ㅁㅓㅈㅓ ㅁ ㅁ ㄴ 4) ㄱㅏㅂㅏ 5) ㅎㅏㄲㅔ 6) ㄱㅣㅂㅏ ㅇ ㅁ ㅁ ㅂ	

연습

■ 발음 연습

〈연습 유형 1〉 단어 읽기

1) 보통
2) 여행
3) 여권
4) 에어컨
5) 바람
6) 마음
7) 동네
8) 상품
9) 왼쪽
10) 인삼
11) 점수
12) 심장

〈연습 유형 2〉 문장 속에서 발음 연습하기

(1) 지난주 명동에 관광객이 정말 많았어요.
(2) 생일 선물로 향수도 받고 화장품도 받았어요.
(3) 미영이네 냉장고에는 항상 생선이 많더라고요.

〈연습 유형 3〉 대화 연습

〈보기〉의 대화문을 제시하고 단어를 바꿔서 넣어 가며 대화하게 한다.

(1) 가: 어제 누구하고 명동에 갔어요?
나: 동생이랑 명동에 갔어요.

① 고향 친구 ② 영국 친구
③ 동네 친구 ④ 동아리 친구

(2) 가: 주말에 어디에 갔어요?
나: 명동에 갔어요.

① 강남역 ② 동물원
③ 인천 공항 ④ 한강 공원

〈연습 유형 4〉 대화 연습

다음과 같이 비음 종성이 포함된 대화문을 보면서 짝과 함께 역할을 나누어 발음해 보게 한다.

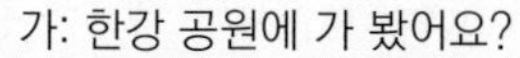

가: 한강 공원에 가 봤어요?
나: 네, 저는 자전거 타러 자주 가요.
가: 저는 어제 처음으로 한강 공원에 갔어요. 자전거 타는 사람, 수영하는 사람, 농구하는 사람, 산책하는 사람…… 정말 많았어요. 강아지를 데리고 산책하는 사람들도 정말 많았어요.
나: 네, 저도 많이 봤어요.

▶ 비음 종성이 포함된 부분에 학습자 스스로 표시해 보고 그 부분에 주의해서 발음을 연습하는 방법도 있다.

연습

가: 주말에 뭐했어요?
나: 공원에서 친구가 몽골 전통 춤 공연을 해서 구경했어요.
가: 정말요? 공연은 어땠어요?
나: 구경하는 사람들이 많아서 제가 다 긴장됐어요.
가: 저도 궁금하네요. 동영상이나 사진 있어요?
나: 정신이 없어서 처음부터 찍은 건 아니지만 중요한 부분은 찍었어요. 좀 볼래요?
가 : 네. 전통 춤이 정말 멋있네요. 친구도 춤을 아주 잘 추는 것 같아요.

가: 요코 씨, 동생이 한국에 왔지요? 동생이랑 맛있는 거 많이 먹었어요?
나: 네, 동생이 한국 음식을 좋아해서 여러 가지를 많이 먹었어요.
가: 아, 한국 음식을 좋아해요? 어떤 음식을 좋아해요?
나: 비빔밥, 냉면, 삼계탕, 김밥, 된장찌개…….
가: 한국 음식을 정말 좋아하나 봐요. 그럼 한국에도 자주 오겠어요.
나: 네, 일 년에 한두 번 정도 왔어요.
가: 오랜만에 만난 동생이랑 뭐 했어요?
나 : 제 동생이 신문 방송학을 전공해서 방송국도 구경 가고 쇼핑하러 남대문 시장, 동대문 시장, 명동, 강남역, 홍대……. 정말 많이 다녔어요.
가: 동생 덕분에 요코 씨도 서울 관광을 많이 했겠네요.
나: 네. 한국의 유명한 장소는 거의 가 본 것 같아요.

사용	〈친구에게 동아리 소개해 주기〉 학교에서 친구와 게시판을 보면서 가고 싶은 동아리 모임에 대해 이야기하게 한다. **<학교 동아리> 다음 주 금요일 모임 장소** • **수영 동아리:** 동대문 근처 수영장 • **방송 동아리:** 학교 방송국 • **사진 동아리:** 남산 공원 • **연극 동아리:** 학교 운동장 • **등산 동아리:** 경복궁역 3번 출구(인왕산)	▶ 사용 단계의 연습에서는 실제적인 의사소통 상황을 연출한다. 교사는 학습자가 대화를 이끌어 나가는 대화 상황에 개입하지 않는다. 활동이 끝난 후에 피드백한다.
마무리	학습자에게 오늘 연습한 발음 중에서 어렵다고 생각하는 것이 있는지 물어보고 피드백을 준다.	

7.2.4 억양

주제	억양
교육 대상	영어권 학습자
선수 학습 내용	1) 모음과 초성 자음 및 종성 자음 발음에 대해 학습함. 2) 연음에 대해 학습함.
학습 목표	의문사 의문문과 가부 의문문의 억양을 구별하여 이해하고 발음할 수 있다.
학습 내용	한국어의 의문사 의문문과 가부 의문문의 억양
학습자의 주요 오류	〈의문사 의문문〉 뭐 마실래요? L H L Ha 〈가부 의문문〉 뭐 마실래요? Ha L H L Ha → 뭐 마실래요? L H L Ha (명시적으로 가르치지 않으면 두 가지 의문문의 억양을 구별하지 못한다.)

항목 순서	내용	지도상 유의점
도입	1. 교사는 칠판에 다음과 같이 판서한다. ① 냉면을 먹을래요. ② 아니요, 안 먹을래요. 2. 교사가 "뭐 먹을래요?"를 가부 의문문의 억양으로 발음하고, 학습자에게 이 질문에 대한 답을 칠판의 ①, ② 중 고르라고 한다. 3. 대부분의 학습자는 ①번을 답으로 선택할 것이다. 그러나 이 상황에서는 ②번이 답이라고 하고 한국어에서는 의도에 따라 억양이 달라지는 것이 있다는 것을 알려 주고 배워 보자고 한다.	
제시 · 설명	1. 교사는 아래와 같이 대화를 판서한다. 이때 대화별로 번호를 써서 구분하면 설명하기 쉽다. ① 가: 뭐 마실래요? 나: 물을 마실래요. ② 가: 뭐 마실래요? 나: 아니요, 안 마실래요. - 교사는 학습자에게 판서한 내용을 읽어 주되, 각 문장에 맞는 억양으로 발음해 준다. 두 대화 간 차이를 강조하지 말고 자연스럽게 읽는다. - 학습자에게 교사의 발음을 따라해 보도록 하고 차이를 말해 보게 한다. 2. 아래 그림을 제시한다. 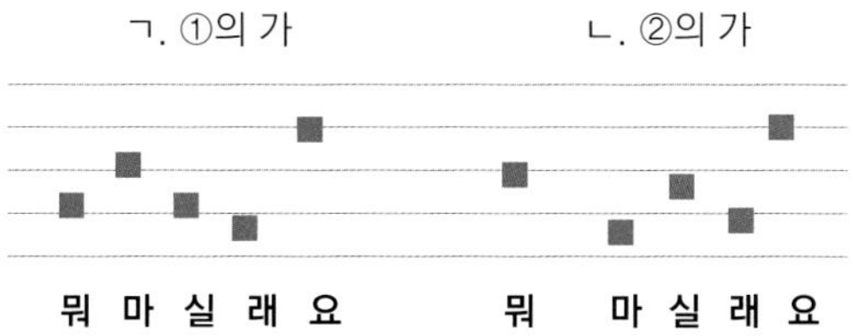 ㄱ. ①의 가 ㄴ. ②의 가 뭐 마 실 래 요 뭐 마 실 래 요 - ①은 '뭐'와 '마실래요' 사이에 쉼(운율 경계)을 두지 않고 '마실래요'의 '마'를 높게 발음해야 한다고 설명한다. - ②는 '뭐'와 '마실래요' 사이에 반드시 쉼이 있어야 하고 '마'를 낮게 발음해야 한다고 설명한다.	

제시 · 설명

3. 교사가 다시 읽어 주고 학습자가 따라해 보도록 한다.

연습

■ 듣기 연습

억양을 다르게 들려준 후 답을 고르도록 한다.

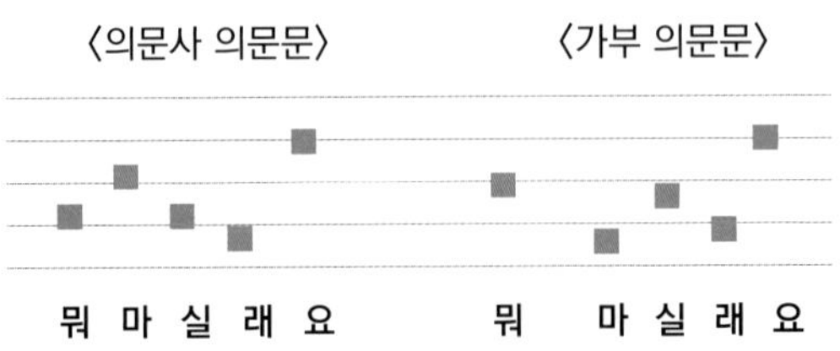

▶ 질문의 의도에 맞는 대답을 고르도록 한다. 이 연습은 '교사-학습자'로 활동할 수도 있고 짝활동으로 진행할 수 있다.

1. 지금 뭐 해요?
   ① 아니요, 무슨 일이에요?
   ② 숙제하고 있어요.

2. 어디 갈래요?
   ① 네, 좋아요.
   ② 명동에 가요.

3. 언제 만날래요?
   ① 내일 오전에 만나요.
   ② 좋아요. 시간 나면 전화하세요.

4. 누구 기다려요?
   ① 동생을 기다려요.
   ② 아뇨, 그냥 쉬고 있어요.

5. 누가 안 왔어요?
   ① 다나카가 안 왔어요.
   ② 아뇨, 다 왔는데요.

■ 발음 연습

〈연습 유형 1〉 듣고 따라하기

1. 교사는 아래의 그림에 '뭐 마실래요' 대신 다른 말을 넣어서 발음한다.
2. 교사의 발음을 따라하도록 한 후, 교사는 적절한 대답으로 의미 차이를 인지시킨다.
3. 한 명(혹은 한 팀)씩 돌아가면서 발음한 후, 학습자가 의미를 잘 구별하여 발음하였는지 확인한다.

〈의문사 의문문〉 〈가부 의문문〉

뭐 마 실 래 요 뭐 마 실 래 요

연습

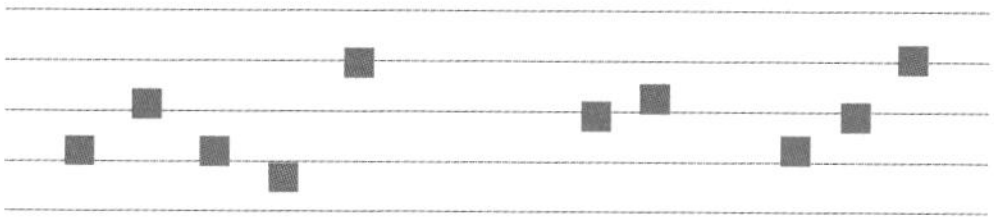

어 디 갈 래 요　　어 디　갈 래 요

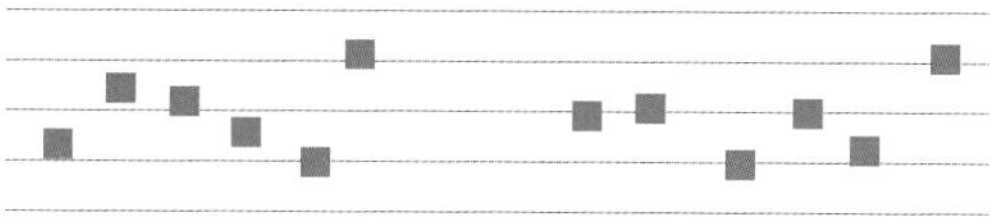

언 제 만 날 래 요　　언 제　만 날 래 요

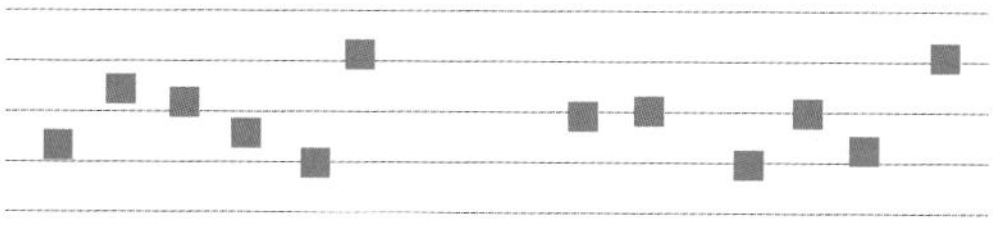

누 구 기 다 려 요　　누 구　기 다 려 요

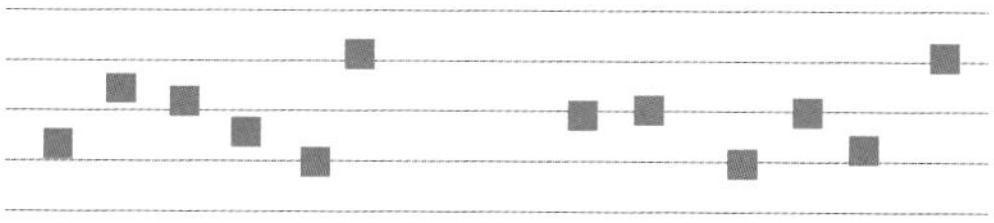

누 가 안 왔 어 요?　　누 가　안 왔 어 요

연습

〈연습 유형 2〉 의도에 맞게 질문하기

대답을 보고 질문하도록 한다.

1. 가: _______________?
   나: 쇼핑하고 있어요.
   〈답: 지금 뭐 해요?〉

2. 가: _______________?
   나: 네, 좋아요. 쇼핑하러 가요.
   〈답: 어디 갈래요?〉

3. 가: _______________?
   나: 네, 배가 좀 고프네요.
   〈답: 뭐 먹고 싶어요?〉

사용	■ 의도에 맞게 질문하기 3~4명으로 그룹을 만들어서 위에서 연습한 질문으로 짝과 이야기하도록 한다. 이때 정답 부분을 모두 지우고 짝과 상황을 만들어서 대화하게 하는데 대화하는 두 사람을 제외하고 다른 사람들은 친구의 대화를 듣고 피드백을 해준다.	
마무리	학습자에게 '오늘 누가 안 왔어요?'라고 질문하여 교사의 억양에 맞게 대답할 수 있는지 확인하는 것으로 마무리한다.	▶ 교실 상황에 맞게 교사가 적절하게 바꿔서 질문하고 확인한다.

7.2.5 유음화 규칙

주제	유음화 규칙(/ㄴ/-/ㄹ/ 연쇄, /ㄹ/-/ㄴ/ 연쇄)
교육 대상	중국어권 학습자
선수 학습 내용	1) 모음 및 초성 자음, 종성 자음의 발음에 대해 학습함. 2) 억양에 대해 일부 학습함. 2) 음운 규칙 중 일부 규칙(장애음 뒤 경음화, 격음화, 장애음의 비음화)을 학습함.
학습 목표	한국어의 유음화 현상을 이해하고, 이 규칙을 적용하여 정확하고 유창하게 발음할 수 있다.
학습 내용	ㄴ-ㄹ 연쇄, ㄹ-ㄴ 연쇄에서 일어나는 유음화 현상
학습자의 주요 오류	/ㄴ/ → /ㄹ/ 연쇄 예) 설날 [설랄] → [설날] 달나라 [달라라] → [달나라] /ㄹ/ → /ㄴ/ 연쇄 예) 연락 [열락] → [연락] 신라 [실라] → [신라] (중국어는 'ㄴ-ㄹ' 연쇄에 제약을 받지 않으므로 중국어권 학습자는 유음화를 적용하지 않고 발음하는 오류를 보인다.)

순서 \ 항목	내용	지도상 유의점
도입	1. 교사가 학습자에게 단어를 읽어 주고 올바른 발음을 찾는 활동을 한다. ※ 다음 발음을 잘 들으세요. 이 단어의 발음은 무엇입니까? 신랑 : ① ② ③ 연락 : ① ② ③ 〈녹음 스크립트〉 ① 실랑 ② 신랑 ③ 신낭 ① 열락 ② 연락 ③ 연낙	

	2. 학습자에게 답을 질문한다. 3. 발음을 써 보게 하고 원래 단어의 표기와 실제 발음이 어떻게 달라지는지 이야기해 보게 한다.	
제시 · 설명	1. 교사는 도입에서 제시한 단어 아래에 다음의 단어를 판서한다. 신랑 / 연락 / 편리해요 설날 / 물냉면 / 달나라 2. 교사는 한 단어씩 천천히 자연스럽게 읽어 주며 학습자가 '/ㄴ/-/ㄹ/, /ㄹ/-/ㄴ/' 발음에 주의하며 듣도록 한다. 3. 소리가 어떻게 달라졌는지 질문한다. '/ㄴ/-/ㄹ/', '/ㄹ/-/ㄴ/' 연쇄에 어떤 소리 규칙이 작용하는지 이야기해 보게 한다. 4. 제시한 단어의 발음이 어떻게 바뀌는지 판서하여 보여준다. 그리고 다음의 규칙을 판서해서 정리해 주고 따라 발음하도록 한다. ① 설날 → [설랄] ② 연락 → [열락] ① ㄹ + ㄴ → [ㄹ ㄹ] ② ㄴ + ㄹ 5. 교사는 판서된 단어 중 '설날, 연락'을 제외한 단어에서 /ㄹ/-/ㄴ/, /ㄴ/-/ㄹ/의 연쇄를 찾게 한다. 발음을 써 보고 실제로 발음해 보도록 한다. 이어 교사가 읽어 주고 학습자가 따라하게 한다. 신랑 / 연락 / 편리해요 설날 / 물냉면 / 달나라 6. '/ㄹ/-/ㄴ/' 연쇄의 구를 판서한다. '/ㄹ/-/ㄴ/' 연쇄의 경우 단어 내부뿐만 아니라 단어와 단어 사이에서도 이 규칙이 적용된다고 설명한다. 학습자가 먼저 읽어 보게 한 후, 이어 교사가 읽어 주고 학습자가 다시 따라하게 한다.	

제시 · 설명	잘 내려와요. 내일 날씨 주말 뉴스 7. '/ㄴ/-/ㄹ/' 연쇄의 경우 [ㄴㄴ]로 발음되는 예외가 있음을 설명한다.	▶ 이때 비음화에 대한 예외는 아주 간단히 설명하거나 생략할 수 있다. 설명한다면 3음절 이상의 일부 어휘에서 일어나므로 이를 단어별로 외우라고 설명하는 것으로 그친다. 유음화는 대체로 초급 단계에서 교수-학습되는 규칙인데, 'ㄴ-ㄹ'의 연쇄에서 비음화가 일어나는 단어는 대개 초급 어휘가 아니므로 이 단계에서는 굳이 설명하지 않아도 된다.
연습	■ 듣기 연습 〈연습 유형 1〉 말을 듣고 유음화 현상이 일어난 곳 찾기 교사가 자연스러운 발음을 들려주고 유음화 현상이 일어나는 곳을 찾도록 하는 방법도 있고 스스로 먼저 찾아보고 교사의 발음을 듣고 확인하는 방법도 가능하다. (1) 내일 날씨가 어때요? (2) 제주도 출발 날짜가 어떻게 돼요? (3) 왕리 씨, 정말 나갈 거예요? (4) 고향에 갈 날이 얼마 안 남았어요.	
	■ 발음 연습 〈연습 유형 1〉 단어 읽기 1) 실내 5) 연락 2) 달님 6) 편리 3) 겨울날 7) 난로 4) 과일나무 8) 한라산	

<table>
<tr>
<td>사용</td>
<td>〈연습 유형 2〉 문장 읽기

1) 실내가 너무 어두워요.
2) 오늘 날씨가 어때요?
3) 설날에 어디에 가요?
4) 저는 스물네 살이에요.
5) 여기 난로 옆에 앉아요.
6) 내일 꼭 연락하세요.
7) 이곳은 교통이 편리해요.
8) 이번 방학에 한라산에 갈까요?

〈연습 유형 3〉 유의미한 맥락에서 대화

1) 가: 제주도에 유명한 산이 한라산이지요?
나: 네, 한라산이 유명해요.

2) 가 : 내일 몇 시에 만날까요?
나: 오전 10시에 학교 운동장에서 만나요. 그런데 비가 올 거 같아서 축구를 할 수 있을지 모르겠어요. 내일 날씨를 보고 다시 연락할게요.

■ 연극
교사가 /ㄴ/-/ㄹ/와 /ㄹ/-/ㄴ/ 연쇄가 다양하게 포함된 대본을 만들어 학습자에게 나누어 주고 연극을 해 보도록 한다. 대본은 특정한 주제와 상황이 들어간 담화로, 대화 내용이 자연스러워야 한다. 이때 외우기보다 자연스러운 발음에 중점을 두도록 한다.

간단한 상황극 대본</td>
<td></td>
</tr>
<tr>
<td>마무리</td>
<td>연극을 할 때 자신의 발음과 친구의 발음에 대해 이야기하도록 한다. 교사는 이에 대한 피드백을 준다. 칭찬을 해 주고 수업을 마무리한다.</td>
<td></td>
</tr>
</table>

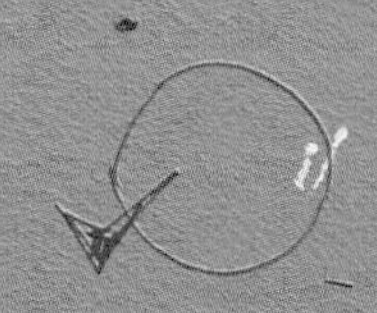

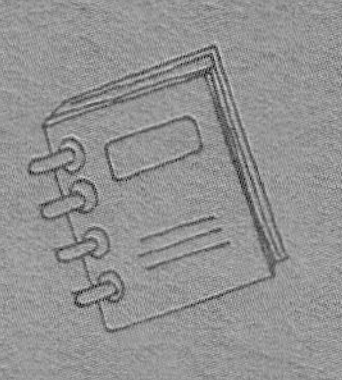

부록

한국어 발음 교육을 위한 음성 분석 도구 활용법

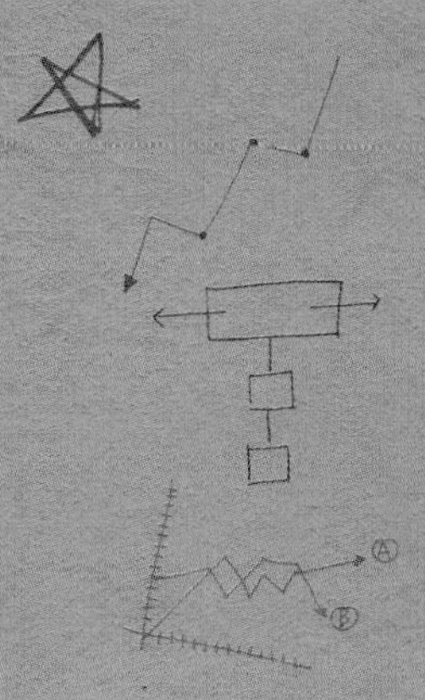

1. Praat 소개

Praat[88]는 '말소리'라는 뜻의 네덜란드 어로, 음성을 분석하는 프로그램이다. 이 프로그램은 프리웨어로 http://www.fon.hum.uva.nl/praat/download_win.html에서 내려 받을 수 있다. 2015년 3월 24일에 Praat 5.4.08 버전(5.7MB)이 출시되었다.

2. Praat 사용자 매뉴얼 및 홈페이지 활용

Praat를 내려 받아 실행한 후 오른쪽 상단의 〈Help〉에서 〈Go to Manual Page〉에 들어가면 〈그림 1〉과 같이 매뉴얼 창이 실행된다. 이 매뉴얼 창에서 필요한 각종 정보를 검색하여 활용할 수 있다.

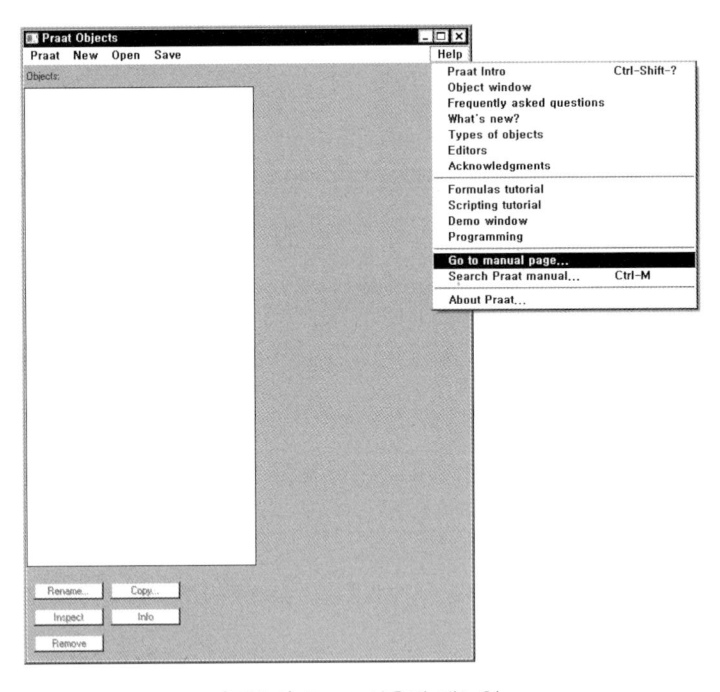

〈그림 1〉 Praat 사용자 매뉴얼

88) Boersma, Paul & Weenink, David (2013). Praat: doing phonetics by computer [Computer program]. Version 5.3.59, retrieved 20 November 2013 from http://www.praat.org/

또한 Praat 홈페이지(http://www.fon.hum.uva.nl/praat/)를 활용하여 Praat 사용에 대한 정보를 얻을 수 있다. 〈그림 2〉의 Praat 홈페이지 첫 화면에서 하단의 〈Questions, problems, solutions:〉에 있는 자주 하는 질문(Frequently Asked Questions)이나 사용자 모임(Praat User List)에서 도움을 받을 수 있으며, 혹은 아래에 적힌 이메일을 통해 개발자에게 직접 문의할 수도 있다.

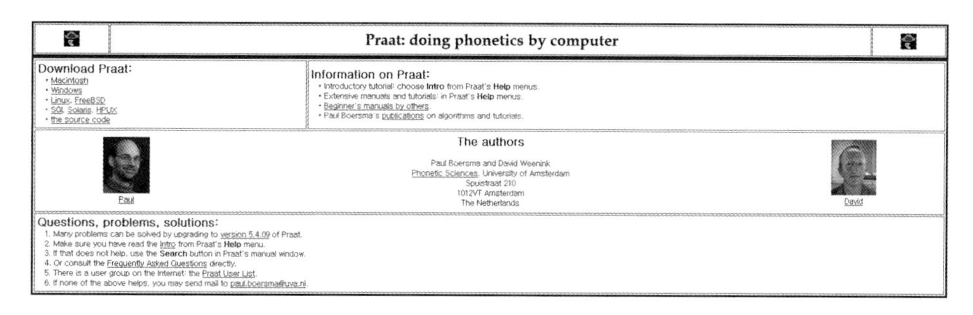

〈그림 2〉 Praat 홈페이지

3. Praat 사용법

이 장에서는 한국어 학습자의 음성을 분석하기 위해 필요한 기초적인 Praat 사용법과 Praat를 활용한 음성 분석 방법을 다룬다. 따라서 모든 메뉴에 대해 상세히 설명하지 않고, 필요한 기능에 대해서만 설명하기로 한다.

1 Praat 실행하기

Praat 아이콘을 실행하면 〈그림 3〉과 같이 두 개의 창이 뜬다. 이 가운데 왼쪽에 나타난 회색 창이 〈Praat Objects〉로, 음성 분석을 위해 주로 사용하는 것이다. 오른쪽에 나타난 분홍색 창은 〈Praat Picture〉로 분석 결과를 그림으로 나타내는 데 주로 사용한다. 여기서는 왼쪽의 회색 창을 이용하여 음성 분석을 하는 방법에 대해 설명하므로, 회색 창에 대해서만 살펴보도록 한다.

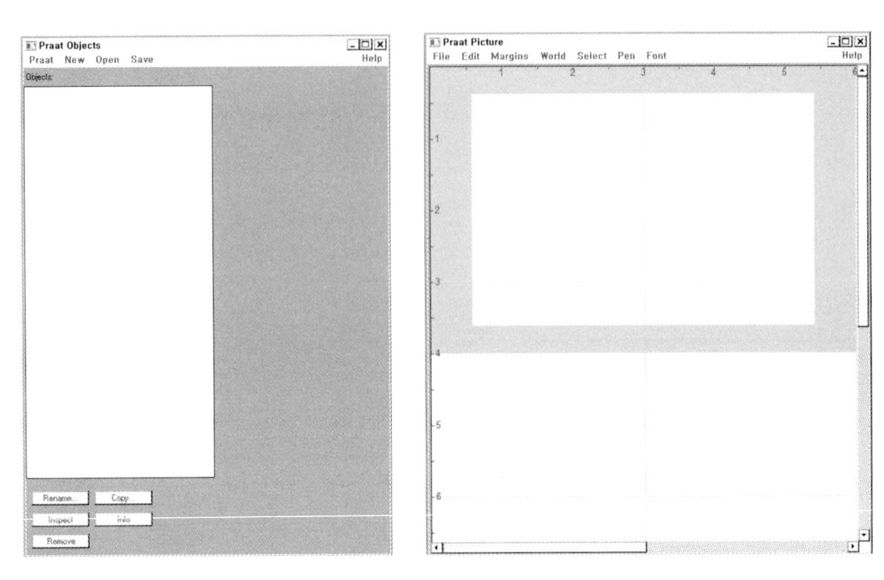

〈그림 3〉 Praat의 Objects 창(왼쪽)과 Picture 창(오른쪽)

2 파일 불러오기

저장된 음성 파일을 불러오기 위해서 〈그림 4〉와 같이 상단의 메뉴에서 Open>Read from file...(단축키 ctrl-O)을 누른다.

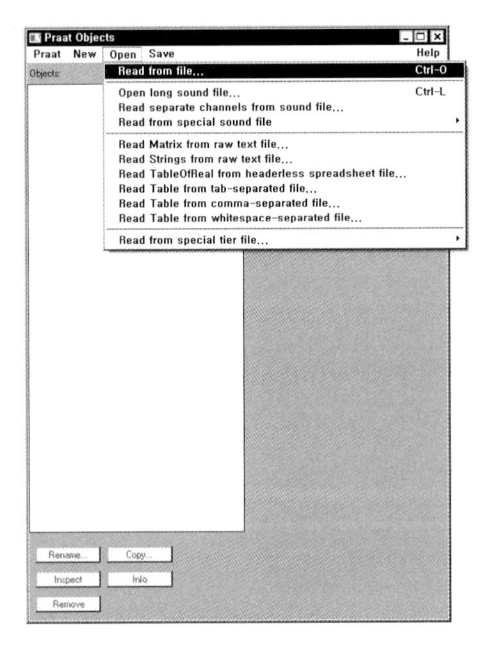

〈그림 4〉 파일 불러오기

3 파일을 불러온 후의 메뉴

(1) 아래쪽에 나타난 메뉴

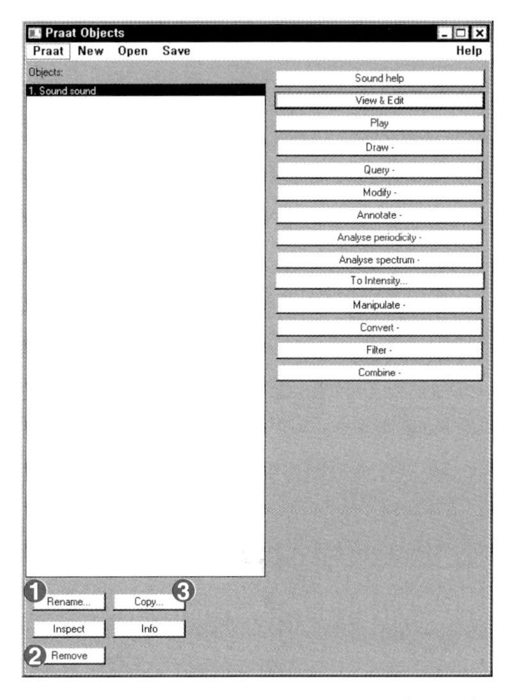

〈그림 5〉 음성 파일을 불러온 후의 메뉴(아래쪽)

① Rename(이름 바꾸기)

음성 파일의 이름을 바꾼다.

② Remove(삭제하기)

음성 파일을 삭제한다. (Praat 창 내에서만 사라짐)

③ Copy(복사하기)

원래 있던 음성 파일의 이름을 바꾸어(이름을 바꾸기 위한 새로운 창이 열린다) 복사한다.

(2) 왼쪽에 나타난 메뉴

① View & Edit(보기 & 편집하기): 음성 파일을 '보고', '편집하기' 위한 메뉴이다. 이 메뉴를 누르면 파형과 스펙트로그램(Spectrogram)이 보이는 새로운 창이 열린다.

② Play(듣기): 음성 파일을 들어볼 수 있다.

③ Annotate(주석 달기): 음성 파일에 주석을 달기 위한 메뉴이다. 이 메뉴를 누르면 하위 메뉴가 나타나고, To Textgrid를 선택하면 Textgrid 파일을 만들 수 있다.

  * Textgrid: 음성 파일과 연계하여 주석을 달아 주는 부분이다.
    주석창의 개수와 각 주석창의 이름, 티어의 종류를 설정한다.
  * 이에 대한 상세한 설명은 230쪽 (4) 텍스트그리드 작성 참조

④ Convert(변환하기): 음성 파일을 변화하는 데 사용하는 메뉴이다. 음성 파일이 스테레오(stereo)로 녹음하였을 때 모노(mono)로 바꾸어 주는 등의 기능을 한다.

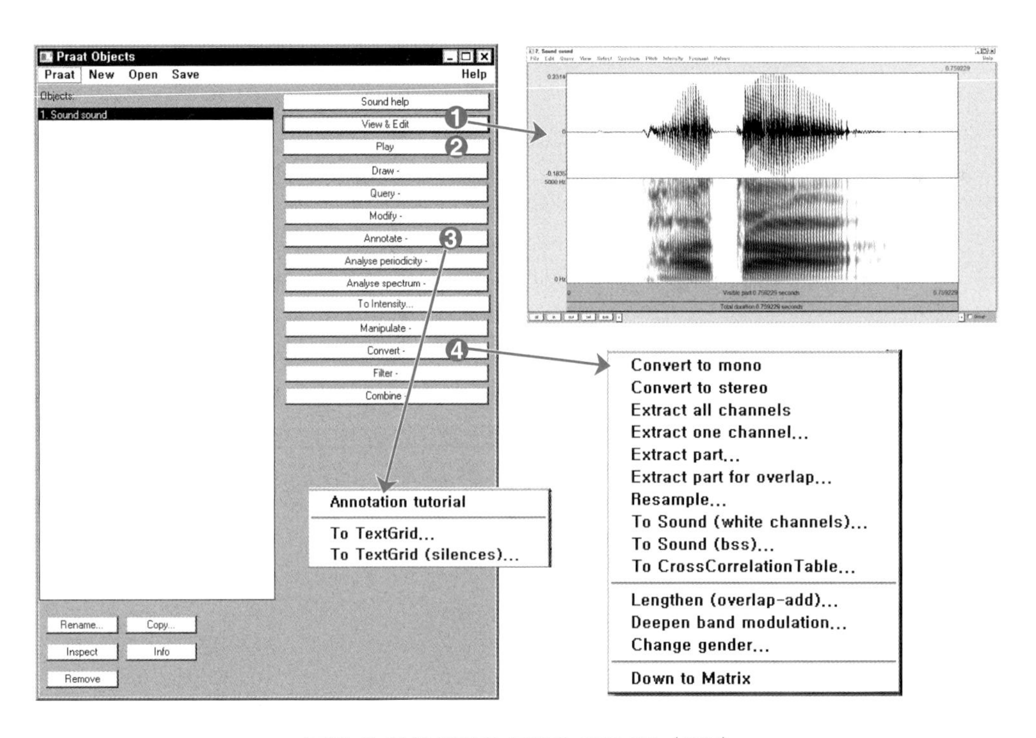

〈그림 6〉 음성 파일을 불러온 후의 메뉴(왼쪽)

4 음성파일 편집 메뉴

〈그림 6〉의 ① View & Edit에서 새로 뜬 창에 나타난 메뉴에 대해 살펴본다.

(1) 기본 메뉴 설명

① 파형(Wave)

② 가운데 0은 기준선(영교차점)이며, 파형의 최소 진폭과 최대 진폭이 파형창의 왼쪽에 검은색으로 표시된다. 커서를 댄 위치의 시간 정보가 위쪽에 빨간색으로, 진폭 값이 왼쪽에 파란색으로 표시된다.

③ 스펙트로그램이 나타나고, 그 위에 기본 주파수(F0) 곡선이 파란색으로 표시된다.

④ 스펙트로그램의 최저 주파수와 최고 주파수가 스펙트로그램창의 왼쪽에 검은색으로 표시된다. 커서를 댄 위치의 시간 정보가 위쪽에, 주파수 값이 왼쪽에 각각 빨간색으로 표시된다. 최저 주파수와 최고 주파수의 값은 상단의 〈Spectrogram〉에서 조절할 수 있다.

⑤ 기본 주파수의 최솟값과 최댓값이 스펙트로그램창의 오른쪽에 표시된다. 커서를 댄 위치의 시간 정보가 위쪽에 빨간색으로 표시되고, 기본 주파수 값이 오른쪽에 파란색으로 표시된다. 기본 주파수의 최솟값과 최댓값은 상단의 〈Pitch〉에서 조절할 수 있다.

⑥ 보이는 부분의 시간(Visible part) / 전체 길이(Total duration)

⑦ all(전체 보기): 음성 파일 전체를 한 화면에서 본다.
in(확대하기): 현재 보이는 화면 크기의 1/2 시간을 본다.
out(축소하기): 현재 보이는 화면 크기의 2배 시간을 본다.
sel(선택 부분 보기): 선택한 부분의 자료만을 화면에서 본다.
bak(되돌리기): 바로 앞에 실행한 명령을 취소한다.

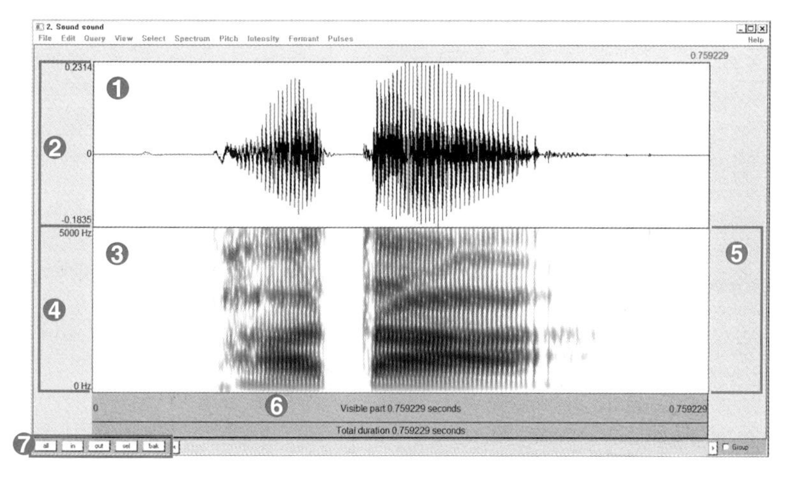

〈그림 7〉 View & Edit 창에 대한 설명

(2) 스펙트로그램 설정

〈그림 7〉의 ④와 같이 기본 설정에서 스펙트로그램의 최저 주파수는 0Hz, 최고 주파수는 5,000Hz로 되어 있다. 따라서 5,000Hz보다 높은 주파수 대역에서 나타나는 음성적 특성을 관찰하기 위해서는 주파수 대역을 조절해 주어야 한다. 이는 〈그림 8〉의 Spectrogram〉 Spectrogram settings에서 조절할 수 있다. 위쪽의 View range(Hz)에서 왼쪽은 최저 주파수, 오른쪽은 최고 주파수를 나타낸다. 여기에 적절한 값을 입력하여 확인하면 된다.

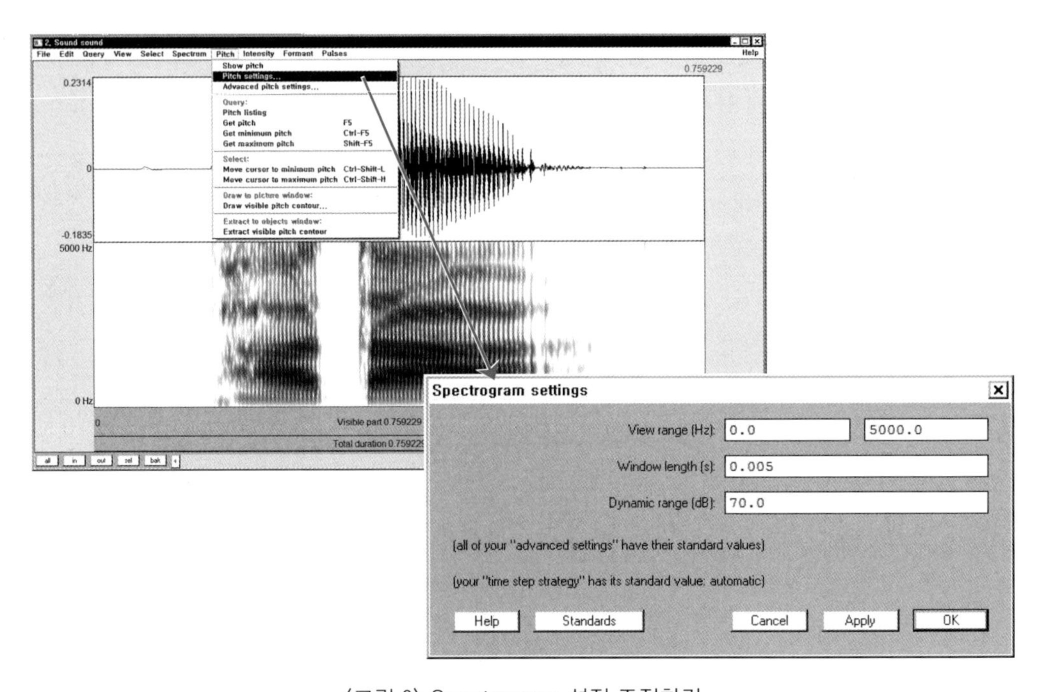

〈그림 8〉 Spectrogram 설정 조절하기

또한 〈그림 7〉의 ③ 스펙트로그램 창은 배경에 지저분한 소음이 함께 나타나 자료의 분석이 용이하지 않다. 이를 보기 좋게 하기 위해서는 Dynamic range[89]를 조절하면 된다. 기본 설정은 Dynamic range가 70.0dB로 되어 있는데, 대체로 35~45dB로 조절하면 보다 선명한 화면을 관찰할 수 있다. 〈그림 8〉은 Dynamic range를 70dB로 설정하였을 때와 35dB로 설정하였을 때의

89) Dynamic range는 스펙트로그램의 진폭 역동 영역을 말하는 것이다.

차이를 보인 것이다. Dynamic range를 35dB로 조절한 쪽이 분절음의 특성이 보다 선명하게 보임을 확인할 수 있다. 각자의 컴퓨터 설정에 따라 35~45dB 사이의 값을 입력해 보고 가장 보기 좋은 상태를 선택하면 된다.

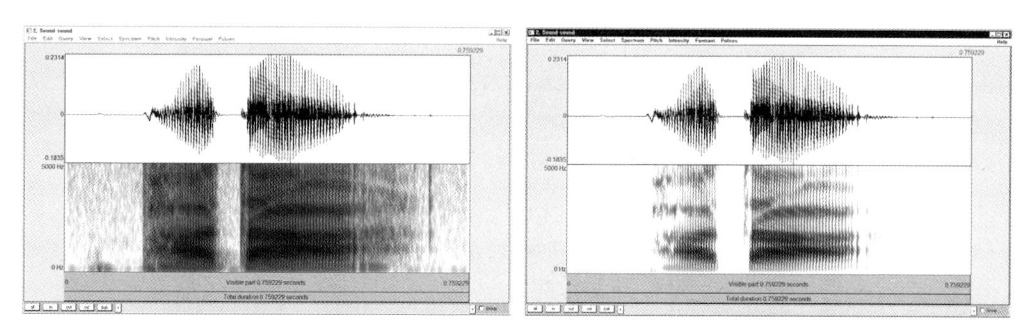

〈그림 9〉 Dynamic range 조절에 따른 차이: Dynamic range가 왼쪽은 70dB , 오른쪽은 35dB 일 때

(3) 음높이(pitch) 설정

〈그림 7〉의 ⑤와 같이 기본 설정에서 음높이의 최저 주파수는 75Hz, 최고 주파수는 500Hz로 되어 있다. 음높이 곡선의 움직임을 보다 분명하게 관찰하기 위해서는 피험자의 음성 특성에 따라 음높이 곡선을 조절해 줄 필요가 있다. 일반적으로 여성 화자는 최저 주파수를 100Hz, 최고 주파수를 300Hz로 설정하고, 남성 화자는 최저 주파수를 50Hz, 최고 주파수를 200Hz로 설정하는데, 개인적 특성에 따라 주파수 값을 달리 설정할 수 있다.

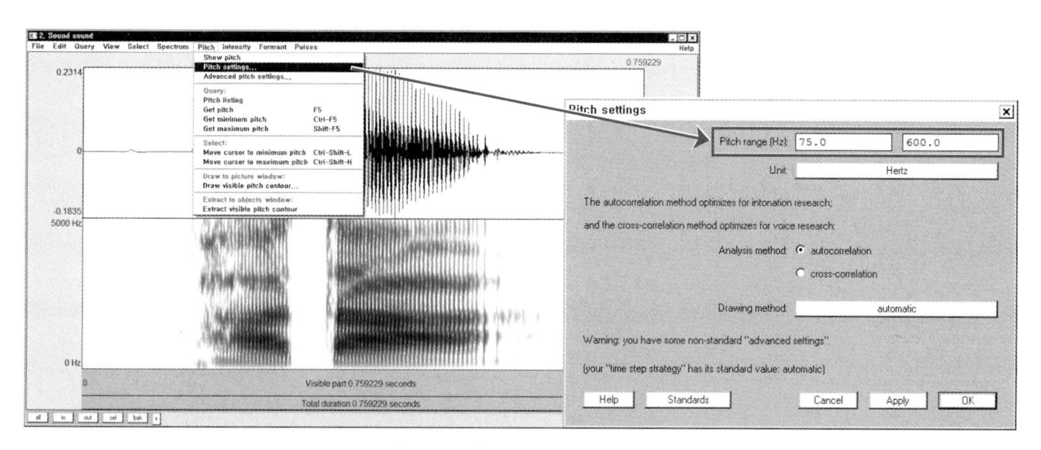

〈그림 10〉 음높이 조절하기

〈그림 11〉의 왼쪽 위의 그림은 주파수 범위를 100~300Hz로 조절한 것이다. 음높이(pitch) 곡선의 움직임이 보다 명확하게 나타난다. 간혹 〈그림 11〉의 아래쪽의 두 그림과 같이 음높이 곡선이 제대로 나타나지 않을 때가 있는데, 음높이 곡선의 설정을 변경하면 이와 같은 문제를 해결할 수 있다.

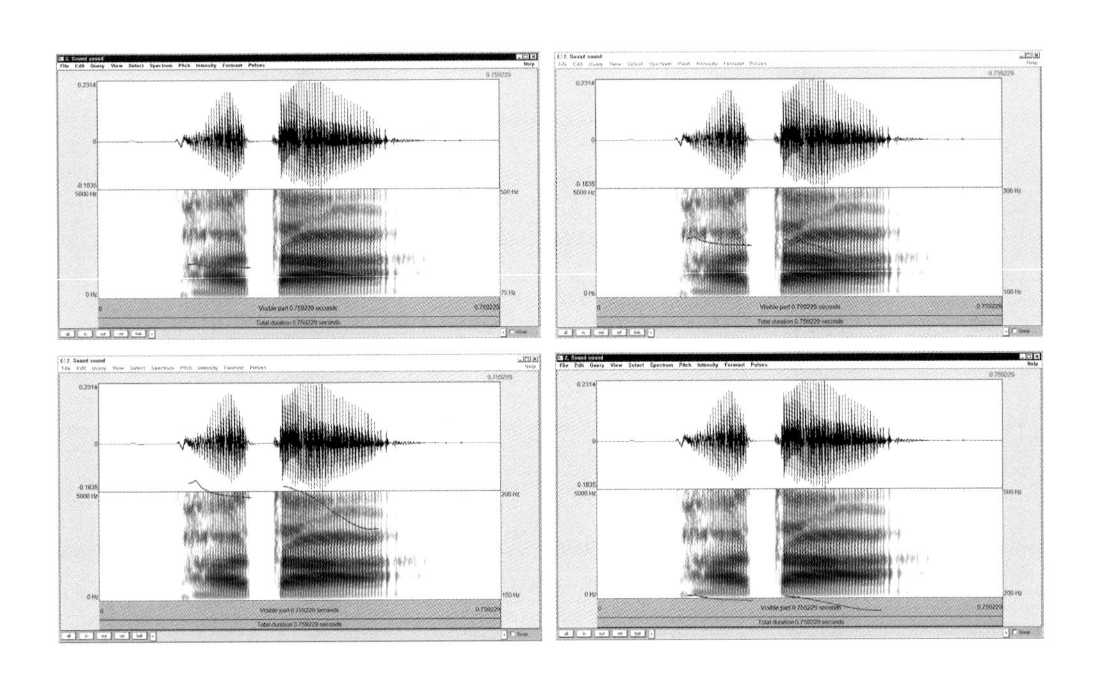

〈그림 11〉 음높이 조절하기
우상: 75~500Hz(기본), 좌상: 100~300Hz, 우하: 100~200Hz, 좌하: 200~500Hz

(4) 텍스트그리드(textgrid) 작성

〈그림 6〉의 ③에서 설명한 방식으로 음성 파일에 주석을 달 텍스트그리드 파일을 만든다. Annotate>To Textgrid를 누르면 〈그림 12〉와 같은 창이 만들어진다. 여기서 All tier names는 텍스트그리드 각 티어(tier)의 이름을 지정하는 것으로, 공백(space)을 이용하여 티어의 개수와 이름을 표시한다. 〈그림 12〉와 같이 기본 설정으로 되어 있는 〈Mary John bell〉은 각 티어의 이름이 Mary, John, bell인 3개의 티어를 생성한다는 것이다. 그 아래의 〈Which of these are point tiers?〉는 이 티어 가운데 어느 티어를 포인트 티어로 할 것인가를 묻는 것이다. 기본 설정으로 되어 있는 〈bell〉은 위에서 생성한 3개의 티어 가운데 3번째에 있는 〈bell〉 티어를 포인트 티어

로 만든다는 것을 의미한다.

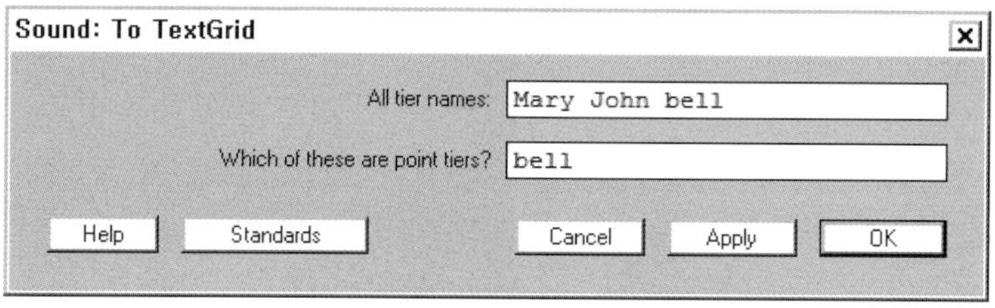

Sound: To TextGrid

All tier names: Mary John bell

Which of these are point tiers? bell

Help Standards Cancel Apply OK

〈그림 12〉 텍스트그리드 설정

텍스트그리드 파일을 생성하면 〈그림 13〉의 왼쪽 그림과 같이 음성 파일 아래에 같은 이름의 텍스트그리드 파일이 만들어진다. 음성 파일과 텍스트그리드 파일을 동시에 선택하면 오른쪽에 메뉴가 바뀌는데, 그중 맨 위에 있는 View & Edit를 선택하면 텍스트그리드 파일에 주석을 달 수 있다. 음성 파일과 텍스트그리드 파일을 동시에 선택하기 위해서는 마우스로 드래그하거나 Ctrl 키를 이용하면 된다.

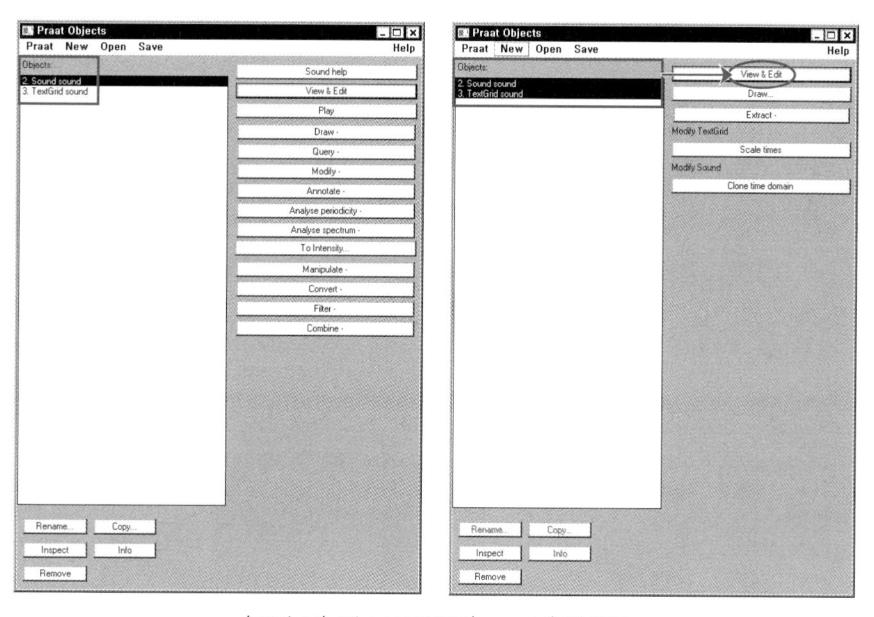

〈그림 13〉 텍스트그리드(textgrid) 만들기

〈그림 14〉는 Praat에서 기본으로 설정되어 있는 설정대로 텍스트그리드를 생성한 결과이다. 위에서 설명한 바와 같이 스펙트로그램 아래로 각 티어의 이름이 Mary, John, bell인 3개의 티

어를 생성되었고, 그 가운데 bell은 포인트 티어로 생성된 모습을 확인할 수 있다. 포인트 티어는 어떤 구간에서 구간 사이를 의미하는 다른 티어와 달리 어떤 한 지점의 특성을 기술할 수 있게 해 주는 티어이다.

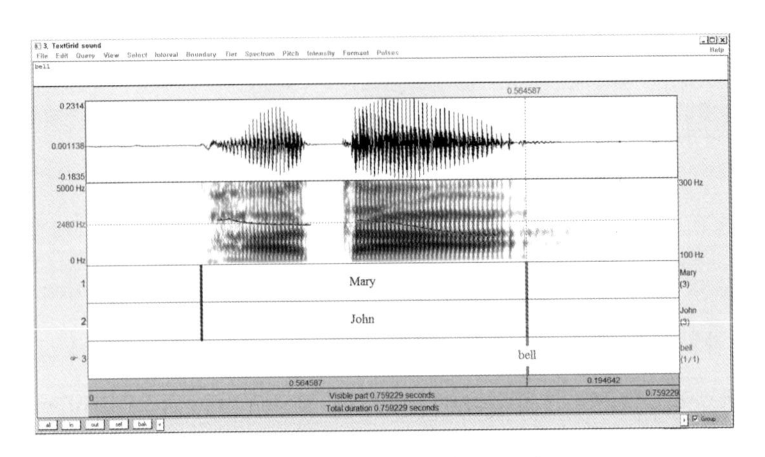

〈그림 14〉 텍스트그리드(textgrid)

텍스트그리드 파일에 주석을 다는 방법을 〈그림 15〉에서 설명한다.

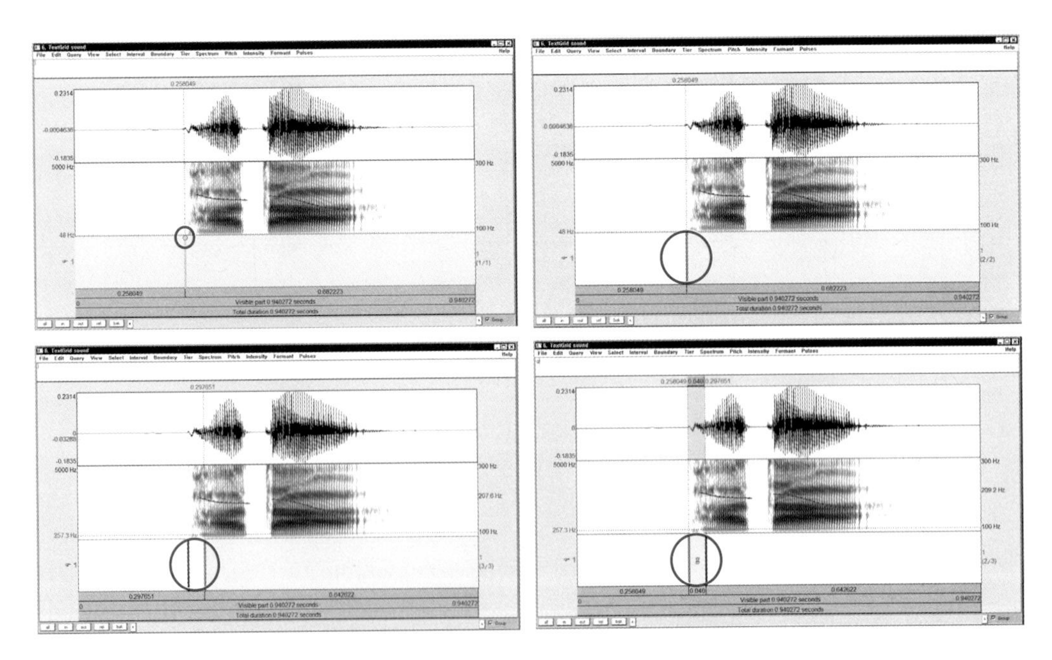

〈그림 15〉 텍스트그리드(textgrid)에 주석 달기

먼저 분절음의 시작 위치에서 텍스트그리드의 위쪽 경계 부분에 마우스를 클릭하면 [1]과 같이 빈 동그라미와 회색 선이 나타난다. 설정한 위치가 맞으면 빈 동그라미 부분을 마우스로 클릭한다. 그러면 [2]와 같이 붉은색 2줄이 생기면서 해당 부분이 표시된다. 분절음의 끝 위치에 같은 방식으로 표시를 하면 [3]과 같이 구간이 설정된다. 구간의 면을 마우스로 클릭하면 노란색 배경의 면적이 선택되는데, 여기에 분절음의 레이블(이름)을 입력하면 [4]와 같이 분절음 구간의 가운데에 레이블이 달리게 된다. 레이블을 잘못 넣은 경우 백스페이스(backspace) 키를 이용하여 입력한 레이블을 지우고 다시 작성한다.

텍스트그리드에 선을 잘못 그은 경우, 〈그림 16〉에 보인 바와 같이 상단의 메뉴에서 Boundary를 선택하고 하위 메뉴 중에서 Remove(단축키 Alt-Backspace)를 누르면 선이 지워진다.

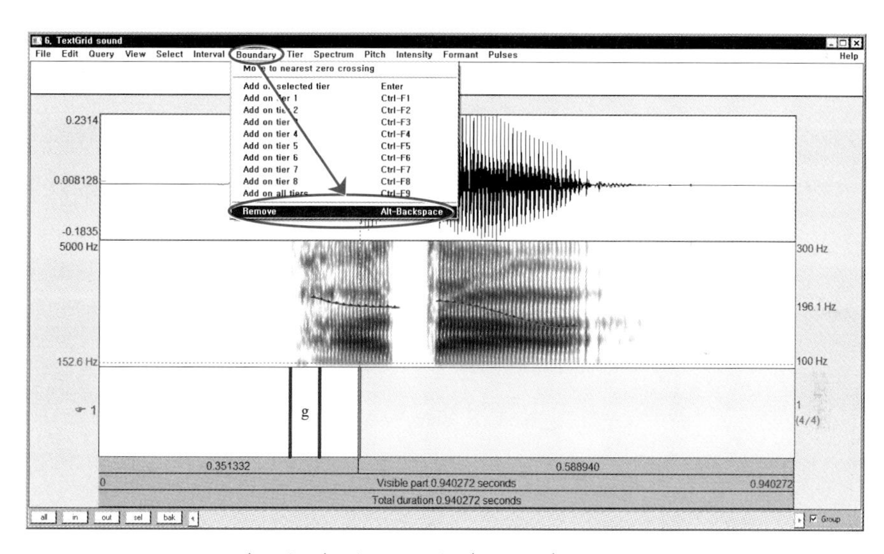

〈그림 16〉 텍스트그리드(textgrid) 수정하기

[5] 파일 저장하기

파일을 저장하기 위해서는 상단의 메뉴에서 Save를 사용한다. Save는 음성 파일을 선택하였을 때와 텍스트그리드 파일을 선택하였을 때 각기 다른 하위 메뉴가 나타난다. 먼저 음성 파일을 선택하여 저장하면 〈그림 17〉과 같은 메뉴가 나타난다. 주로 가운데 Save>Save as wav file...을 이용하는데, 이는 음성 파일을 wav 형식으로 저장하는 것이다. 텍스트그리드 파일을 선택하면 〈그림 18〉과 같이 음성 파일을 선택하였을 때보다는 단순한 메뉴가 나타나는데, 주로

Save>Save as text file...을 통해 텍스트 파일로 저장한다.

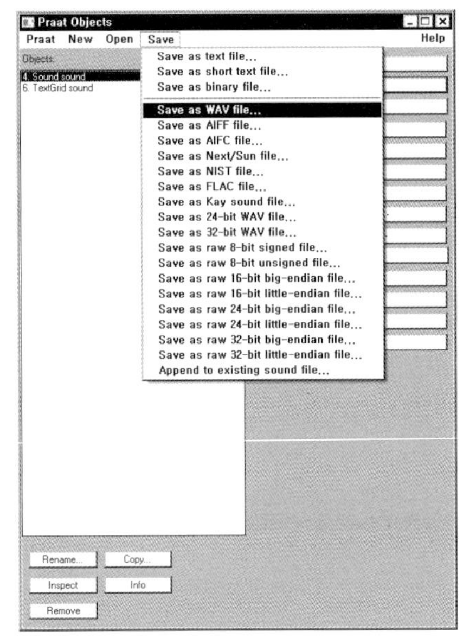

〈그림 17〉 음성 파일 저장하기

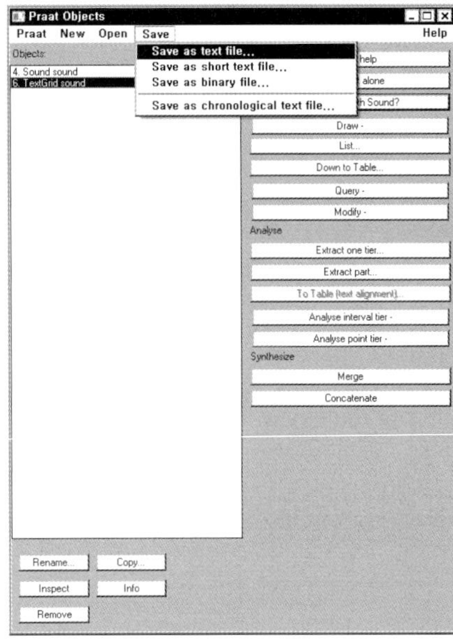

〈그림 18〉 텍스트그리드 파일 저장하기

4. Praat를 활용한 음성 분석의 실제

Praat를 사용하여 분절음 및 운율의 실현 양상을 학습자에게 보여 주는 것은 발음 교육에 유용하게 활용될 수 있는 방법이다. 이를 위해 먼저 분절음의 측면에서 길이, 음높이 및 포먼트를 측정하는 방법을 살펴본다. 다음으로 운율의 측면에서 대표적으로 음운구와 억양구 경계 성조를 확인하는 방법에 대해 알아본다.

1 길이 측정하기

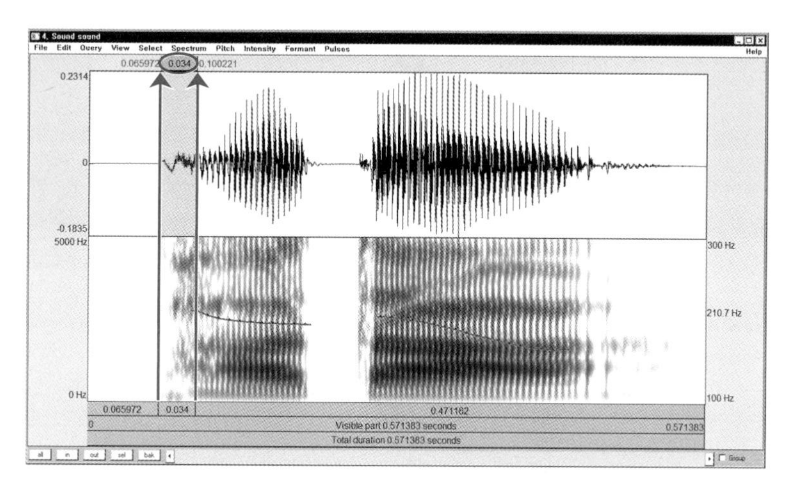

〈그림 19〉 길이 측정하기: '가'의 [ㄱ]에서 VOT 측정하기

〈그림 19〉는 [가구]의 '가'에서 초성 [ㄱ]의 VOT(voice onset time, 성대 진동 시작 시간)를 측정하는 방법을 설명한 것이다. 측정하고자 하는 부분의 시작 위치에 마우스를 대고 드래그하여 측정하고자 하는 부분의 끝 위치에서 마우스를 놓으면 측정 구간이 분홍색으로 바뀌고 위쪽에 시작 시간과 끝 시간, 그리고 그 사이의 시간이 기록된다. 〈그림 19〉의 경우, [ㄱ]의 VOT가 0.065972초에서 시작하여 0.100221초에서 끝나고, 그 사이의 시간은 0.034초, 약 34ms이 된다.

이와 같은 방법의 폐쇄음의 폐쇄 구간의 길이, VOT, 마찰음의 마찰 구간 및 기식 구간의 길이, 모음의 길이, 종성의 길이 등 분절음의 길이와 관련된 다양한 음향적 특성을 측정하여 제시할 수 있다.

2 음높이 측정하기

다음은 모음의 음높이를 측정하는 방법을 설명한다. 모음의 음높이는 대체로 모음의 안정 구간의 가운데 위치에서 측정한다. 〈그림 20〉은 '가구'의 '가'에서 모음 [ㅏ]의 음높이를 측정하는 방법을 설명하는 것이다. 먼저 [ㅏ]의 시작점과 끝점을 고려하여 가운데 부분을 지정하고, 마우스로 이 위치에서 음높이 곡선을 선택한다. 그러면 해당 모음의 음높이 198Hz가 그림의 오른쪽에 표시한 부분에 표시된다.

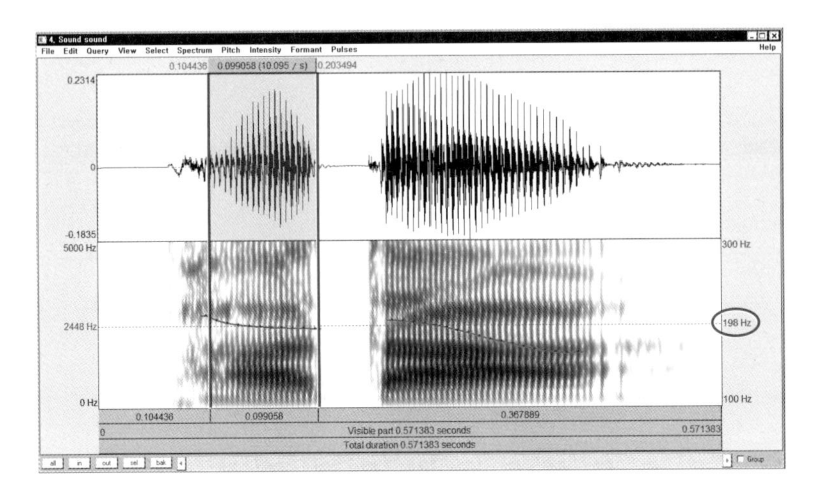

〈그림 20〉 음높이 측정하기: '가'의 [ㅏ]

3 포먼트 측정하기

모음의 음향적 특성으로 주로 제시되는 것은 모음의 길이, 음높이 그리고 포먼트 값이다. 포먼트를 측정하기 위해서는 View & Edit에서 포먼트가 나타나게 설정을 해 주어야 한다. 〈그림 21〉에 보인 바와 같이 상단의 메뉴에서 Formants<show formants를 선택하면 〈그림 22〉에 보인 바와 같이 스펙트로그램 위에 빨간 색의 점선으로 포먼트가 표시된다. 이때 기본적으로 제1 포먼트(F1)에서 제4 포먼트(F4)까지 4개의 선이 나타난다.

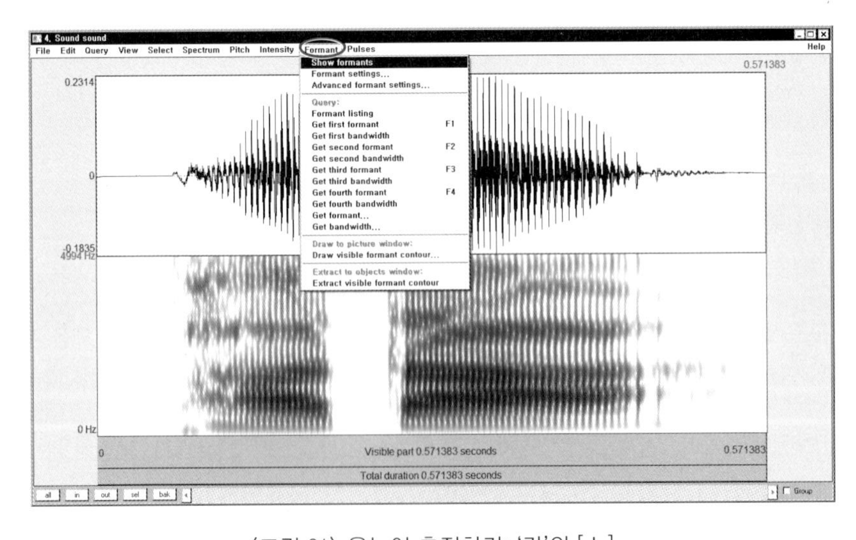

〈그림 21〉 음높이 측정하기: '가'의 [ㅏ]

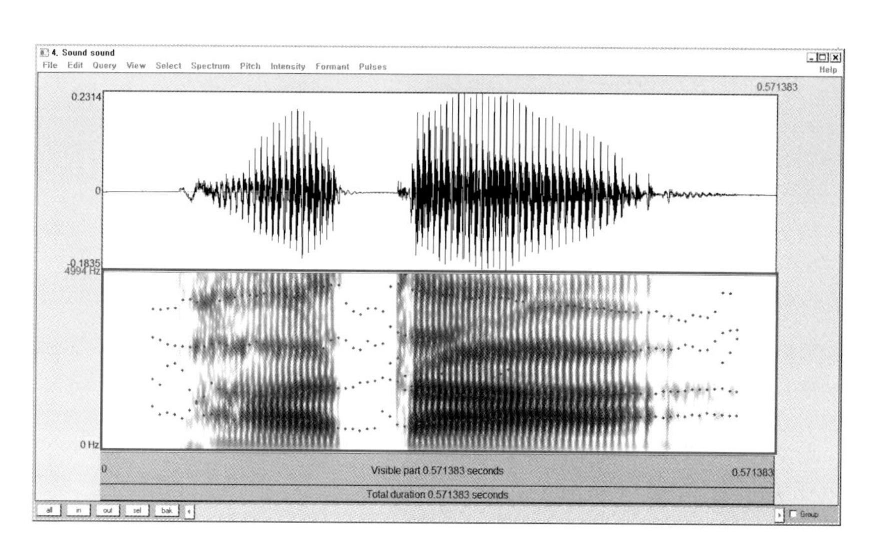

〈그림 22〉 포먼트 측정의 실제

포먼트를 측정하는 방법은 크게 2가지가 있다. 첫 번째 방법은 상단의 메뉴에서 Formants >Get first formants(단축키 F1), Get second formants(단축키 F2) 등을 원하는 차수의 포먼트 값을 얻어내는 방법이다. 〈그림 23〉은 [ㅏ] 모음의 F1에 대한 측정 예시이다. Get first formants를 누르면 새로운 창이 뜨면서 957.642...Hz라는 값이 나타나는데, 이것이 [ㅏ] 모음의 F1이다. 같은 방식으로 고차 포먼트 값도 측정할 수 있다. 이때 포먼트 값은 스펙트로그램에서 마우스가 선택하고 있는 지점을 기준으로 나타나므로, 측정 시 마우스를 일관된 위치에 놓고 측정하는 것이 중요하다.

두 번째 방법은 스펙트로그램에서 F1 곡선을 직접 클릭하여 왼쪽에서 주파수 값을 확인하는 방법이다. 〈그림 24〉에 표시한 바와 같이 마우스로 선택한 부분의 F1 값이 983.3Hz라는 것을 그림의 왼쪽에서 확인할 수 있다. 그러나 마우스를 놓은 위치에 따라 포먼트 값이 크게 차이를 보이기 때문에 주의해야 한다.

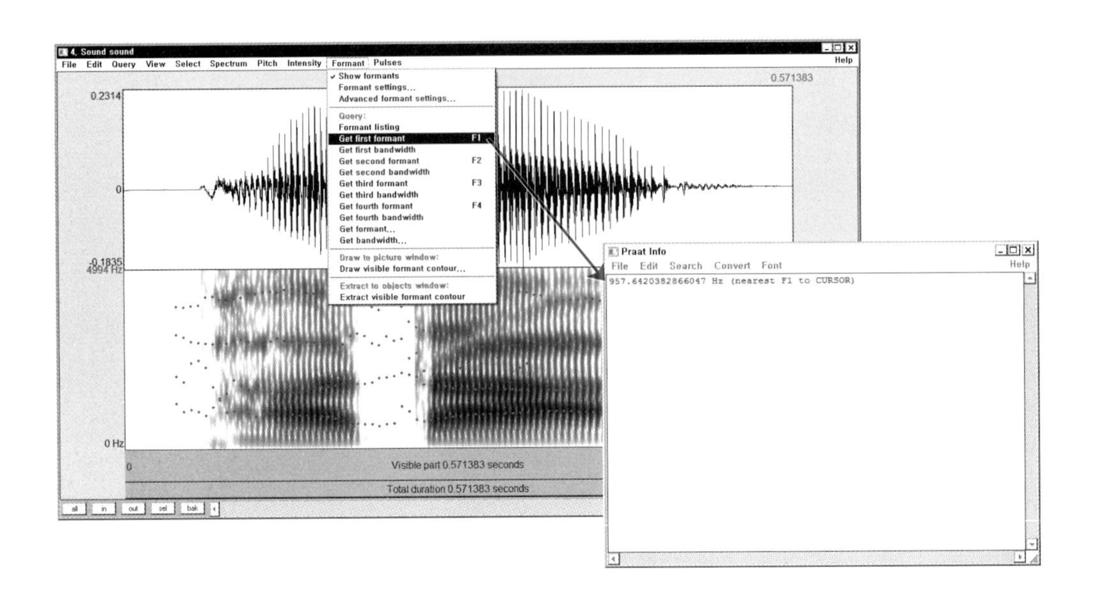

〈그림 23〉 포먼트 측정 방법(1)

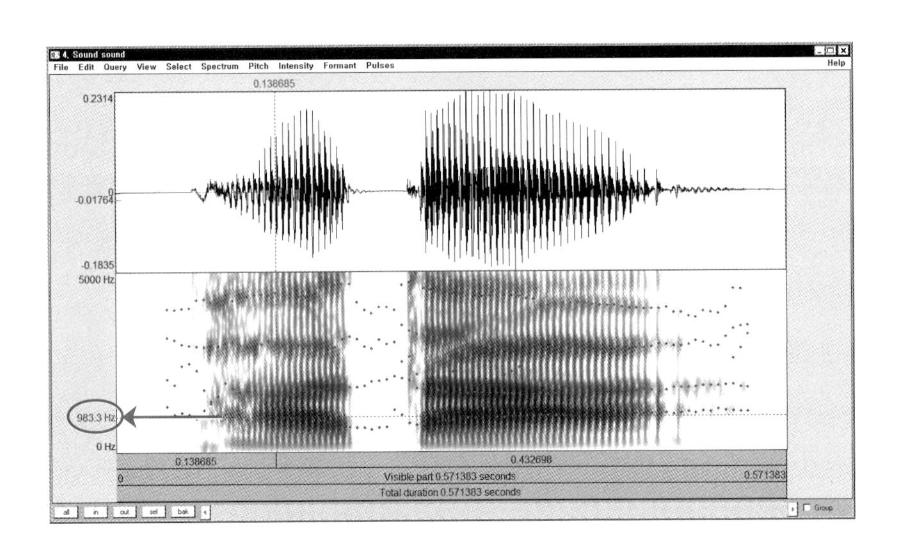

〈그림 24〉 포먼트 측정 방법(2)

4 운율구 확인하기

음높이 곡선을 통해 음운구의 시작 음높이, 끝 음높이, 음운구 유형 등을 확인할 수 있다. 〈그림 25〉는 '미영이네/ 어머니는/ 시영이를/ 싫어해요//'라는 발화를 보인 것이다. 발화의 첫 두 음운구는 저조로 시작하는 음운구이고, 세 번째와 네 번째는 고조로 시작하는 음운구이다. 첫 번째 음운구인 '미영이네'와 두 번째 음운구인 '어머니는'은 모두 첫 음절이 L, 끝음절이 H이고, 음운구 유형은 LHLH임을 확인할 수 있다. 반면 세 번째 음운구인 '시영이를'과 네 번째 음운구인 '싫어해요'는 모두 첫 음절이 H로 실현되었다. 음운구 경계로 끝난 세 번째 음운구의 경우 끝 음절이 H이고, 음운구 유형은 HHLH로 실현되었음을 확인할 수 있다.

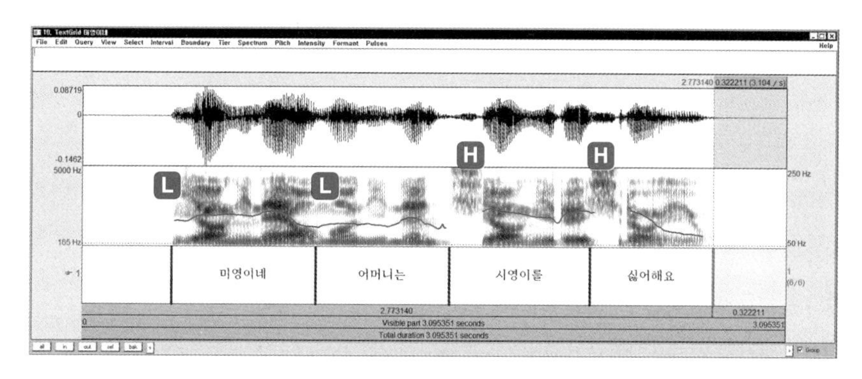

〈그림 25〉 음운구의 실현

'싫어해요'는 발화 말에 실현되면서 억양구 경계가 동시에 실려 있다. 억양구의 경계 성조는 마지막 음절의 장음화 및 휴지 실현과 함께 억양구 실현을 확인하는 지표가 된다. 억양구 경계 성조는 억양구의 마지막 음절에 얹히는 음높이 특성을 파악하는 것으로, 음높이 곡선의 움직임을 통해 파악할 수 있다. 〈그림 26〉은 동일한 분절음으로 구성된 '내일 학교에 가요'라는 발화를 각각 평서문과 의문문으로 발화한 것이다. 이때 억양구 경계 성조가 각각 L%와 LH%로 실현되었음을 확인할 수 있다.

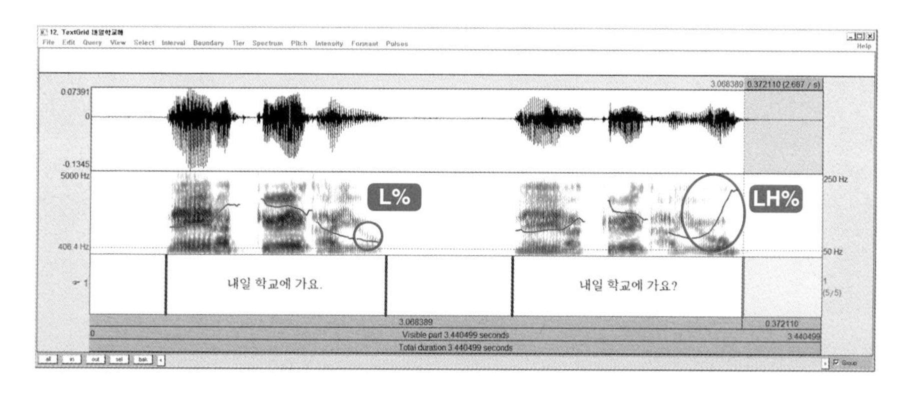

〈그림 26〉 억양구 경계 성조 확인

찾아보기

ㅈ

기 타

한국어 교사가 꼭 알아야 할
한국어 발음 교육의 이론과 실제

초판발행	2015년 8월 7일
초판 5쇄	2021년 9월 9일

저자	신지영, 장향실, 장혜진, 박지연
책임편집	권이준, 양승주, 김아영
펴낸이	엄태상
디자인	이건화
콘텐츠 제작	김선웅, 김현이, 유일환
마케팅	이승욱, 전한나, 왕성석, 노원준, 조인선, 조성민
경영기획	마정인, 조성근, 최성훈, 정다운, 김다미, 오희연
물류	정종진, 윤덕현, 양희은, 신승진

펴낸곳	한글파크
주소	서울시 종로구 자하문로 300 시사빌딩
주문 및 교재 문의	1588-1582
팩스	0502-989-9592
홈페이지	http://www.sisabooks.com
이메일	book_korean@sisadream.com
등록일자	2000년 8월 17일
등록번호	1-2718호

ISBN 978-89-5518-684-0 93710

* 한글파크는 랭기지플러스의 임프린트사이며, 한국어 전문 서적 출판 브랜드입니다.